SALVADOR PÁNIKER

PRIMER TESTAMENTO

Seix Barral ⚘ Biblioteca Breve

860.9
P192p

Primera edición: febrero 1985

© 1985: Salvador Pániker

Derechos exclusivos de edición en castellano
reservados para todo el mundo:
© 1985: Editorial Seix Barral, S. A.
Córcega, 270 - 08008 Barcelona

ISBN: 84-322-0519-2

Depósito legal: B. 2482 - 1985

Impreso en España

85-9805

Ninguna parte de esta publicación, incluido el diseño de la cubierta, puede ser reproducida, almacenada o transmitida en manera alguna ni por ningún medio, ya sea eléctrico, químico, mecánico, óptico, de grabación o de fotocopia, sin permiso previo del editor.

I

El primer atisbo de este ejercicio lo tuve en 1970, a propósito de haber cumplido cuarenta años. Compuse un texto que se publicó en la revista *El Urogallo,* y del cual extraigo lo que sigue.

Usted ha conseguido la nada despreciable edad de cuarenta años (cuarenta y tantos, si ponemos este manuscrito al día), ha recorrido mundo, cosechado un cierto estatus, y ahora de repente (aproximadamente de repente) ha decidido someterse a una experiencia nueva, despedazar el material acumulado, remodelar la masa oscura de los años, ajustar cuentas o reinventar la fiesta.
Con ligera dependencia de los barbitúricos.
Usted nació en el año veintisiete (de este siglo), que fue un año literario y peculiar, aeronáutico y de primeras piedras; año del charleston y del *Sein und Zeit,* del vuelo de Lindbergh y del primer cine sonoro; nació bajo el signo de *piscis* que es signo de sabiduría o de misterio, dicen, en el número 36, piso tercero, puerta segunda, de una calle de la parte alta de una húmeda ciudad fundada por Amílcar Barca, y que con el tiempo habría de llamarse De Ferias y Congresos. Usted pasó en la inopia (mental) los primeros meses, años, de su vida; sin enterarse de que fue contemporáneo de Scott Fitzgerald y de James Joyce, y de Unamuno, Henri Bergson, Pirandello, Stanislavsky, Sigmund Freud, Gar-

cía Lorca y don Ramón del Valle Inclán (habiéndosele escapado Rilke por un pelo); sin enterarse de que en el veintiocho Stalin deportó a Trotsky, Ravel compuso *Bolero,* Aldous Huxley publicó *Contrapunto*; de que en el veintinueve se produjo el *Stok Market Crash,* la gran crisis del capitalismo pre-keynesiano; de que en el treinta, el Mahatma Gandhi inició campaña de desobediencia civil, los franceses comenzaron la construcción de la Línea Maginot, Max Schmeling ganó el campeonato de los pesos fuertes, Stravinsky estrenó la *Sinfonía de los Salmos,* Marlene Dietrich cruzó las piernas y algún astrónomo descubrió un planeta nuevo.

Pero ya a partir de aquí parece que empezó a enterarse usted de alguna cosa; una tarde, hacia las cinco, estando solo, sintió un estremecimiento tenue, una sopresa, un vértigo, un vacío, una agitación de las neuronas; acababa de orinar y descubrió que estaba vivo, se asombró de estarlo, le nació un hilillo de conciencia, por así decirlo, y a continuación usted creció, engordó, le mordió un perro, fue al dentista, se casó, compró zapatos, tuvo hijos, se bañó en el mar, y de pronto descubrió que ya era viejo; sintió un deseo vago de esconderse en Grecia, o en el Alto Nilo, con hábito y capucha; empeoró su faringitis crónica, creció su dependencia de los barbitúricos, se le vino encima el material obscuro de los años, se sintió estafado, decidió reinventar la fiesta.

* * *

El segundo atisbo lo tuve hacia el final de los setenta (malos años), y el proyecto se hizo más explícito: fragmentos de un dietario con intercalados póstumos.
Estos fueron los apuntes iniciales.

Aquí, mal que bien, seguimos unos cuantos, y conste que es un decir. He decidido descomponer el material de un viejo dietario en fascículos mentales coleccionables, y recomponer luego los papeles a mi aire. A los escritores, anotaba una vez Camilo José Cela, «cuando ya llevamos muchas páginas escritas, suele atacarnos un raro prurito ordenador que puede acarrear muy fatales y entontecedoras consecuencias». Según se mire. Las palabras, dice Lacan, nos *sujetan*, o lo que es equivalente, nos convierten en *sujetos*. En cuyo caso, revisar las propias palabras, reconsiderar nuestro mosaico de significantes/sujeciones, es una invitación al cambio. O, como mínimo, al trastrueque. A la fiesta reinventada. A encontrar la voz más propia. Meter en vereda los papeles dispersos es tarea lenta, pero no inútil. Puede ser una fuente de sorpresas. Indagar en los archivos propios, amontonar los papeles y las notas compuestas a lo largo de los años, y disponerse a montarlo todo, en un momento dado y en el orden que uno quiera, ni que fuere el orden cronológico, confiere a los sucesos una extraña simultaneidad. En el paisaje sincrónico reaparece la comparsa con el rostro iluminado y parcialmente nuevo: los hijos, cada uno distinto de sí mismo según fuere la fecha; los amigos, tan suicidamente descuidados; las adolescentes, las mujeres, las esposas, y así sucesivamente, incluidas las atmósferas interrumpidas vagamente yuxtapuestas. Por ejemplo: en aquel lugar cálido y seco, ya nunca (o siempre) volverá (usted) a ser joven, desprendido, omnipresente, con la música de Davis y el olor a sándalo.

Por eso se entretiene con la máquina,
simula que le importa lo que escribe
y le importa lo que escribe
y cuida las palabras como a hijos (ilegítimos),
reinventado
los mezquinos nombres de las cosas desabridas,
la noche, la bronquitis y los decibelios,
la configuración difusa del cerebro en la corteza del
[presente.

Ahora, pues, que he decidido desempolvar esos fragmentos, esta sincronía/diacronía sobre la cual pienso construir (en parte) mi ejercicio, me siento compelido a revolverme contra el tic inútil de la inteligibilidad excesiva, a no declamar de cara al prójimo, a concentrarme en lo mío, el dietario o el librillo de las actas relevantes, sin decidir a priori cuáles son las relevantes. Es un fraude escribir para transmitir mensajes previamente definidos. Un fraude tautológico.

De otra parte, si al llegar a cierta cota de la vida uno no aprovecha lo que queda de energía disponible, la masa de los años y los cabos sueltos, lo sabido y lo olvidado, la multitud de cicatrices y censuras, entonces puede ocurrir que la curiosidad se agote y que la fiesta se reduzca a cenizas.

De modo que no arrojo la toalla, simplemente me acomodo, inflamada la mucosa nasal, invulnerable ya a fuerza de estar herido, del otro lado de la impaciencia, revestido con las últimas metáforas, sorteando los escombros de cien mil discursos caducados. Me encuentro (ahora) solo en la casa; solo con una mosca que se empeña en acercarse a la luz, una mosca homéricamente molesta (recuérdese que Palas Atenea infundía a Menelao la audacia de la mosca); solo con ladrido remoto de perro perplejo; solo con dificultades en la vejiga; solo con el inmenso ruido de fondo del silencio. Este tipo de soledad me estimula siempre; a veces hasta me estimula a ir de vientre. El tiempo parece detenerse y uno se sale de la prisa y los programas. Recuerdo aquella época, hace ya años, cuando yo vivía en los hoteles, y alguna noche salía a cenar y a pindonguear con nuevas amistades. Era una época de soledad expectante. Componía un dietario sobre un rollo de papel sin fin, y, por primera vez en mi vida, me daba un genuino placer el ejercicio de escribir. Disponía de un tema real y procuraba tantearlo. Ahora también dispongo de un tema real: estoy enfermo. No estoy enfermo de gravedad, pero estoy enfermo, me siento enfermo; enfermo y agobiado, estupefacto y harto. Y si esto no es un tema, es al menos una incitación. Un acorralamiento. Algo.

Y puesto que no me va hacer de víctima o polichinela, he decidido reconvertir la barahúnda de señales en lenguaje articulado y propio; desmontar mi Superego de burgués local y diseñar una burbuja nueva.

Eso para empezar.

Después ya se verá.

Se verá en el ejercicio indagatorio, en el ensayo de montaje, yuxtaposición de fragmentos con intercalados póstumos. Una fórmula que se aviene bien con mi primariedad y mi astenia. De súbito un párrafo (de mi dietario) llama la atención, una rememoración comparece. Tomamos nota. Ya veremos en qué viene a parar. A cada momento hay una condenada pieza por cobrar. Otros envejecieron y lo dejaron tal cual; algo en mí me impide dejarlo tal cual. Los cabos sueltos que presionan, aún dejándolos sueltos, podrían generar metáforas cada vez más afiladas.

Son las once treinta de la noche. Suena amortiguadamente Shostakovitch, me duele el hombro derecho. En mi vida he escrito un dietario y, en cierto modo, nada más que un dietario. Las hojas especulativas y cargadas de conceptos, si se presentan fuera del contexto cotidiano que las generó, se me antojan farsas o cadáveres.

Únicamente aquí y ahora existe. Eso que tanto parece preocupar a mis contemporáneos, el remordimiento del pasado, la ansiedad por el futuro, eso es mera construcción cerebral. La memoria y la imaginación producen la ilusión del tiempo. Pero la memoria y la imaginación son siempre construcción presente.

Aclarado lo cual, me digo a mí mismo: conviene rastrear aquello último que resiste a los análisis y que confiere una secreta dignidad al presente. Nunca más negar la parte obscura de mí mismo. Dejar hablar al cuerpo y al entorno. Dejar que todo eso que *soy*, y que me trasciende, se diga a sí mismo. Supongo, pues, que éste va a ser un ejercicio exploratorio y automático, la tan traída catarsis, desbloquear la mismidad, salir del ego amurallado, ejercicio de autocrítica, autoanálisis o, mejor, transanálisis, revisión de mi aparato teórico. Toda mi vida he necesitado teoría. Porque toda teoría conducida hasta su límite es experiencia. Y viceversa. Cuando escucho a alguien que dice: «eso es pura teoría, y a mí lo que me importa es la práctica», recojo los trastos y me largo.

Puesta a punto de la propia teoría, ejercicio que no tiene fin. Provisionalmente, un testamento.

Los testamentos, antes de convertirse en el documento civil que hoy conocemos (dicen que Stendhal redactó 36 testamentos sucesivos en 30 años) eran la expresión de la espiritualidad de su autor. Y también una preocupación por la supervivencia (simbólica o real: en Marsella hubo un rico comerciante que solicitó cinco mil misas en sufragio de su alma, a ser posible en el plazo de un día con objeto de abreviar al máximo los trámites del purgatorio). Pienso que conviene resucitar el género, ponerlo al día. La reconsideración de un dietario es un testamento. Que algo quede.

Murió Schubert, pero quedaron sus sonatas póstumas. Murió Jesucristo, pero quedó una cierta enigmática doctrina. Murieron los anónimos diseñadores de las catedrales medievales, pero quedaron las catedrales medievales. Moriré yo y no está claro lo que quede. Me gustaría escribir sin mayúsculas, telegráficamente, pequeña crónica para mis amigos. De eso, a lo mejor, se trata. Lo peculiar de los párrafos que hoy rescato es que fueron escritos por un hombre mientras estaba vivo, sin ánimo literario, sin pensar en su utilización impresa, un animal atrapado, infinitamente provisional, cargado de apetencia: el deseo anónimo que procede del itinerante *phylum*. La tradición y la reinvención del mundo, simultáneamente y día a día. Leemos a los clásicos para retomar el hilo. Dicen en México: «¿qué húbole?», que significa: ¿qué es lo que hubo? O también: ¿de qué se trata?, ¿cuál es el hilo de la itinerante trama? Daríamos la vida por un pedazo de realidad —y acabaremos dándola—. En medio del baile de máscaras, pagaríamos un alto precio por verle el rostro a alguien.

Con el permiso de Jaime Gil de Biedma, envejecer, morir, tal vez no sea el único argumento de la obra. Tal vez ni siquiera haya obra. En cuyo caso, uno se pregunta: ¿por qué hasta el último minuto compusieron música Mozart, Bach, Schubert?, ¿o gesticuló Goethe?; ¿por qué hasta el último minuto fueron alimentando los canales de la comunicación y la cultura? Pues, en primera instancia, porque se sentían vivos, inmersos en su medio. Lo colectivo les concernía. Eran gloriosamente pánfilos. Farsantes u obsesivos. Dos días antes de su muerte, André Gide le decía a su médico: «Tengo miedo de que mis frases lleguen a ser gramaticalmente inexactas». Era lo único que, al parecer, le preocupaba. Nuestro problema hoy es diferente. ¿Merece la pena escribir? ¿A santo de qué tanta alharaca? ¿Conseguimos cobrar alguna pieza? Antaño la impresión era que lo real se alcanzaba por la vía del lenguaje: un cierto realismo ingenuo impregnaba la cultura. Hoy la sensación es de impotencia.

Es la hora de los últimos cuartetos. De la imposible simplificación. Yo sé que no soy el propietario privado de mí mismo, que todo es ambivalente y que la era del sujeto transcendental pasó a mejor vida. Escribir es ejercicio intransitivo y descentrado. Lo dijo Roland Barthes y lo confirma Michel Serres. Yo no habito en un espacio único, encadenado por la referencia. Yo habito una multiplicidad de espacios y de tiempos, y de espacios-tiempos, con imposibilidad de distinguir entre exterior e interior; yo estoy aquí-en-otra-parte, descentrado y polivalente, acosado, amarillento y desvalido, ensayando una lógica de la transferencia, desplazándome, efectivamente, como un Hermes.

Ahora que las células andan en su último alborozo, y que la memoria apenas está viva, es el momento de cerrar la alcoba a cal y canto; citar uno por uno, o dos por dos, o en pelotón, a los fantasmas; rememorar aquella vieja balada inglesa, la infinita vida apenas esbozada, aproximarse hacia una muerte digna; no más componendas ni artilugios.

* * *

El tercer y ya definitivo atisbo de este ensayo testamentario se inicia con una nueva recapitulación. (Años ochenta.)

Esa peripecia —para entendernos: la mía— comienza en el año 27 (de este siglo, ya lo dije), año del Principio de Indeterminación de Heisenberg, año de la más célebre reunión de físicos de la historia, cuando surge la Interpretación de Copenhague, aunque fuera en Bruselas, con el voto en contra de Alberto Einstein; prosigue en el 28, cuando Paul Dirac propone sus famosas ecuaciones (y una simple ecuación de segundo grado hace surgir la antimateria); y en el 29, cuando Edwin Powell Hubble sugiere la frenética expansión del universo; y en el 30, cuando Sigmund Freud publica *El malestar de la cultura*; y en el 32, cuando John von Neumann propone la lógica cuántica, y, sucesivamente, cuando Mustafá Kamal cambia de nombre, Japón invade Manchuria, Gran Bretaña abandona el patrón oro, comienza en Nueva York la construcción del Rockefeller Center. La cifra de trabajadores parados en los USA es del orden de 13,7 millones. No hay subsidios ni seguridades. Bohr, Heisenberg, Schrödinger, Dirac y Born forjan las bases matemáticas de la mecánica cuántica. Kurt Gödel enuncia sus notorios teoremas. Karl Jaspers publica *Philosophie*; Trotski, *La Révolution permanente*; Celine, *Voyage au bout de la Nuit*; Bergson, *Les deux sources de la moral et de la religion*; Aldous Huxley, *Brave New World*; Malraux, *La condition humaine*; García Lorca, *Bodas de sangre*.

Adolf Hitler toma el mando en Alemania.

A continuación (o simultáneamente) se enlazan, y se desenlazan, referencias ya más próximas, acotaciones con las que apenas me he encarado, la porosidad de las primeras sensaciones, el animalillo ya perplejo, las habitaciones de techo alto de la casa de la calle del Párraco Ubach número 36, una casa que parecía transplantada del Eixample, con esa dignidad sobria y aburrida de la arquitectura catalana de los años veinte; la familia Munné Cardona, la gran nariz del doctor Roig i Raventós, el aceite de hígado de bacalao, los veranos en el Montseny, *Ca l'herbolari*, Viladrau, el bosquecillo de abetos, mi madre, Carles Riba, Clementina Arderiu, el pintor Obiols, la perra de Bofill i Ferro, que se llamaba *Flama*, la perra de su hermana Teresa, que se llamaba *Ñata*, la primera vez que vi un rayo de luz aislado, en milagroso polvillo suspendido; «los senderos de grava y las hortensias pomposas»; Masnou, el novelista Vargas Vila y su compañero ciego, el señor Palacios (Vargas Vila, que era ateo, decía que yo era un niño-dios), la familia Fábregas, la familia Millet, la familia Travieso, el señor Isern que tenía un jardincillo de guijarros, cuidadísimo, y una tortuga, y explicaba (primera noticia) que los caracoles eran comestibles, y encima muy sabrosos, y un hombre de una casa próxima que daba unos quejidos espantosos: decían que era comunista y que tenía cáncer, vaya combinación; los cañonazos del general Batet, un 6 de octubre; los conciertos dominicales de la Banda Municipal bajo la batuta de Lamote de Grignon; la pirotecnia de las noches de San Juan. Yo era inmensamente feliz jugando a gatas con las cajas vacías de los cigarrillos de mi padre. Cajas de metal, tabaco inglés. Organizaba carreras, construcciones, combinaciones. Pobladísimo espacio imaginario. Iba peinado a la moda de la época, con flequillo sobre la frente, y tenía unos grandes escrutadores ojos negros, las facciones suaves, la piel muy fina. Salía a tomar el aire con Juana y la gente se paraba a preguntar: «¿és nen o nena?» Íbamos hacia la calle de Ganduxer, por un paseo de muchos eucaliptos, el paseo de la Reina Victoria, donde había suntuosos chalets y herméticos jardines. Tomábamos el sol. Bruscamente se produjo el primer shock; se puso en movimiento el tiempo:

—Mañana irás al colegio.

Lo anunció mi madre en tono irreversible. Fue el único quebranto de mi infancia. Los niños, ya se sabe, cuando se les recluye en jaulas, son crueles y huelen mal. Pero en seguida me protegió el ser mucho más listo que la mayoría. El colegio era el de las monjas teresianas, edificio de Gaudí, calle de Ganduxer. Al cruzar el vestíbulo había que decir: «Viva Jesús». La monja respondía: «muera el pecado». Allí hice mi Primera Comu-

nión y declamé en público la famosa cantinela: «renunciamos a Satanás, a sus pompas y a sus fastos...».
No me gustaba recitar aquello; recuerdo perfectamente que no me gustaba: aún sin disponer de instrumental crítico, percibía que era un discurso amanerado y tonto.
Al año siguiente me llevaron a la Academia *Ramón Llull*, Paseo de la Bonanova, donde unos dómines de aspecto severo iban a prepararnos para el ingreso en el bachillerato. Reaparecieron los dómines, al cabo de los años, con sotana, faja y bonete. Eran los incombustibles jesuitas.

Vino lo del 18 de julio. Le prendieron lumbre a los conventos y hubo que decir *salud* en vez de adiós; saludar con el puño en alto. Salimos en un destructor inglés, rumbo a Marsella; luego en tren hacia Alemania. Nuevamente Francia, y, de vuelta a España, al pueblecito de la costa. La postguerra: los jesuitas y el imperio hacia Dios. AMDG. Aquellos delantales de huérfanos. El desierto de una adolescencia sin estímulos, con algunos huecos de divagación y de sorpresa. El repertorio al piano de mi madre. Al azar de las lecturas. Homero: La *Ilíada* y la *Odisea*. Karl May: *La caravana de la muerte*. J. H. Rosny: *La conquista del fuego*. Walter Scott: *Ivanhoe*. Zane Grey: *Nevada*. Y también: *Rebelión a bordo* (con dibujos de Bocquet), *Doc Savage*, *La Sombra*, colección de «hombres audaces». Por Dios, España y su Revolución Nacionalsindicalista. Veranos con mosquitera. Chistes de Fritz y Otto. Mi bachillerato brillante y displicente. Llafranch, la Costa Brava, las sardanas en la plaza, la finca de los Woevodsky, el *banyot de la russa*. El balneario de Cardó. La Comisaría General de Abastecimientos y Transportes (sólo de oídas). Madrid, la residencia de estudiantes, el merendero de la Universitaria, los paseos en bicicleta con la chica bien, el pipermint con la chica mal. La época dorada de Manolete. *La Codorniz*, Tono y Mihura. Barcelona de nuevo: la escuela de ingenieros industriales, el noticiario NoDo, mi amigo Felipe, el Salón Rosa, el bar de Parellada, el cóctel de champán, el cine Windsor, Evita Perón que muere leucémica, Faruk que pierde el trono, la chica de los ojos verdes.

La repentina enfermedad de mi padre. El tremendo sarampión cristiano. Los pactos bíblicos. Las pautas anodinas de una iniciación apenas mercantil. Muchos años de ir a aquellas oficinas a cuidar el negocio familiar. «Buenos días, don Salvador». Decía el conserje. Yo subía las escaleras, con la vaga convicción de que eran otras las escaleras que hubiera tenido que subir; entraba en mi despacho de madera oscura y cortinas de terciopelo, ojeaba el correo; aparecía sigilosamente mi primo Carlos, invariablemente para hablarme mal de mi hermana Mercedes. Yo pedía el último balance. Aquello era más o menos lo que se esperaba que hiciese: mantener en buen estado la cuenta de explotación. Y la mantuve.

Pues tampoco han pasado años. Más de treinta desde que yo vendía almendra y chufa en los mercados internacionales, y me entrevistaba con el tenebroso Mr. Heller en Manchester, y me hospedaba en el *Constitutional Club* de Londres, el club del que ya había sido socio mi padre antes de la Primera Guerra Mundial, en Northumberland Avenue, junto a Trafalgar Square. Mi padre, en el bar del club, en los años treinta, advertía a los ingleses: «los alemanes se están armando, lo he visto con mis propios ojos», y míster Baldwin, presidente del Club, y entonces Primer Ministro de la Gran Bretaña, replicaba: «Pániker va demasiado al cinematógrafo».

Míster Baldwin murió, mi padre murió. Discurrieron las guerras, los lutos y los años; más de treinta, ya digo, desde que le compré a la chica de los ojos verdes su sortija de pedida. En Barcelona se celebraba el XXXV Congreso Eucarístico Internacional. De aquellos tiempos guardo un editorial de *La Vanguardia* (precio del ejemplar: 70 céntimos), titulado *Imperfecciones*, y en el que, junto a otras consideraciones podía leerse:

«Ha llegado la hora de decir, proclamándolo a todos los vientos con la palpitante elocuencia de un axioma, que lo único que en nuestro Régimen puede ser considerado perfecto es el jefe del Estado; y no por aquellas razones legales de ser sagrada e inviolable una magistratura, sino porque personalmente coinciden en el Caudillo Franco motivos archisuficientes para que lo excluyamos de ese humano achaque de la imperfección.»

Contraje nupcias, tuve hijos, estudié filosofía. De pronto llegó el dinero. Dinero coyuntural, complejo, divertido, fulgurante, sutil e incluso biodegradable. Dinero ganado —no heredado— manejando los naipes disponibles y ateniéndome a las reglas de un juego que la mayoría de los intelectuales desconocen. Alguien ha dicho que después de Marx no se puede ser rico impunemente. Bien; yo he sido rico impunemente. O al menos he tenido fama de serlo. Durante veinte años. Hasta que llegó el ajuste de cuentas, el mal karma, la conciencia ecológica. Las extrasístoles. Ahora navego por otras aguas. No pienso que ganar dinero sea un crimen. Nada es un crimen. Ni siquiera un crimen es un crimen. Asumo el pasado. Sigo siendo un hombre acomodado, aunque ya no todopoderoso. Soy el que soy, en la punta de un proceso ambivalente: porque también soy el que no soy, y no soy el que soy.

Y tras el dinero, la insolencia, el deterioro, la contradicción, la enfermedad, la crisis, la reconstrucción, la sincronía y el pupurrí. He aquí los datos más recientes. Tensión sanguínea: 10/7. Albúmina cualitativa: indicios. Glucosa cualitativa: negativo. Sedimento: precipitado mineral amorfo con alguna célula de tipo epitelio plano. Tinción de Gram: no se ven gérmenes. Hematíes por mm. c.: 5.080.000. Leucocitos por mm. c.: 7.500. Colesterol en suero: 2,72 grs. por mil. Normales las transaminasas. Aceptable el hemograma. Discretos los lípidos.

Así, tocando madera, ojo con la colesterina, hasta llegar a hoy, cuando ya sin demasiado escrúpulo, tal vez con un aliento nuevo (nunca más dejarme chantajear por la supuesta dualidad entre el bien y el mal), me propongo releer lo escrito a lo largo de estos años fugacísimos, reinventar la fiesta o como quiera decirse. Fragmentos de un diario que comencé a escribir a los catorce años (y que más que diario es discursus interruptus, digresión) intercalando comentarios actuales, no tanto para atajar cuentas (lo que una vez llamé «la humillación de ya haber sido») cuanto para diseñar un nuevo esquema, conferirle un cierto estilo póstumo a mi vida, recuperar la dignidad desperdigada, aproximarme a lo secreto, mantener viva la llama de la antorcha, tomar la iniciativa, dejar algún mensaje en la botella.

Lo tengo explicado en un libro de múltiples explicaciones *(Aproximación al origen)*. A cada momento diseñamos el futuro *a la vez* que reinventamos el pasado. Con cada cambio de orientación del futuro modificamos el significado del pasado. Por esto mi vida, cualquier vida, es susceptible de una cierta rehabilitación a posteriori desde el laboratorio infinitamente delicado del presente. He aquí el verdadero perdón de los pecados. El pasado es modificable. Cabe escapar al campo gravitatorio del pasado igual que hemos escapado al campo gravitatorio de la Tierra. Cabe interpolar algún discurso lo bastante enérgico para transfigurar ese expediente tan manchado. Cabe, por así decirlo, autoabsolverse.

Este libro de hoy, debería ser el primero de una serie autoabsolutoria. El dharma hindú propone cuatro *estados* para la existencia humana: 1) estado de *brahmacharya* o época del estudiante: castidad y aprendizaje con *guru*; 2) estado de *grihasta* o de pater familias: vivir del propio oficio y engendrar hijos, a ser posible varones; 3) estado de *vânaprastha* o primera retirada: «cuando tus cabellos se hagan grises y hayas visto crecer al hijo de tu hijo, retírate a los bosques»; 4) estado de *samnyâsa* o liberación total, que no descarta el suicidio religioso.

No he seguido el dharma hindú (en cuanto al hijo de mi hijo, hace tiempo que no veo cómo crece), pero tengo escrito lo siguiente: «Es una peculiar aberración de Occidente el que hacia la mitad de sus vidas los hombres y mujeres no inicien un proceso de descodificación de la conciencia, una cierta recuperación de la infancia y la locura, un peculiar *regressus ad uterum*».

O sea, reinventar la fiesta.

Disolver la frontera yo/no-yo.

Perder definitivamente el miedo.

Primer testamento (primer exorcismo) va a cubrir, aproximadamente, mi época de *brahmacharya*.

II

Mis primeros papeles fechados son de 1941, una agenda donde voy anotando diariamente datos, *facts*, acontecimientos de exquisita trivialidad: la hora a que me levanto, generalmente las 7,45 de la mañana, la hora a que me acuesto, hacia las 10,30 de la noche («longtemps, je me suis couché de bonne heure»); mi peso: 50 kg. el 24 de enero, 11 kilos más que el pasado año; mis paseos con *Job*, el enorme perro San Bernardo que teníamos en casa; tres pesetas que le di a Rómulo Zaragoza para *El Apostolado de la Oración*; exámenes trimestrales, asignaturas, notas, resultados del capeonato de fútbol de botones —con Pujol, Arana, Linati, Reventós, Sitjar—. Lecturas: *Las cien mejores poesías líricas de la lengua castellana*; *Disraeli*, de Maurois; *Rob-Roy*, de Walter Scott; *El antifaz veneciano*, de Sabatini; *Quo vadis*, de Sienkiewicz.

Al final de la agenda hay unas páginas para *Notizen*. La agenda era de una casa comercial alemana, y el 20 de abril llevaba impreso: «1889 Adolf Hitler geboren». Extractos:

> *28 de enero*. Terminado de leer *Josué*. Es rara la sensación de melancolía triste y dulce que me viene al terminar un libro bonito. Pena porque termina, ganas de imitar sus héroes.

> *5 de febrero*. Llorado ante Dios en la capilla. Mejores propósitos. Tengo tan poca fuerza de voluntad, tanto respeto humano y tanto amor propio.

10 de febrero. Continúa en mí la atracción grande de las niñas guapas. El día 9, en el cine Cataluña, vi a una fantástica, la seguí a la salida pero iba acompañada. A mi edad es casi una ridiculez esto. No quisiera que esta agenda la leyera nadie.

1 de marzo. Cumplo 14 años. Me regalan: 2 camisas, un traje, 100 tarjetas, una corbata, dos agujas de corbata, unos zapatos (n.º 40), bombones con higos y almendras, un pijama, una cruz.

16 a 19 de abril. Ejercicios espirituales en Manresa. Meditación sobre el Infierno, el Juicio Particular, el Juicio Universal, el rey temporal, encarnación del Verbo Divino. Por haberme levantado muy temprano consigo que me den la estatuilla del Niño Jesús, con el cual paso la noche. (José Arana lo había conseguido el día anterior.) Buenos propósitos. Bendición papal, indulgencia plenaria.

23 de abril. He escrito mi reforma de vida. He pensado en mi elección de estado. No sé qué hacer.

1 de mayo. Caigo por el barranco y me rompo el brazo. Doctor Soler Roig. Hago propósito de ofrecer una flor espiritual cada día de este mes de mayo.

2 de mayo. Brazo enyesado. Mucho dolor. Leo *Historia del Mundo*, de Pijoan. Calmante: Cerebrino Mandri.

4 de mayo. Quiero ser «un gran hombre». Prefiero gloria a riqueza. Mi mayor temor es «ser ridículo». Claro que yo pienso en ser un «gran hombre» delante de los hombres, y debo serlo también delante de Dios.

10 de mayo. He terminado *Disraeli*. Me ha gustado muchísimo. Soy bastante romántico y sentimental; no me había dado cuenta.

1 de noviembre. Primer traje de pantalón largo.

(Sustituyendo a los pantalones de golf, también llamados bombachos).

19 de noviembre. Matanza del puerco en la finca de Gavá. Quiero que la vida me llene de sí misma.

Me complace haber conservado esas reliquias. Siempre he tenido tendencia a guardar papeles, como si me resistiese a abandonar mis huellas, cualquier duplicado de la vida. Me entero, vía Mircea Eliade, de que Paul Valéry también conservaba todos los bocetos, borradores, copias, papeles o fragmentos de papeles en los que anotaba ideas, dibujos, cálculos. Quería tenerlo todo a mano, no se sabe para qué. Yo he perdido buena parte de mi archivo primerizo, pero puedo arreglármelas con lo que queda. Dicen que John Stuart Mill improvisaba versos latinos a la edad de tres años. Yo fui un poco más tardío. A los nueve escribí una narración (a máquina, tecleando con dos dedos, como sigo haciéndolo) que se titulaba *Los dos personajes alrededor de la Luna*. Acababa de leer *De la Tierra a la Luna*, de Julio Verne, de manera que era indiscutible una cierta influencia. Pensándolo bien, siempre he sido un tipo humano muy influenciable.

Conservo, también, un cuadernillo, que va de abril a agosto de 1941, y que lleva el rótulo de *Mi vida espiritual*. Comienza así:

> Dios mío, cada día haré un repaso mental y por escrito de todas mis faltas diarias. Ello me ayudará para la santificación de mi alma. Bendecid también Vos, ¡oh Virgen!, este cuadernito, y haced que consiga, con él, el fin que me he propuesto.

Viene luego una nota, aparentemente en tinta roja, pero que no es tal tinta roja sino «sangre de mis venas», un manifiesto firmado en el que me comprometo a servir siempre a Jesucristo. La sangre procedía de un golpe que me había dado en la nariz.

El alma y la limpieza: era la onda. Primacía del *sujeto*, o séase del *burgués*. Los libros de Thiamer Toth, cargados de signos de admiración. La pureza y la contabilidad del pecado. Un concepto, este de pecado, que había *precedido* a cualquier experiencia real del mismo. Detalle tal vez significativo: para las monjas, la metáfora del pecado era la serpiente; para los curas, los gusanos. La serpiente a veces se quedaba dentro de uno: en las confesiones mal hechas, por ejemplo. Naturalmente, cuando éramos niños nos preguntábamos en qué podrían consistir las confesiones mal hechas. Las monjas no lo aclaraban. Las monjas sólo explicaban que cuando más se pecaba era en Carnaval, en los bailes de máscaras, y que hubo una vez un pecador tan empedernido que ya no pudo desprenderse de la careta que llevaba puesta.

El personaje más puro de todos los tiempos era la Virgen María.

> Bendita sea tu pureza
> y eternamente lo sea
> pues todo un Dios se recrea
> en tan graciosa belleza.

A mí me había enseñado a rezar mi abuela, en catalán, antes de la guerra. Por ejemplo, al ir a dormir:

> A aquest llit mi poso
> no sé si em despertaré,
> set àngels hi trovaré,
> tres als peus i quatre al cap,
> la Verge Maria al meu costat,
> que em diu: «Nen, dorm i reposa,
> no tinguis por de cap mala cosa,
> si cap mala cosa hi ha
> Sant Silvestre t'en guardarà».

El 1 de marzo de 1942 cumplo 15 años. «Los tíos me regalan 25 pts.; mamá una bufanda. Leo *Guy Mannering* de Walter Scott». El 16 de marzo «me telefonea Elvira y hablamos durante una hora. Nos despedimos, otra vez para siempre. Leo *Tarzán de los monos*».

Mi diario propiamente dicho comienza dos días después.

18 de marzo de 1942

Hoy es mi santo y me han regalado una libreta de piel. Voy a comenzar aquí una especie de diario y, de paso, estrenaré la pluma, que es una *Imperial* bastante buena, regalo de mi tío Salvador. He sacado algunas consecuencias que deberían estar siempre presentes en mí:

a) Ya en esta misma vida toda falta tiene su castigo, muchas veces cuando menos se espera; b) lo trágico y lo cómico se confunden, y lo más conveniente es no perder nunca el optimismo: pensar que cuando nos pasa algo malo podía habernos sucedido algo peor, y siempre hay «algo peor»; c) con serenidad y reflexión se consigue todo; d) lo que llamamos mala suerte, en realidad, no existe, como tampoco existe la «casualidad»; e) no hay nada peor que una conciencia sucia: una simple insinuación ya nos parece una acusación; f) si tengo una «desgracia» (que en realidad no existe), debo aprovecharme de ella; g) el único modo de ser feliz está en la conciencia del «deber cumplido»; h) hay que aceptar siempre las consecuencias de una falta, con paciencia, serenamente, con cinismo; i) aprovecharse de todo lo que pueda ser útil, y todo tiene alguna utilidad.

Con todo esto, si me lo aplico, estaré en condiciones de satisfacer mis ambiciones y llegar a ser grande. Grande en todos los sentidos: delante de Dios, delante de mí mismo y delante de los hombres.

Ataraxia epicúrea, *apatheia* estoica, *autarquía* cínica, *karma* hindú, ley moral kantiana, premonición taoísta de que no hay mal que por bien no venga, declamación fascistoide de querer ser un «gran hombre». Estaba en el aire o en el inconsciente colectivo, y penetraba en mi porosa psique infantil.

20 de marzo de 1942

En el mes de febrero sólo he comulgado 10 veces; claro que he estado muchos días enfermo. Pero he comprobado algo curioso: cuando había telefoneadas de Elvira no había comuniones.

Siguen consideraciones insistentes en torno a la *fuerza de la voluntad* y el *carácter*. Menciono una conversación con un compañero de clase, Conill, «que me ha hecho ver que no sólo yo, de los chicos, soy el que piensa un poco»; lo que ocurre es que «piensan pero no profundizan, porque se cansan muy pronto». Y luego: «no hay ningún chico que me comprenda, ninguno que conozca mi verdadero carácter; todos creen que soy lo que quiero hacerles creer que soy: un cínico».

Me pregunto por qué quería yo emitir este mensaje, y si era cierto que lo emitía. La respuesta se relaciona con el tipo de educación que recibía, con mi incipiente y poderosa vanidad, con la mediocridad ambiental. Quiero decir que muy pronto comenzaron a oscilar en mi ánima adolescente la buena fe y la credulidad (que se manifiestan en mis reacciones ante los Ejercicios Espirituales) con la rebeldía y el choteo. Ocurrió además que, al comenzar mis estudios, descubrí que podía sacar excelentes notas sin esforzarme (desde un punto de vista neurológico, aquella debió ser la época de mayor potencia intelectual de mi vida), y le tomé gusto a esa comedia, y terminé alardeando de mi supuesta superioridad, progresivamente cerrado a la experiencia, prematuramente *fijado* en mi autoimagen. Me ocurría como a esos actores a quienes un éxito temprano termina por encasillar en un papel. Jugando a chico listo y caradura yo me sentía muy aceptado por la comunidad, me sentía en el centro. (Esa curiosa tendencia que he tenido toda mi vida a hacer concesiones, ese déficit de *toughness,* esa neurótica necesidad de ser aceptado.) A lo cual contribuía, como he dicho, una escolaridad pobrísima (si lo prefieren, paupérrima) que sofocaba el mayor potencial que tiene un muchacho: la curiosidad, la tendencia (que estimo congénita) a buscar información.

La curiosidad venía neutralizada *ab ovo*. Era la vida con cuadrícula previa. Desde un principio sabíamos la trampa del juego: Dios, Jesucristo, las Sagradas Escrituras. Nada que indagar, ningún suspense. La ciencia y el arte cobraban un cariz superfluo. Importaba, únicamente, salvar el alma, o séase, pasar el rato. Así que yo me disfrazaba de cínico para pasar el rato. Y porque estaba cargado de defensas más allá de mi desparpajo.

Por otra parte, tampoco era yo un actor deliberado. Generalmente, en la vida, he solido actuar con una cierta inconsciencia y falta de premeditación, como si supiera que el psicoanálisis es un proceso que no tiene fin, y que el exceso de conciencia te hace perder fuerza creadora. He actuado, más bien, como un *poseído*. En general, me entero de lo que quise hacer, y de por qué quise hacerlo, una vez que lo hice.

La gran tentación era mentir. El pecado que a mí más me avergonzaba era mentir. Porque sólo miente el que tiene miedo, y tener miedo es reconocer una fisura. (En mi caso —insisto— debía funcionar ya esa necesidad que he tenido siempre de agradar, esa neurótica necesidad de agradar.) Yo valoraba particularmente a José Arana porque me parecía un chico que no mentía. (Tal vez por falta de imaginación.) Con los años, mi aversión a la mentira se ha mantenido; lo que ha cambiado es el concepto. Camilo José Cela lo planteó una vez de un modo amplio: «decir mentiras es algo tan inocuo como tomar bicarbonato, mear por sotavento o sonreír a una niña moribunda». Manuel Machado lo expresaba más elípticamente: «todo es conforme y según».

Habrá quedado claro, pues, la ideología, el simbolismo que empapaba mis 14/15 años de edad, mi respuesta crédula, mi oscilación rebelde (más verbal que real), la ecuación falta/castigo, la temprana conciencia de la ambivalencia trágico/cómico, la autoestimulación al optimismo, la «conciencia sucia» como contradicción, la curiosa ambición de llegar a ser «un gran hombre», amén de otros detalles relevantes (para mí), como ese de que «me despido de Elvira para toda la vida», incipiente *pathos* de Tristán. Por consiguiente, y a fin de no provocar superfluas fatigas, despacharé rápido esos primeros fragmentos de diario.

El 21 de marzo (de 1942), santo del P. Prefecto, es fiesta por la tarde, y voy al Comedia a ver «... y amargaba», de Benavente. (Juraría que la interpretaban Antonio Vico y Carmen Carbonell.) El 29 de marzo menciono una conversación con mi hermano Raimundo, de más de dos horas, paseando por la montaña. «Hemos hablado de lo único grande que se puede hablar».

Semana Santa en Montserrat con la familia.

El 3 de mayo comienza el Mes de María.

El 9 de mayo me dejo crecer el bigote. El 17 de mayo estreno traje (500 ptas., sastrería *El Dique Flotante*).

El 12 de junio hay una especie de cuadro sinóptico:

«A) Caridad conmigo mismo:
1) Pureza (en todo)
2) Método
3) Orden
4) Conciencia
5) Voluntad firme
6) Dominio sobre mí
7) Vencer el respeto humano
8) Reflexión
9) No estar nunca sin hacer nada
10) Prudencia
B) Caridad con los demás».

A continuación proclamo que carece de sentido lamentar cualquier acontecimiento pasado, cualquier cosa que haya sido. Lo que ha sido ha sido.

Con los años lo formularía de otro modo: el pasado es manipulable, el pasado es función del presente. Lo dije antes. Pero hay más: lamentar el pasado es reprimir la muerte que convive con la vida, y, por consiguiente, reprimir la vida misma. (Consultar Norman Brown.) Lamentar el pasado es fingir una identidad permanente y *cosificada* que tiene poco que ver con el fluir real de la existencia. El pasado es una *imagen* proyectada en el enigmático presente. El pasado es *maya*. Escribió el poeta persa Gialal el-Din Rumi: «el sufí sólo es hijo del presente». Freud anduvo muy preocupado con el pasado; pero la verdadera catarsis consiste, simplemente, en que no haya pasado, en que no haya «historia», en que no haya *karma*.

Junio y julio de 1942: anoto que voy mucho al cine con los amigos, a montar a caballo, a jugar al billar y a pasear en bicicleta. Leo *Napoleón* de Emil Ludwig.

(Y a propósito de lecturas, daría mucho por recuperar una novela policíaca que se llamaba *Nick Carter en el indicio peligroso*.)

El Club de Fútbol Barcelona gana la Liga.

Agosto: «Llafranch, Aiguablava. Papá le regala un piano de cola a mamá».

(Circunloquios que da la vida: cuarenta años más tarde le vendí ese piano al escritor Luis Racionero.)

3 de octubre: «Le rompo el brazo a Goytisolo y me expulsan del colegio». «Me es indiferente. Podría ir al Virtelia». (A los cinco días me readmiten.)

20 de noviembre: «Aniversario de la muerte de José Antonio. Festejos ridículos».

26 de diciembre: «Voy al Opus y hablo con Escolá. No acaba de convencerme».

Visto en retrospectiva, resulta bastante inaudito el asalto proselitista (por parte de los del Opus) a un muchacho de 15 años. Mi hermano Raimundo intentaba coaccionarme con variados medios. Me decía: «tienes que dar un puñetazo encima de la mesa, ahora mismo». (Metáfora reveladora: relacionar el camino de la «santidad» con un puñetazo. Era lo que entonces se llamaba un «gesto de hombría».) Me regalaba (mi hermano) libros de espiritualidad que yo no leía. Tengo a mano uno de ellos, *Jesucristo vida del alma*, de dom Columba Marmion, O.S.B., con la siguiente dedicatoria: «Perquè no tinguis excusa». Nada de aquello dio resultado; más bien contribuyó a mi confusión general.

Naturalmente, con los años me he vuelto comprensivo. En el Opus, como en todas partes, hay gente excelente y gente mediocre, intuiciones profundas y aspectos penosos. No seré yo quien descalifique globalmente a esa notable institución totémica. Hablaré del Opus en algún próximo ejercicio, y a propósito de un importante episodio de mi vida.

El 18 de marzo de 1943 improviso unos endecasílabos en honor a Satanás y anoto que estoy enamorado de Alicia. Precisamente me había caído del caballo, o mejor dicho, el caballo se había caído encima mío, a causa de un resbalón en el asfalto, cuando trataba de hacerme el gracioso, de cara a la galería, dando unos «pasos laterales», frente a la casa de la susodicha Alicia. Alicia Klein para más señas, una jovencísima preciosidad.

19 de marzo de 1943
En el fondo, y en la forma, soy ridículo. Todo el mundo es ridículo, exceptuando los santos. He ganado una apuesta de 10 pesetas compitiendo en una carrera con un chico de 7.º. Mis amigos son variados, sin intimar con ninguno.

De los amigos menciono a Linati, «detestable y simpático, ingenioso, altísimo y con cara de galgo; hace mejores versos que yo, pero sospecho que copia mucho». Menciono a Reventós, «que a los 15 años todavía depende por completo de su casa, que tiene respetos humanos y ningún criterio propio». Menciono a Arana: «Si yo fuera chica me casaría con él. Es simpático, bueno, no muy dotado para los estudios, elegante, agradable, distinguido; también está enamorado de Alicia».

Arana jugó para mí un papel de prototipo: era el hombre con *clase*, el que estaba *seguro* de su buen gusto, el que dictaminaba si una corbata tenía pase. Arana representaba un código vital que habría de condicionarme mucho: el de los niños-bien-de-nacimiento, el de una cierta aristocrática e «inocente» espontaneidad, esa gente privilegiada, y escasa, que puede permitirse el lujo de no fingir. La gente del *candour*. La gente capaz de vivir con poco lastre de defensas porque está en su salsa, embebida en el código de la clase dominante. La gente *fiable*. La gente referencial.

Ya lo había advertido Proust: esa gente acarrea unos valores poéticos a los que ella misma es ajena. Tardé 25 años en desmitificar a Arana. Pero sigo valorando enormemente una virtud humana: la naturalidad, la falta de afectación.

De aquella época, o tal vez de un poco antes, guardo una libretita donde figuran, por orden alfabético, los nombres y direcciones de mis amistades, acompañando cada nombre con una somera descripción psicológica.

Con Juan Gomis escribíamos a medias una novela policíaca, en plan satírico, y nos desternillábamos de risa. En mi cuadernillo encuentro referencias a Ignacio de Sitjar, «atlético y bajito, con una risa contagiosa»; a Felipe de Salvador, «muy simpático»; a De la Prada, «impuro»; a García Munté, «envidioso»; a Paco Daurella, «muy animal con las chicas»; a Buenaventura Conill, «ligero de carácter»; a Ramón Estany, «muy vaca». Junto a otros nombres que venían felizmente sin adjetivar: Ottone Fadini, Carlitos Aguilera, Juan Luis Asmarats, Pedro Bonell, Jorge Vendrell, Ignacio Puigmartí, Fefo Gallart (que vivía en Horta, rodeado de caballos, en la finca llamada *Las Heuras*), Juan de Dios Dexeus Trías de Bes (hoy, más abreviadamente, Juan Dexeus), los hermanos Martí Tusquets, Jorge Ferrer Vidal, Carlos Guri... Nombres y apellidos cuya justificación está en sí misma, en su patética irreversible identidad histórica, y, además, en que eran *los primeros*, los que conocí en 1939, personajes *reales*, no personajes de novela, quiero decir personajes inscritos en el registro civil de algún Juzgado.

En aquel tiempo teníamos, todos, aproximadamente, la misma edad. Hoy ya ni remotamente tenemos la misma edad. Hoy cada cual tiene la edad que buenamente puede.

Yo solía llevarme bien con todos. El único incidente violento de aquel tiempo lo tuve con José Agustín Goytisolo, ya lo he mencionado. Discutimos, no recuerdo por qué, y le di un empujón, con tan mala fortuna que vino a chocar contra una arista del patio de recreo, y se rompió un brazo. Su padre habló con el mío y hubo que pagar la cuenta del médico.

El 23 de marzo de 1943 hago una descripción detallada de cómo me fugo del colegio (siempre que me apetece) después de la primera hora de clase (de la tarde), llevándome el paraguas y el abrigo, siguiendo un procedimiento ya patentado. Hago referencia al demonio, a la Virgen, al ángel de la guarda y a un sueño que he tenido: «una estrella de cine que se me acerca impúdica y de repente cae fulminada, brotando de su cuerpo millones de gusanos».

Un párrafo llama la atención: «¿Y son estos los que quieren salvar a España? Desde luego yo no soy patriota, ni creo que España tenga que ser salvada de nada. Me fastidian los regímenes totalitarios, los encuentro antinaturales. Yo quiero usar mi libertad».

Nuevas alusiones a los amigos, a los celos entre unos y otros, a las variaciones en la bolsa de la estimación. Descolgábamos el teléfono:

—¿Qué haces esta tarde?

Era la pregunta clave, infinitamente repetida a lo largo de los años de adolescencia. No fueran a dejarnos solos. La respuesta deseada era: «Nada». Entonces podíamos organizar una partida de frontón, ir al cine, vagar por las calles. La respuesta exasperante era: «Esta tarde *no puedo*». (Lo cual, en el caso de Reventós, significaba que salía con su primo Carner.)

Como contraste, ninguna referencia a la vida familiar, a los asuntos de mis padres o de mis hermanos, a los personajes relativamente pintorescos que desfilaban por mi casa. Recuerdo ahora las visitas del sabio jesuita Enrique Heras, una autoridad mundial en la civilización del Valle del Indo, y, muy concretamente, en el descifre de las ruinas de Mohenjo-Daro. El P. Heras había fundado, con mi padre y con los doctores Almagro y Pericot, un «Instituto Ibero Oriental». El P. Heras tenía unas grandísimas barbas blancas que provocaban la infalible ironía de *mossèn* Roquer, el filósofo catalán que entonces cortaba el bacalao. Mi padre se reía mucho con los comentarios jocosos del *mossèn*, y le decía: «usted es un hombre que muerde».

También recuerdo a Miguel Siguán, a Ramón Guardans, a Laureano López Rodó y al resto de amigos de mi hermano

Raimundo. Eran chicos que caían muy bien: tan brillantes y tan cristianos. En aquel tiempo, mi hermano Raimundo comenzaba ya a tener fama de genio, y era el discípulo predilecto del citado *mossèn* Roquer. Un tipo muy desconcertante el *mossèn*: alto, guapo, inteligente, distinguido, rápido de mente, brillante de palabra, nulo como escritor, excelente crítico, amigo de los influyentes, claramente neurótico. Sus íntimos amigos eran Julio Muñoz Ramonet, Alberto Puig Palau y el doctor Puigvert: tres hombres de acción y multimillonarios, cuando no playboys. Con mi hermano y con Rafael Calvo fundó *Arbor*, la revista del Consejo Superior de Investigaciones Científicas; con Alberto Puig fundó la Editorial *Barna* y la revista *Revista*. En la comida de fraternidad laboral que mi padre daba cada año con los empleados de la fábrica, venía el *mossèn* acompañado de Antonio Correa Véglisson, entonces gobernador civil de Barcelona. Correa Véglisson era tío de mi amigo Fernando y llegó a ser muy popular en la provincia; yo mismo vi cómo el público le aplaudía espontáneamente en los baños de Castelldefels. Mi padre, en el brindis, hacía un chiste sobre la «necesaria *correa* de transmisión» entre el mundo de la empresa y la administración. El gobernador permanecía impasible.

23 de abril de 1943
Con 50 pts. al mes no tengo para nada. Raimundo es mal psicólogo y se cree más listo de lo que es. Mercedes, ídem. ¿Haré Ejercicios Espirituales? Seguramente. Lo esencial: dinero. Un día he de romper el farol de la entrada de casa Sitjar. ¿Por qué? Por gusto.

25 de abril de 1943
Ayer rompí el farol de casa Sitjar. Lo rompí con el tirador, desde la ventana del water de casa, e.d., a gran distancia, lo que prueba que todavía conservo buena puntería.
Cada día toco mejor el piano.

27 de mayo de 1943
   No hace mucho perdí (o me robaron) todos mis papeles poéticos. Desaparecieron de mi cajón.

Iba configurándose el leitmotiv de mi adolescencia, la oscilación entre rebeldía y sumisión. Rotura de faroles/ejercicios espirituales. Con escasos recursos expresivos, yo trataba ante todo de autodiseñarme una imagen, un personaje, una mínima *self-esteem*, un esquema de yo; naturalmente sin conseguirlo. Escribía: «Me gusta la aventura, tengo muchos contrastes». Lo cual era más una declamación que una constatación. Como era una declamación romper el farol del vecino, esbozo de acto-gratuito-gamberrismo-celtibérico. Y levantar acta de que cada día toco mejor el piano. Yo quería ser el que no era, y de ahí mi ficción, incluso ante mí mismo. Sumergido en una atmósfera de Ejercicios Espirituales y falta de estímulo intelectual, se me hacía difícil respirar. Se daba una aparente paradoja: yo era un muchacho rebelde y deslenguado, pero también inocente y crédulo. Paradoja aparente puesto que todo venía a parar en lo mismo: carencia de oxígeno crítico.

Carencia que nos empujaba a muchas cabriolas. Cabriolas de identidad.

Me referí a ello más arriba, a propósito de mi empeño por pasar por «cínico». Se diría que hay dos posibles rebeliones dentro de la desadaptación con el Sistema. Siguiendo un poco a Jean Paul Sartre, las podríamos representar, respectivamente, por los casos de Rimbaud y Baudelaire. En el conflicto entre su identidad y la moral común, Rimbaud toma el partido de romper la moral. Baudelaire opta por *fingirse* inmoral. Mi constitución me llevaba del lado de Baudelaire: tendencia a nadar y guardar la ropa. *Plus ça change, plus c'est la même chose.* (Lo que los de Palo Alto llaman Cambio-1, contraponiéndolo a Cambio-meta.) También yo escribí largos poemas a Satán. ¿Pero qué es Satán sino el símbolo de los niños desobedientes? (Quiero decir, desobedientes pero *niños*.) Con un cierto reflejo mitómano, yo tendía a exagerar algunos de mis defectos, los que no me importaba exhibir, puesto que con ellos ocultaba mucho mejor los defectos más *reales*, y así me sentía protegido. (Dicho sea para entendernos, pues no acepto la dicotomía estática entre defectos y virtudes, ya que lo que cuenta es su relación dinámica, lo que yo he denominado *margen*.)

Falleció el Padre Feliu, nuestro profesor de filosofía, y a las pocas horas de visitar su cadáver, Linati y yo preparamos unos cocktails y unas pipas, y nos pusimos a cantar alegremente. Inventábamos nuestro *personaje,* un recurso del que han echado mano tantos adolescentes listos.

Nunca supe quién escamoteó mis ripios. Tal vez fuera mi madre que velaba por la salud espiritual de su hijo aparentemente descarriado; tal vez fuera mi hermana. Se trataba, en su mayor parte, de una colección de endecasílabos, un *Canto a Lucifer*, y también algo de material erótico, en la línea de aquellos versos atribuidos a Espronceda: «Me agradan las queridas/tendidas en los lechos/sin chales en los pechos/y flojo el cinturón...». Cavilo que en medio de la gran deprivación, metido en un código en blanco y negro, donde Dios era pura bondad y el diablo pura maldad, yo tenía que pendular (al menos sobre el papel, y como acabo de explicar), y el recurso era contrarrestar a un Dios simplón y partidario del orden, con un diablo imaginativo y partidario de la aventura. El elogio del diablo se convertía en la voz de la rebeldía y del desorden, respiración frente a la asfixia, camino solapado para escapar a la artificial dualidad Bien-Mal. O, como mínimo, para extraerle el jugo. Dialectizar los opuestos. Recordemos que ya William Blake había visto en el Mal el principio de la energía. Encontramos la misma idea, con otras formas, en Nietzsche, y podemos rastrearla en el citado Baudelaire, y en Dostoyewski. Balbuceos metafóricos para recuperar la voz del caos.

Bien es cierto que yo partía de una cota de extraordinaria ingenuidad. Yo aceptaba literalmente la existencia del diablo. Mi diablo no era el dios Pan, dios de la fertilidad y de la tierra, genio de la belleza natural; mi diablo era el de San Agustín y Santo Tomás. De manera que, por intensa que fuera mi protesta, venía expresada en los términos mismos del Sistema, sin cuestionar la validez del Sistema.

Y, naturalmente, el Sistema sigue aquí, inscrito en los circuitos neuronales del cerebro. (Al fin y al cabo, la gran mayoría de las sinapsis del neocórtex se forma después del nacimiento y en función del medio ambiente.) Hoy no creemos en ángeles ni en demonios (al menos literalmente), hemos alcanzado un sano agnosticismo, pero nos persigue una invariante indestructible: hay cosas que se deben hacer, hay cosas que no se deben hacer.

De otra parte, aquella dialéctica entre sumisión y rebeldía era normal e inevitable. El niño es una masa informe y virgen donde las primeras huellas permanecen. Nos habían dicho que el placer sexual, sobre todo los llamados «malos pensamientos», era pecado, y esa era nuestra fundamental conciencia moral, y a ella nos ateníamos dentro de un clima mágico/mítico asfixiante y protector.

—Viva Jesús Sacramentado.
—Viva y de todos sea amado.

Seguían seis padrenuestros. Si comulgabas los nueve primeros viernes de mes tenías la salvación eterna asegurada. Bien, ¿y por qué no? Igual de extraño es creer en la teoría unificada de la electricidad y el magnetismo. Quiero decir que las creencias sobrenaturales llevan sus comprobaciones empíricas. «Cuando había *telefoneadas* de Elvira, no había comuniones». Cuando había comuniones era más fácil mantenerse casto. Galileo Galilei provocó el nacimiento de la física moderna con sus famosos experimentos; pero, si se miran las cosas con atención, cualquier sistema de creencias (incluidas las científicas) ha tenido siempre una base «experimental» más o menos alucinatoria.

> Alberto Einstein puso un célebre ejemplo: lo que para un observador es movimiento acelerado, para otro observador es campo gravitatorio. Ambas explicaciones son válidas.
> Se puede verificar la teoría de la relatividad o el milagro de Fátima: dependerá del marco de referencia.
> Lo que llamamos percepción ordinaria de las cosas es un fenómeno tan alucinatorio como cualquier otro: únicamente goza del privilegio de un mayor consenso social.

Yo me lo creía todo, como buen muchacho desvalido que era. Sólo que pendulaba. Como un anfibio: a ratos en el pantano, a ratos en la tierra. A ratos sumiso, a ratos rebelde. A ratos cantamañanas. En una Barcelona vacía de automóviles, sacaba clandestinamente el coche de mi padre y me iba con Arana y con Linati, Diagonal arriba, a acelerar todo lo que el motor diera de sí, y ésta era la diversión, hasta la medianoche, porque yo sólo tenía 16 años y carecía de permiso de conducir, y porque había que alcanzar los límites de algo; iniciarse en el oficio prestigioso de pájaro loco.

Todo ello sin haber leído a los novelistas rusos.

19 de junio de 1943

Ha terminado el curso. Estoy ante la vida. Más amplia, más hermosa que nunca, llena de una complejidad muy atractiva. Soy consciente de mi superioridad, y he notado que cuando me apeo de esta conciencia fracaso.

30 de junio de 1943

Planto a Linati. Altercado con papá. En realidad no soy distinto, en lo esencial, de los demás. Hasta la fecha no he conocido a ningún hombre *equilibrado*. En mi caso, ocurre que hay momentos en que me atrae la virtud, el equilibrio; otros en que prefiero ser impetuoso y desequilibrado; otros en que quiero ser imperturbable y frío. Me atrae la maldad. Amo la pureza, odio la ridiculez, y todo son contrastes. Soy egoísta pero no hipócrita.

10 de septiembre de 1943

Hoy he sentido lo que nunca creí que sintiera: nostalgia de la vida de colegio. Mamá me ha dado la libertad para escoger dónde estudiar el 7.º curso, y he decidido volver al colegio. Yo que me he escapado tantas veces de allí, que he hecho lo que me ha dado la gana, que quería perder de vista a los curas, he elegido prolongar la cosa un año más. Añoranza de las tardes frías, metido en el delantal, con los brazos cruzados, en el aula confortable; añoranza del recreo y del balón de fútbol, de los amigos, especialmente de los *míos*: A, G, L, V, R... Quizá, en el fondo, todo sea una nostalgia del invierno.

O de la infancia. O del limbo. Temor al cambio real, ya lo dije. Mi defecación matinal se producía en los excusados del colegio, sin tapas de madera, bajo el ruido de un gran motor/ventilador. Llevaba conmigo una navajita y, mientras el intestino se ponía en marcha, yo me entretenía imaginando alguna situación arriesgada y arrojando el cuchillito contra la puerta de madera. Era muy experto. El ruido del motor, la imaginación, la navajita, el falso riesgo, el inmenso infantilismo del ambiente, todo me protegía. Había guerra en el mundo, hambre en España, pero nosotros recitábamos el *pas-pasa-pan*, como si estuviésemos en otra galaxia.

En el año 40 habíamos fundado una banda. Conservo un dibujo de las calles de la Bonanova, donde vivíamos, con el rótulo de «Plano de los dominios de la Araña Gris». Después la *Araña Gris* se disolvió y vino la época de las sociedades secretas: *El dardo negro*, *El poder invisible*, *La banda de la rana*. En la calle parábamos a la gente:

—Señora, *El dardo negro* está al acecho.

—¿Qué dice?

Lo cual nos producía una tremenda risa, una convulsión inaugural y fisiológica, tal vez un ritual de despedida, porque ya nunca volveríamos a ser tan fastuosamente irresponsables.

Un buen día nacieron *Los proscritos*, cuatro inseparables amigos: Linati, Arana, Reventós y yo. Puede que el nombre, *Los proscritos*, lo inventara Linati, o tal vez Reventós; alguno de ellos habría leído *Las aventuras de Guillermo Brown*. Se hace difícil, desde la distancia, reproducir la hilazón de aquellas primeras amistades. Uno piensa que eran relaciones cargadas de convenios tácitos, adaptaciones sutiles, intrincados roces con los crecimientos interiores de cada cual, el humor y la imaginación, los amagos de rebeldía compartida, la complicidad en el rechazo parcial del mundo, el reparto de papeles, una cierta balbuciente escala de valores, la seguridad grupal.

No sé.

La lucidez nos desposee del tiempo, y con la memoria, que es supratemporal, y que viene desparramada por el cerebro, caben muchos trapicheos, reunir a nuestro antojo los fragmentos que no echaron a volar. Me parece que ya lo dije. Los cabos sueltos, las cuentas pendientes, los Edipos desplazados, todo forma un revoltijo simultáneo, todo acaba de ocurrir ahora mismo, los amores nunca cancelados, los pospuestos duelos.

Linati, Arana, Reventós. Fueron, realmente, mis primeros grandes amigos. Necesidad de su compañía. Complementariedad. Y dicho sea de paso, me parece que no hemos cambiado mucho aquellos cuatro hipotéticos proscritos. Linati sigue jugando a la contra, transitando su aspecto quijotesco y vertical, su triste faz de cómico segundón, silueta de chimenea antigua, jugando a ser inglés sin conseguirlo, y se las apaña como puede con su soledad de urbanita desviado, inteligente, desfasado, irónico, monárquico, misógino, tradicional, conflictuado.

A Reventós se le detuvo la cara; quiero decir, la formación de la cara, y le ha quedado aspecto de recién nacido, blandura de carnes faciales que requiere un plus compensador de tozudez; igual que entonces; escolar aplicado y bondadoso, a la escucha de la madre, del primo o del partido, a punto para el fuego festivo. Durante años se ha esforzado por ser el líder del socialismo catalán, y, en el momento de esta remembranza, está de embajador en París. O sea que tampoco le ha ido mal.

Arana (ya hablé de él) era el más guapo, el más caballero galante, con moto o con caballo, debidamente convencional, andares de Charlot, humor fino, aspecto armónico. El discreto encanto de la aristocracia local. La misma risa entrecortada que sus primos Milá. Te lo podías imaginar de uniforme, de frac, de oficial de marina, de jinete, de jugador de golf. Cualquier atuendo le caería bien. Enmarcado pero no cerrado. Suspicaz, leal, sagaz.

En cuanto a mí, ya ven. La poca juventud que me queda, trato de dosificarla con cautela. Mantengo todavía abierta la espita del azar. (Con azar y redoxón y tonos amarillos, qué buena fiesta se podría reinventar.) Me desposeí del último vestigio de ingenuidad. Ya nada es evidente. Y sigo perplejo. Al cabo de los años, los trasiegos, las desfachateces y las cicatrices, sigo siendo aquel adolescente inerme y sorprendido, vanidoso e inestable, cuyo último recurso era *rezar*.

En fecha tan tardía como 3 de enero de 1977 escribí:

> Si no rezo, no respiro; si (a mi manera) no respiro, me asfixio. Rezar significa, para mí, *salirme* de todo. Se percibe hoy en el ambiente, bajo formas siempre indirectas, una creciente necesidad de respirar: así, la gente más joven suele decir que hay que *pasar* de todo, lo que equivale a *salirse* de todo; y a salirse, muy particularmente, del juego alienante del poder y del lenguaje.
>
> A diferencia del resto de los animales, el hombre es un «sistema abierto» cuya capacidad de «apertura» puede aumentar indefinidamente. La revolución axiomática, la renuncia al intuicionismo, la desantropomorfización de la ciencia, la «muerte del hombre», todo se inscribe en esa capacidad indefinida de apertura. Pues bien; en el extremo de esa capacidad indefinida de apertura está lo que Kenneth Boulding llamaría, quizás, la trascendencia.
>
> Yo soy, entonces, un margen de apertura, y en el extremo de mi capacidad de apertura está la posibilidad de «salirme de todo», de *pasar* de todo. El ejercicio liberador de este *pasar* de todo es lo que cabe denominar (recogiendo viejas antorchas mortecinas) rezar. Rezar es, para mí, trascender mi Umwelt, mi lenguaje y mi poder. Rezar es quedarme a la intemperie. Y no estoy muy seguro de haber conseguido alguna vez tal cosa.

Linati, Arana, Reventós. Ninguno era vulgar. Les debo una cena a la luz de los candelabros, una improbable velada para comentar esos más de cuarenta años discurridos desde que rompíamos farolas con el tiragomas. Les sigo profesando mucho afecto, pero tal vez no tengamos ya nada que contarnos. A cada cual se le habrá sedimentado la estatua de sí mismo, la geología implacable de las células nerviosas, los tics y las claudicaciones. No sé. Me acaba de llegar un libro de Linati *(Memorias sin remedio)* donde se narra sin mayores complicaciones, y no poca gracia, parte de lo que aquí se soslaya. Que yo sepa, aparte de Linati (Barral iba a otro colegio), sólo Juan Gomis *(Testigo de poca edad)* se ha tomado la molestia, entre nosotros, de dar una versión de aquellos años. Años de indefinición, cuando todo parecía posible: tesoros y princesas, aventuras, islas misteriosas. Ahora el lenguaje y las codificadas reglas dificultan la recuperación del pasado. ¿Hubo tal pasado? No estoy seguro. Todavía descubro, agazapados, suficientes tesoros y misterios. (Ya no princesas.) Un hilillo de adolescencia me conecta con todo lo que ha sido y con todo lo que no ha sido. Amortiguadamente.

Sin embargo, quién sabe, a lo mejor tendríamos que organizar esa maldita cena, Linati, querido viejo sátiro. Dices en tu libro que resultaría curioso investigar por qué, al principio, soslayaba yo mi ascendencia oriental cuando más tarde he presumido de ella. Pues verás; en la época en que estudiaba bachillerato, la parte india de mi sangre apenas contaba. Además: la India era entonces una colonia inglesa, lo cual era mortificante. Luego me picó la curiosidad: yo tenía amputada una raíz de mí mismo, y realicé alguna pesquisa. Pero nunca he idealizado a la India; me he limitado a incorporar una parte de su sabiduría (lo que, técnicamente, se llama mística) igual que han hecho tantos otros occidentales. Y sigo siendo fundamentalmente un europeo, heredero de Heráclito, Platón, Leibniz, Juan Sebastián Bach.

Llafranch, 17 de septiembre de 1943
   Hoy ha venido Alfonso López, y tendré que cumplimentarlo, lo cual me parte por el eje, porque él es uno de los del Opus, y no puedo llevarle por mis planes.

Confusa redacción. «Mis planes» eran salir con chicas. Hay que advertir que, en aquel tiempo, y para cierta clase social, los veraneos eran la única oportunidad para que se produjera un trato asiduo, y digamos natural, entre chicos y chicas de la misma edad. Aún así, nuestra ignorancia sobre el sexo contrario era abismal. A los 18 años practiqué el coito por primera vez con una prostituta, pero hasta los 20 no supe que las mujeres menstruaban. Recordemos que la coeducación estaba proscrita desde 1939 por considerarse como un sistema pedagógico contrario a los principios religiosos del Glorioso Movimiento Nacional. El famoso jesuita José Antonio de Laburu, en alguna de sus conferencias cuaresmales, había dicho:

> «¿En qué fundamento científico puede, señores, basarse el sistema de coeducación? ... ¿Va a ser ciencia dar la misma dirección intelectual y afectiva a los que no solamente en el sexo, sino en sus notas psicológicas, son marcadamente diferentes? No, señores, no es ciencia. Lo que les interesa (a los partidarios de la coeducación) es la promiscuidad de los sexos, precisamente en las épocas de la pubertad y de las pasiones más violentas... Esto es lo que les interesa, señores: descristianizar.»

Curioso y significativo personaje aquel Padre Laburu, que era ya famoso antes de la guerra, que llenaba a rebosar las salas de mayor aforo, que se las sabía todas en cuestión de trucos retóricos, y que arrastraba a los estamentos sociales más variados con su populismo y su poder fonético. «Obrerito que estás en el bar: me vas a entender». Sonaba el mensaje radiofónico, y a continuación venía un pupurri de ideas/imágenes, con motivos que iban desde el sexo (que sin duda le obsesionaba) hasta la justicia social. Alcanzando, muy a menudo, la conveniente chulería. «He recibido un anónimo amenazador» (pausa enfática y luego voz aguda): «¿anónimos a mí?, ¿*a mí*?».

En lo que hace al citado Alfonso López, su nombre completo era Alfonso López Rodó, hermano del futuro Laureano, y sin duda venía enviado con estrictas instrucciones apostólicas. Años más tarde, Alfonso López se salió del Opus y tomó parte en ciertas enojosas discusiones en las que yo intervine. Llegó a mandarme una carta por conducto notarial. Se le había acentuado el aspecto seboso y reprimido. Hoy pertenece a la vasta nómina de personas a las que felizmente he perdido de vista para siempre.

* * *

En 1941 Alemania había invadido Rusia y, al calor de la hora, Ramón Serrano Suñer había acuñado una frase: «Rusia es culpable». Culpable de la guerra civil, culpable de la muerte de José Antonio, culpable de prácticamente todo. Norteamérica permanecía al margen de la contienda; media Europa estaba bajo el águila del Tercer Reich.

En 1944 la situación era completamente distinta. Italia se había rendido sin condiciones, Alemania se retiraba en todos los frentes, Franco (que todavía no era centinela de Occidente) sufría la amenaza más importante de su carrera: los aliados tenían intención de invadir España para establecer un «segundo frente». Ironías de la historia: parece que fue el propio Stalin quien se opuso al proyecto, por considerarlo demasiado *lento*, cambiando así el curso de nuestra pequeña crónica. (Nuevamente Stalin, a causa de la guerra fría, volvió a salvar al régimen de Franco, una vez concluida la contienda universal.)

Naturalmente, los profesionales de la política, dentro y fuera del país, bullían. Desde la rendición de Von Paulus en Stalingrado, 2 de febrero de 1943, la suerte de la guerra parecía decidida. En vista de ello, destacadas personalidades, dentro del mismo Régimen, reclamaron la restauración de la monarquía «conforme a la tradición española» y para que el final de la contienda no sorprendiera a España «en período constituyente». Franco, que siempre creyó en su buena estrella, y en su misión providencial frente al comunismo, no se dejó convencer; al contrario: reaccionó con dureza alegando los «turbios manejos de la masonería internacional».

Acontecía, sin embargo, que nosotros no nos enterábamos de nada. Nosotros, los adolescentes españoles, veíamos el *No-Do*, comíamos castañas y, a veces, bebíamos jerez quina. Excepcionalmente íbamos al teatro: *La herida del tiempo,* de J. B. Priestley; *99 mujeres contra 3 hombres,* revista multicolor con la sexy Trudi Bora. Aquel año, mis amigos Vives y Correa me llevaron por primera vez a una casa de putas. Yo tenía 16 años y me limité a hacer de turista (ya he dicho que permanecí virgen hasta los 18 años). Era una casa clandestina y el acceso venía precedido de timbres y compuertas, luces dudosas, inspección en la penumbra, ambiente general conspiratorio. Había un frondor de gruta, un olor a secreto desvencijado, una humedad orgánica, una sordidez casi sagrada. Me latía el corazón un poco más aprisa mientras desfilaban las chicas, que eran pocas e iban vestidas de calle. Uno de mis amigos subió con una de ellas al piso superior; yo permanecí a la espera, poniendo falsa cara de experto. A la salida, fuimos a comer churros.

Manresa, 8 de marzo de 1944
Si Dios ya es infinitamente feliz, a Dios no le hace ningún daño que el hombre peque.
Por fin he sentido que no tengo fe. Ni siquiera fe para creer en Jesucristo. Pero entonces, ¿qué significado tenía mi emoción de antaño al comulgar?, ¿mi alegría mística de Castelldefels?, ¿mis lágrimas en la noche de Navidad del 42?, ¿aquel sentimiento tan intenso, aquí mismo, en Manresa, año 41? ¿A qué se debía todo ello? ¿Sugestión? Tal vez. Aunque no parece probable.

Manresa, 9 de marzo de 1944
He vuelto a recobrar la fe casi extinguida. Me he confesado. Me he sentido más alegre, más puro, después de la confesión. Arana me ha dicho: «haces otra cara», y yo he sentido ganas de besarle, de llorar, de reír, de saltar.
Es curioso, pero durante todo el tiempo que he estado apartado de Dios, ni un solo día he dejado de rezarle una salve a la Virgen.

La Virgen, la Madre, la Diosa, Kumari, Maha-Devi, tal era el mito religioso que, en el fondo, me atraía, y que me sigue atrayendo. El tantrismo privilegia este tipo de devoción y prefiere venerar a Parvati antes que a Shiva, a Lakshmi antes que a Vishnú. Los dioses están en el cielo, o séase, en ninguna parte; la madre, en cambio, está en la tierra, *es* la tierra, y, desde tiempo inmemorial, las religiones han sabido esto. La tierra como hembra, la doncella como esposa, el coito en el arrozal. Sólo el judaísmo y el islamismo expulsaron a la madre para implantar una religiosidad orientada hacia la voluntad, la masculinidad, la historia, el superego. Pero hoy la historia termina, el superego se diluye en la ecología, la madre retorna. La madre que no tiene poder sino que *es* poder. A partir de cierta edad, quizá a partir de los 40 años, siempre que me he acostado con una mujer me he acostado con la madre, con la diosa, *le point zéro énigmatique*, contrapartida del ridículo legislador con barbas. El amortiguamiento de la líbido es un buen negocio. Uno aprende a permanecer horas en la vagina de la diosa, libre de caretas, tántrico, sin sombra de falocentrismo sino más bien a la inversa, adorando el misterio inmanente de la no-dualidad, la matriz de todas las cosas. Es una experiencia de tono místico: en el momento del máximo deseo queda abolido el ego deseante. (Cualquier cosa, en su grado extremo de pureza, es también su contraria.) Se disuelve la frontera madurez/fetalidad, eternidad/tiempo, realidad/imaginación. Ya no hay seres separados. La esperma puede retenerse indefinidamente.

Las mujeres, a mi juicio, son sensibles a ese tipo de aproximación. Lo que ya no puedo asegurar son los efectos sobre la próstata.

En cuanto al tejemaneje de «ahora tengo fe, ahora no tengo fe y ahora vuelvo a tener fe», era, ante todo, un discurso tomado de prestado. Pudiera traducirse por: ahora me someto, ahora no me someto. ¿A qué? Al lenguaje colectivo, a los códigos en uso. Lo que ocurría era que yo no tenía idea —me lo habían ocultado— de la significación real de Rousseau, Hegel, Marx. Desde hacía siglos el inconformismo estaba legitimado, y yo en la higuera. La consecuencia de aquel vacío informativo era que fácilmente iban acompañados el inconformismo y el sentimiento de culpa, una herencia judeocristiana que asoma todavía en el existencialismo y otras filosofías de tono patético. O en las figuras del poeta *maldito*, etc. Sólo el estructuralismo ha clausurado definitivamente la ecuación rebelión/culpa, la petulante desesperación del humanismo ateo. Hoy ya casi nadie es ateo. Ni creyente. La mayoría, en terminología occidental, somos agnósticos, respetuosos con lo que no tiene nombre. En terminología oriental, ser agnóstico es ser místico. Es lo mismo. Aunque la lista suene heterogénea, hay un denominador común en hombres como Kant, Marx, von Humboldt, Planck, Einstein, Wittgenstein, Lévi-Strauss, Lacan, Piaget: el pensamiento sólo se ejerce en el lenguaje, pero el lenguaje es esencialmente limitado, neuroquímico-socialmente condicionado, y, por consiguiente, no alcanza a la realidad en sí. En cuyo caso, lo absoluto permanece incólume, inaccesible a la palabra, únicamente vislumbrable en la conciencia crítica, en la tensión y paradoja de la limitación.

Decía Wittgenstein: o hay lenguaje o hay silencio. Y también: una cosa es lo que se puede expresar (por medio de una proposición) y otra lo que sólo se puede mostrar. Ocurre, sin embargo, que lo que se expresa, en la palabra, y lo que se muestra, en el intervalo silencioso, vienen entretejidos. Son el Tao. Son el cruce de sonido y pausa conducido hasta el éxtasis cuasi demente de la *Fantasía cromática* de Juan Sebastián Bach. Y esa es la tensión crítica de la limitación, su apertura a lo que no tiene nombre.

19 de marzo de 1944
Hoy he meditado sin escribir. Me he dado cuenta de que el mecanismo de pensar es idéntico al del hablar.

Un método para sacarme las preocupaciones cotidianas: abstraerme de todo lo que me rodea y compararme con el no-ser y con el Infinito.

5 de abril de 1944
Obrar, no de cara a los demás, sino prescindiendo de ellos. Obrar para y por mí mismo. Es paradójico que para triunfar haya que prescindir de la opinión de los demás.

Seguramente escribía esto porque yo no prescindía en absoluto de la opinión de los demás; al contrario, dependía mucho de ella. Ya lo he contado: representaba un papel que me habían asignado entre todos, incluidos los curas. Me reconocía a mí mismo en la manera que tenían los demás de reconocerme. Tal era, y sigue siendo, la alienación fundamental de lo social. La autoestimación que se plantea exclusivamente en términos de *feedback*. Me dijo una vez el Padre Prefecto:

—Creo que eres el chico más cínico y más inteligente que ha pasado por nuestros colegios.

Un juicio pedagógicamente muy dudoso; casi diría que nefasto. Sobre todo cuando va dirigido a un muchacho de 16 años. Recogí, naturalmente, lo de ser «el más inteligente» y me aposenté todavía más en el estereotipo. Un día el Padre Prefecto telefoneó a mi madre: «Si su hijo quiere venir al colegio, que venga; si no quiere venir que no venga». Les faltaba el pretexto para la expulsión definitiva. A Linati, a Reventós y a Goytisolo les echaron por «volterianos», lo cual era gracioso habida cuenta que apenas sabíamos quién fue Voltaire. Conmigo tenían que contenerse porque seguía sacando muy buenos resultados de «aprovechamiento».

¿De qué me acusaban? De anarquía, de insolencia y de dar mal ejemplo. Agravado, como digo, por el escándalo de seguir sacando buenas notas en los exámenes. Yo apreciaba la popularidad que me proporcionaban mis desplantes, pero he de decir que me salían espontáneamente y sin mala fe. Se trataba más bien de una cuestión de euforia y de seguridad en mí mismo. Inocente seguridad escolar. Jamás me puse nervioso en un examen. Al contrario: me crecía. Los curas realmente no me achantaban.

—¿Te das cuenta del daño que haces? —me dijo uno de ellos.

—Cada cual tiene su carácter —repliqué yo.

—Querrás decir temperamento, no hay que confundir. El temperamento tiene una base somática, el carácter reside en la persona. Nosotros estamos aquí para disciplinar vuestro temperamento y haceros hombres de carácter. Lo que pasa es que tú te crees el amo del mundo.

Otro fallo pedagógico. Ya he dicho que mi seguridad sólo era escolar. Un cura me llamaba a la pizarra con ánimo de ponerme en ridículo, y yo le replicaba con tal aplomo que se cambiaban las tornas. Otro cura decía: «Pániker, salga de clase», y yo le contestaba: «¿por la puerta o por la ventana?». La clase rugía de júbilo y el cura me mandaba a ver al Padre Prefecto. Sin embargo, pocas veces me castigaban.

Al final, los chicos siempre esperaban algo de mí, alguna salida, alguna gracia, algún desplante, y yo consentía gustosamente en ello. Era como actuar en el teatro con un público entregado y una claque fiel. La homeostasis del grupo funcionaba, y todos contentos. Lo malo —repito— fue cuando comencé a cobrar conciencia del juego, a sentirme dependiente de mi rol, obligado a mantener enhiesto el pabellón. Aquello me perjudicó notablemente. Tardé mucho tiempo en vomitar lo que llevaba indigestado, el diagnóstico del Padre Prefecto, los aplausos de la galería.

El 6 de abril de 1944, a las 10,45 de la noche, falleció mi abuela, la madre de mi madre. Tardé tres días en poder llorar. Algo bloqueaba mi espontaneidad, quizá el gentío familiar. Pero le dediqué al suceso unas cuantas páginas, en las que explicaba que mi abuela había sido una mujer «buena, fina, amable, cariñosa, agradable, generosa, delicada»; la persona que me había enseñado a rezar, en catalán; la que se quedaba conmigo los domingos por la tarde, antes de la guerra, me daba la cena y me llevaba a la cama; la que se entristecía si, al ir al colegio, y cruzar por delante de su cuarto, no entraba a decirle adiós.

Mi abuela me llevaba exactamente setenta años. No la llamábamos abuela sino abuelita o, más precisamente, *Bulita*. Fue el ser más afectuoso y menos agresivo que he conocido. Emitía exclusivamente cariño; un cariño suave y milenario, coloquial, integrador, reconfortante. Enfermó de repente y se murió como un pájaro.

Del resto del dietario, hasta julio de 1944, entresaco lo siguiente: «Detesto la bondad». «Tengo pereza». «El egoísmo es la base de toda mi posición actual». (Recuerdo un test de aquella época en un Gabinete Paidométrico. Pregunta: «¿Cuál es tu objetivo en la vida?» Respuesta: «Gozar».)

«Fumo mucho. Ya hace tiempo que me trago el humo. He mandado un artículo a *La Codorniz*».

El artículo no me lo publicaron, pero cumple hacer un homenaje póstumo a aquella revista que dirigía Miguel Mihura, único atisbo de modernidad en medio del enrarecido ambiente. *La Codorniz*, y éste es un dato importante, la hicieron los vencedores de la guerra; quiero decir que fue el primero, y en cierto modo único, ejercicio de autocrítica procedente de la España Nacional. *La Codorniz* inventó un lenguaje, una cierta clave corrosiva (más que subversiva), una óptica surrealista de la vida cotidiana. Aparentemente, se trataba de una evasión; probablemente, la cosa era más honda. En una situación hecha de tópicos y frases hechas, *La Codorniz* tuvo el mérito de conducir la crítica hasta el disparate por la vía del significante. La gente del Régimen se quedó perpleja, desconfiando de tanta sutileza; los jóvenes nos agarramos al nuevo lenguaje como a la única cosa fresca y viva del momento.

Siguen 12 páginas dedicadas a la Quinta Sinfonía de Beethoven. Fue una verdadera erupción, Beethoven, y en particular sus sinfonías, que con los años he dejado de escuchar, probablemente porque quedé ya saturado entonces. Teníamos una colección de discos de 78 r. y recuerdo mi descubrimiento entusiasta, primero de la *Quinta*, luego de la *Cuarta* y también de la *Sexta*. Diría que el director era el gran Furtwängler. Mi hermano José María, que quería ser director de orquesta, se pasaba horas escuchando la *Novena*, gesticulando como si estuviera en el atril. (Me parece que Furtwängler nunca dirigió la *Segunda*.) Por las mismas fechas descubrí los conciertos para piano y orquesta de Mozart. Fue una impresión que todavía me dura. El concierto n.º 20, en Re menor, es de los que me llevaría a cualquier parte. Era la época madura del inmensamente expresivo Edwin Fischer. También recuerdo que las hermanas Arana, adorables y un punto prohibidas, solían poner el concierto de violín de Mendelssohn, seguramente interpretado por Heifetz. Y el concierto para dos violines de Bach.

Pero nunca he sido dogmático en música. Escribí hace años:

> «Hay una hora o un momento o una cota o una tasa en que hay que cambiar a Bach por un *blues*, astillar la distancia, recuperar la voz anónima y remota, el infalible ritmo visceral tan perentorio, y a menudo tan intestinal, fugacísimo. Y zas. Y otra vez zas. La onomatopeya polvorienta que lleva miles de años en la trastienda».
>
> «El arte, ese inútil substantivo, corresponde al apogeo de la química emancipada. Un baile de moléculas. Moléculas inverosímiles asustadas de su inverosimilitud».

Llafranch, 24 de julio de 1944
Me miraba al espejo, con intensidad, a los ojos y me he sentido amenazado. El yo que escrutaba era distinto del yo escrutado. Uno miraba al otro. Y si uno era el otro, todavía peor. Me amenazaba la impersonalidad o la locura. Entonces me he dado cuenta de la superficialidad e inconsciencia de mis actos cotidianos. Ha surgido en mí la idea de Dios, y durante unos brevísimos momentos, sólo Dios y yo teníamos realidad. Quizá en unos segundos he sido más sabio que en el resto de mis días.

Compárese ese texto tan temprano con uno escrito 36 años después, concretamente el 25 de junio de 1980:

> A veces, mirándome al espejo, en la soledad absoluta, siento vértigo y percibo la fragilidad de la cordura. Lo que llamamos cordura no es más que código comunicativo. El estado original de las cosas tiene más que ver con el sin sentido. Luego viene la cultura, que no es otra cosa que *relación artificial*, lenguaje, finitud, colectividad, intercambio, simulacro.
>
> Por esto toda terapia es, ante todo, lingüística —al menos en Occidente y desde Platón, padre de la catarsis por la vía del lenguaje—. En Oriente, la terapia toma un camino más sutil. (Me refiero al budismo, al Vedanta, al yoga, al taoísmo, que son antes críticas de la cultura que culturas, y también al sufismo islámico y a algunos aspectos del jainismo.) Ya no

se trata de reinsertar «lingüísticamente» al sujeto dentro de la colectividad, sino de liberar al sujeto —por la vía de alguna contraparadoja— de las trampas que le tiende el mismo lenguaje. Un oriental que se mire al espejo —suponiendo que los orientales se metan en tamaños trances— verá allí un reflejo del cosmos, nada que le concierna especialmente. Despueś cabe que vea al cosmos entero.

Pero a nosotros nos asusta la latente locura detrás de la mirada en el espejo. Nos asusta por lo que tiene de preámbulo. Siempre la locura fue un primer amago de liberación.

Hay algo de experiencia límite en ese mirarse en el espejo y en perfecta soledad. Una cierta divinidad inmanente se refleja súbitamente en los propios infinitos ojos.

El tema del espejo es venerable. Desde Narciso hasta el doctor Lacan. El espejo es la única manera que tiene el ojo humano de acercarse a ver su propio ver. ¿Y *quién* ve, a través de su propio ojo, su propio ojo? La turbadora transparencia artificial del artilugio derrumba las disociaciones gramaticales. La experiencia del espejo es *lo reflejo*, o séase, el abismo de la autoconciencia. El gran secreto estalla: el yo no puede ser finito. Pascal lo planteaba a su manera: «car l'homme passe infiniment l'homme».

Pero hay una segunda alternativa que no todo el mundo realiza. En vez de mirarse al espejo, mirarse en los ojos de otro yo. Y derribar, a través de la paradójica conciencia de no estar solos, las demarcaciones ilusorias. La barrera yo/no-yo. Porque es lo mismo. Pero es lo mismo siendo distinto. Es la experiencia no-dual y, al mismo tiempo, rebosante de la infinita gracia de la pluralidad. Es la mística del amor que conspira con la mística de Narciso.

Mirar los propios ojos en el espejo. Mirar los ojos ajenos en el amor. Maneras sucesivas de acercarse a lo secreto. Mística no ensimismada; conciliación de Oriente y Occidente.

O algo por el estilo.

17 de octubre de 1944
Un hombre que se queja es despreciable.

Dato significativo y de buen agüero. Actualmente no siento antipatía por nadie.

Todavía no sé escribir. He leído poco, lo justo para tener una culturita de salón. Pero si quiero escribir libros, y pienso hacerlo, he de leer más, conseguir un estilo propio.

Raimundo piensa que me parezco a él; lo cual es un error.

¿Triunfaré? Ante todo: ¿qué significa triunfar?

He aprobado el Examen de Estado. La próxima semana Madrid. Frente a frente con la vida.

III

Conviene una pausa recapituladora. Releer este dietario es como despedirme de mí mismo. Pasar un poco de vergüenza; tampoco demasiada. Rememorar ese molusco que uno ha sido. Es ya la última vez que me dedico a eso; queda poco tiempo. Me urge seguir interpolando comentarios, hermeneúticas, metalenguaje. (Que, naturalmente, sigue siendo lenguaje.) Veranos de Llafranch, por ejemplo: pululación de muchachas y bicicletas, cadencia de sensaciones no formuladas, sonido misterioso de la sardana, caminata hacia Calella, bordeando el mar, con la bellísima visión de la bahía entre los pinos. (El espantoso puerto deportivo no existía entonces; el desbarajuste urbanístico no había comenzado.) Hubiera tenido que hablar de todo esto. La sociabilidad bajo los toldos. Las famosas *habaneras* (musicalmente nulas) que cantaban los marineros bebiendo *cremat*. Tras una noche de tabaco y ron duermo mal y me levanto roto. Parece todo tan remoto y tan inmediato. Estratos proyectados sobre un plano agrietado. Mi primo Salvador, en los años treinta, cantaba:

> Ven aquí
> para bailar un fox
> de ritmo sin igual
> que alegra la noche.

Irina Nottingham Palmer, en los años cuarenta, iba al

cuadro de mi bicicleta, y yo rozaba con mis labios su hermosísimo cabello rubio. Parcelas de pasado, moléculas proteínicas del neocórtex, laberinto semiótico desconcertante. No sé hasta dónde podría llegar en la rememoración, ni si merece la pena. El mundo es un gran pretexto, como una mancha de Rorschach que diariamente se nos echa encima para que diariamente reinventemos la cultura, y con la cultura el tono, el timbre, el verbo, la inverosímil gana de vivir.

Pero yo sigo siendo el de la sardana en la plaza del pueblo, el que se enamoraba, sucesivamente, de las hermanas De Miquel, el que haraganeaba por las calles de la ciudad y les gastaba bromas a las taquilleras de los cines.

Así, desde la distancia, Barcelona-años-cuarenta se me antoja particularmente gris. Gris claro en la zona alta de la ciudad, gris turbio en la zona baja, un poco en consonancia con el juego infantil y estandarizado: las mañanas para el deporte o el estudio, las noches para el póker o el pecado. En cuanto a las tardes, cabía el recurso de tomar horchata en *El Turia.* O cerveza en *El Oro del Rhin* (donde el violinista Toldrà, en un tiempo, se ganaba la vida).

Políticamente, ya se sabe, nadie chistaba.

Barcelona-años-cuarenta era una ciudad indecisa, amable y encogida, provincial y remendada, sin tráfico, sin contaminación, sin lucha de clases, socialmente hibernada, urbanísticamente vivible, poco gesticulante. Miles de inmigrados vivían en barracas, pero esa era otra historia. Los domingos en la mañana, la burguesía local —es decir, la clase media— deambulaba por la Diagonal o por el Paseo de Gracia, antes o después de ir a misa a los capuchinos. Nuestro medio de transporte era el tranvía. Algunos de nosotros, en vez de descender en la parada, nos arrojábamos del vehículo en marcha; lo cual requería una técnica especial, un dejarse caer en paralelo, y contribuía a una cierta euforia psicomuscular: aquella minúscula acrobacia sólo estaba al alcance de los insolentemente jóvenes y ágiles. Mis tranvías eran, fundamentalmente, el 64 y el 58. Solía encontrar amigos en la plataforma. Los cobradores eran mayormente andaluces, contagiosamente alegres y ocurrentes, casi circenses.

—A ver, los de preferencia.

Decían al asomarse a cobrar en la parte trasera del vehículo, enjambrada de personal apretujadísimo. Eran (aquellos cobradores) unos tipos humanos irrepetibles, como sorprendidos de haber sobrevivido, adaptados a la penuria y a la falta de reivindicación laboral. (La reivindicación laboral: ese invento tan justo y tan tristón.)

Asocio, sí, la época del tranvía a una cierta paradójica inverosímil euforia. Yo tenía 15, 16, 17 años y me parecía *posible*, todavía, llegar a ser músico, filósofo, literato, gangster. No me había traicionado el cuerpo. Ni la psique. Tenía fama de osado y caradura, improvisaba con facilidad, inventaba parábolas. Contaba chistes. Exaltaba al *héroe* (consecuencia de mis lecturas y relecturas de *La Ilíada*). Tenía un maniático empeño en no pasar desapercibido.

Iba al cine.

Y de qué manera iba al cine. Aquello era ir al cine. Ávido y virgen el cerebro, inmaculado el aparato proyectivo, sumergido en la confortable obscuridad, a veces con atmósfera de ozono artificial, o lo que fuere, me enamoraba de la actriz de turno, me identificaba con lo que me echaran, galvanizaba mi potencia imaginaria.

Sonaba el concierto en La menor de Grieg, el soborno romántico en todo su esplendor, y yo me transfiguraba en un hombre joven a la ventura, difusamente omnipotente, capaz de todas las proezas. El futuro, repentinamente, era todo mío, inagotable. El mundo era virgen. O algo así. Escribía con tinta verde.

Naturalmente, los textos de un diario adolescente son penosos. Anodinos. Hasta aquí me he limitado a transcribir los escasísimos fragmentos que contenían cierta información y cierto atisbo, cierta pista clínica, cierto interés testimonial. Ocurre que ningún diario adolescente posee, en su literalidad, interés alguno. Esa algarabía casi ensangrentada de la edad intermedia, esa avidez devoradora, carece de recursos lingüísticos y no alcanza los niveles mínimos de la expresividad verbal. La capacidad innovadora va del lado de la gestualidad. La escritura es torpe, y tanto más trivial cuanto más subjetiva. La mía era particularmente subjetiva. Escribía un diario no para decir lo más profundo que me pasaba (tarea ingenua pero al menos plausible) sino para compensar mi hueco, mi inseguridad primordial; a veces para presumir y chulear. Para autoconvencerme de algo.

Me atravesaba, sí, una notable intensidad neurológica, y me tomaba a mí mismo por artista, y sin duda lo era. Artista sin arte. Sin habilidad. Despotricaba contra el lenguaje y la cultura porque quería situarme en el paraíso de lo inmediato. A veces, tocando el piano, a solas, alcanzaba una cierta temperatura. Esto era indiscutible. Y era paradójico. Porque ¿cuál es el sentido de tocar el piano para uno mismo? Uno mismo es también todo lo demás, ser-en-el-mundo, movimiento dialéctico, comunicación o como quiera decirse. Inevitablemente, en mi soledad, inventaba a Dios. O a una lejana Princesa. Y me ponía a escribir como un poseído. Y escribía mal. Porque la inmediatez y el lenguaje se contradicen. El lenguaje es mediación. Filósofos que han querido alcanzar el paraíso de lo inmediato, como Bergson, lo han hecho a través de un lenguaje sumamente refinado. Tal ha sido su pícara impostura. La inmediatez sería la nada. Pero a los 16 años uno es ingenuo, simplificador y fatuo.

Me salvaba del naufragio una cierta latente lucidez, la referencia a lo absoluto, y el deseo de alcanzar lo que yo llamaba la P., la P. con mayúscula, que quería decir *personalidad,* ser uno mismo, ser capaz de vivir desde uno mismo. Era el presentimiento de que mis deficiencias de lenguaje reflejaban mi déficit de identidad.

Y viceversa.

El tema es intrincado.

Veamos. El hilo conductor de este montaje soy yo mismo, mi proceso, mi ronda nocturna, mi secreto, mi trato con las cinco mil hierofanías. Pero, desde otro punto de apreciación, mi vida, cualquier vida se proyecta, ante todo, en una pantomima lingüística. Los niveles de realidad son tan difusos como inacabables. Incluso las llamadas partículas elementales son *propiedades* fugaces, grados de excitación de algo abscóndito que siempre nos excede. Los niveles de realidad son niveles de lenguaje.

Lo enervante es el desfase. Cuando uno es joven, y las experiencias están a punto, uno carece de lenguaje; cuando uno ha ganado cierto lenguaje, ya apenas tiene experiencias. En mi adolescencia, un triple filtro, la religión, la introversión, la abstracción, me puso las experiencias casi fuera del alcance de mí mismo. Hoy, desde la fatiga y el sillón de ruedas, siento el tenue olorcillo de aquellas experiencias mal vividas. Tendría que tomar mucho café, como lo hacía Juan Sebastián Bach, para conseguir cobrar alguna pieza. Alguna pieza quiere decir aquello único que acontece. Lo no redundante. Porque a cada momento acontece *algo* y nos enteramos muy malamente de lo que acontece; nos perdemos en el balbuceo comunitario, en los círculos tautológicos de la inteligibilidad. Un desesperante filtro, una red que no deja que se cuele apenas nada, nada real.

A menos, claro, que el lenguaje eche a volar como un anfibio loco, y se revuelva en contra de sí mismo, sin demasiadas concesiones, porque ésta es la sorpresa primera y absoluta: *hay algo*. Para afrontar lo cual nos cargamos de anestesia: la cultura. Felizmente la cultura está sedienta y el lenguaje es transformable, sobre todo en abril, el más cruel de los meses, criando lilas en la tierra muerta.

En aquel tiempo mi relación con la verbalidad era muy pobre y, en consecuencia, mi realidad quedaba tullida. Me faltaban manos, dedos, formas, esa cosa fugaz y poderosa, el buen acoplamiento de los adjetivos.

No proclamo que sea indispensable haber leído a Eliot. Lo malo de mi caso era que yo no había leído a nadie, o prácticamente a nadie, que los textos escolares eran de una pobreza infinita (sólo guardo buen recuerdo de una historia de la filosofía de Joaquín Carreras Artau), que me tenían atenazado en un marco de referencia rígido, que mi inestabilidad comenzaba a condicionar: fumar un cigarrillo me ponía a 120 pulsaciones por minuto, y que mis forcejeos con el Sistema se formulaban *desde* el mismo Sistema. Hoy (años ochenta) existe la tendencia a volver a una cierta autoridad en los métodos educativos. Es el resultado de la crisis de la socialdemocracia permisiva y del fin de la era de la abundancia-automática-creciente. Sin embargo, quienes hemos sido sometidos al viejo lavado mental y a toda aquella inmensa penuria, consideramos que la autodisciplina ha de ir acompañada siempre por el estímulo, el gusto de vivir, la abundancia de información, el pathos de la curiosidad, el ambiente libre y pluralista.

No quisiera volver a contar lo que ya ha contado todo el mundo, pero tampoco veo la manera de soslayarlo. Me refiero a la España de los años cuarenta. Escribe Manuel Vázquez Montalbán *(Crónica sentimental de España)*: «Llevaban extraños abrigos con mucha hombrera, mucha solapa, mucho peso». Exacto. «Hablaban de la guerra, de Manolete y de Rommel». No menos exacto. Lo que ocurría era que la radio, la prensa y la literatura de consumo iban despolitizando la conciencia colectiva. Había tuberculosis, piojo verde, Bobby Deglané, artículos barrocos de don Eugenio d'Ors; Laín Entralgo tenía, indiscutiblemente, un entrecejo numantino. Pero la atmósfera general era de evasión. Una aspiración generalizada, al menos entre la gente joven de determinada burguesía, era la de tener novio o novia. Esa aspiración no era materialista; a menudo simbolizaba el *mundo de los sueños*, que era un mundo muy apreciado en aquellos tiempos de elipsis y penuria. «Suple con tu celo la falta de material», enseñaban en *Formación Nacional*. O sea: suple con tus *sueños* la falta de realidad. Los teléfonos blancos de Hollywood. La autarquía.

Lo cual no quiere decir que los corazones hubiesen dejado de latir. Hubo gente inquieta y respetable en la llamada España Nacional; incluso buenos escritores: los Foxá, Ridruejo, Alfaro, González Ruano, Sánchez Mazas, Laín, de la Serna, d'Ors. A mi juicio, el vacío cultural que se fue produciendo venía directamente del general Franco; quiero decir que era el resultado de su triste concepción del mundo. De su pobreza de ideas. Y de un tic de aislacionismo frente al rechazo exterior. Lo peor del franquismo fue esa mediocridad anémica y sin enjundia, más chata que lóbrega. Lo glosaba una vez Rosa Montero, naturalmente de oídas, porque ella no vivió esos años: «no destacar, no molestar, no definirse». La ignorancia como valor, salvoconducto de integración, destino eterno. No sólo fueron años de penitencia, como ha escrito Carlos Barral; fueron, sobre todo, años de limbo. Años de penuria. Años de deprivación. Moral y material (aunque a mí eso último no me afectase): racionamiento, gasógeno, restricción eléctrica, censura. Carmen Martín Gaite se ha ocupado del asunto en alguna parte: restringir y racionar eran los vocablos clave de la época, semánticamente desplazables, permanentemente agazapados en la trastienda de las conductas. El hambre, como el *ser* de Aristóteles, se dice de muchas maneras. Yo era un chico muy listo y asimilativo, pero se me dio muy poco de comer. Recibí una escolaridad que sofocó el mayor potencial que tiene un niño: la curiosidad, la tendencia (que estimo congénita) a buscar información. Ya lo dije antes, pero conviene insistir.

Mi juventud imaginativa estaba cautiva. Dentro de una cadencia de vitalidad nerviosa, inopinadamente, algún hallazgo; pero en seguida stop. Influía, además, una cuestión personal, una cuestión de carácter. Ávido de contenido, siempre he subestimado la forma; siempre he sido un pésimo lector, un lector espasmódico y apresurado, un lector sin regodeo, o, como diría José María Valverde, un lector sin memoria verbal. Mi oído, mi gozo y mi paciencia se han ido del lado de la música, y cavilo que es ya un poco tarde para recuperar ese recochineo moroso que caracteriza al escritor de raza.

De otra parte, con el tiempo, he llegado a cobrar una mínima conciencia de mis propios naipes. No me van los meros juegos de lenguaje y es difícil que se me note la voluntad de estilo. Siempre he tenido la intención de decir *algo*. Lo que ocurre es que con los años me he ido apercibiendo de la dificultad de decir *algo*, que es el problema del lenguaje que tiende siempre a ser lenguaje sobre lenguaje. Y así, aunque tardíamente, he descubierto la indispensable dimensión *lírica* de todo texto significativo. Sin embargo, sigo siendo más escribiente que escritor, más intelectual que esteta, más olfativo que visual, más filósofo que poeta. Nunca he pensado con imágenes. Mi amigo Francisco Umbral, cuando era niño, se quedaba cacofónicamente extasiado leyendo una enciclopedia que mencionaba «inmensos bosques de coníferas y helechos arborescentes». A mí el éxtasis me venía con las sonatas de Beethoven a través del piano de mi madre.

Lo que ocurre, digo, es que con el tiempo, y a fuerza de encerronas, uno consigue afinar sus propios instrumentos, sacudirse algunas inhibiciones, encontrar la propia voz, o aproximarse a ella. Vía paradoja. Lo tengo escrito en alguna parte: el lenguaje harto de sí mismo, preámbulo para una emancipación. De entrada, la sintaxis; y si se me apura, incluso la ortografía. Hasta el siglo XVIII, sólo los tipógrafos conocían bien la ortografía. Los escritores escribían como les daba la gana, como les salía del cuerpo. El lenguaje, en Shakespeare y en Cervantes, andaba bastante suelto. Después llegaron los corsés, las reglas, la gramática, la preceptiva, el diccionario. Roland Barthes *(Le Degré zéro de l'écriture)* lo expuso con su habitual inteligencia: o bien el escritor se acomoda a las convenciones de la forma, o bien reconoce el vasto frescor del mundo y se revuelve contra una lengua espléndida y muerta.

Así que yo he venido aquí a recuperar mi propia voz, a reconsiderar las *platitudes* e ir más lejos. Únicamente cuando trato de *ir más lejos* tengo la sensación de ser un poco *real*. Cada cual a lo suyo. A mí me importa ir erosionando los conceptos familiares, superar todo realismo ingenuo. En fisicomatemática llega un momento en que la materialidad de las cosas se diluye en ecuaciones. Cabe acercarse a los confines del lenguaje por medio de la poesía, de la ciencia, de la música o de las artes plásticas. La estructura de mi personalidad me ha conducido siempre a la abstracción digamos filosófica. Sólo al cabo de un proceso abstracto tengo la sensación de topar con algo mínimamente concreto: precisamente *el límite*, la infinita sorpresa del límite, la intencionalidad profunda de la paradoja.

Más que años de penitencia fueron años de contrición.

Nos reíamos de los curas, pero no de la religión. Al menos yo. Nos pasábamos la mitad de la vida rebelándonos; la otra mitad pidiendo perdón, ejercitando el sentido de la culpa, platicando con un Jesús todo bondad y permanentemente agredido por los pecados de los hombres. Pecados de la carne, nunca del espíritu. Lo cual ya era curioso: pensar que a Jesús se le agredía rememorando los pechos entrevistos de una bella actriz de cine. Terenci Moix (que no sé cuáles serían sus pecados) ha descrito lo que él llama «el sadismo de nuestra infancia» (en un libro que le publiqué yo mismo). En los años cuarenta todo quisque sufría. Sufría *La hermana de San Sulpicio* y sufrían los mártires del cristianismo, y los de *Fabiola* y los de *Quo Vadis*. Sufría el personal entonando el *Vía Crucis*. Pero todo hay que decirlo: nosotros, los cachorros de la burguesía local, sufríamos con moderación; sufríamos con un secreto ambiguo cachondeo.

Lo peculiar de mi caso era que, por falta de información, no me salí del Sistema. Mis desplantes eran vagamente existenciales y jamás cuestionaban la validez del sistema. Mi formación política era nula. Más adelante, el haber ido a una escuela técnica y no a una facultad de letras, me dejó definitivamente en la higuera. El aislamiento culminó con la enfermedad de mi padre y mi entrada prematura en el mundillo de los *business*. Ni siquiera tuve una tuberculosis que me diera un respiro para poder leer.

* * *

Lo tengo anotado en una página de 1954: una referencia al «descubrimiento de lo infinito, aislamiento de la belleza, una tarde de primavera, en el jardín de la torre de la calle Pomaret, contando yo apenas 13 años». He olvidado la vivencia, pero esa es la reseña.

Reseña de la inauguración de mi adolescencia. Un período que, en mi caso, se subdivide en dos: antes y después del sexo activo. Agradable el primer subperíodo, conflictivo el segundo. Pero con un denominador común, pues ya hemos visto que el problema esencial de la adolescencia es el de improvisar alguna identidad. La que fuere. La adolescencia es un intervalo, un hueco, una ambigüedad mal resuelta. A falta de identidad, falta de autoestimación; y a falta de autoestimación, escape hacia *lo imaginario*: absolutismo y fantasía. Los adultos suelen olvidar aquel período de su vida cuando todo parecía posible a fuerza de ser imposible; cuando el narcisismo se acompañaba de la búsqueda de modelos, héroes, ídolos; cuando la pulsión sexual, el amor a uno mismo, la introspección, el desamparo, la inseguridad, la presión socializadora y el acné libraban un combate enmarañado. Necesitabas un *feedback* que verificase que poseías una identidad real: un recurso eran los amigos. Otro recurso era el diario íntimo.

El diario íntimo reflejaba más lo que uno quería ser que lo que uno era. Porque uno no era nada. Únicamente un hueco camuflado con sueños de gloria, exageraciones de la propia fuerza, elogio de lo antisocial, identificaciones apresuradas, modelos que compensaban carencias. (Estoy hablando mayormente de mí mismo.) Expulsado de la infancia, el adolescente tenía que adaptarse sin cesar a un mundo nuevo, desagradablemente real. Repentinamente había *tiempo*, y, por tanto, finitud, fugacidad, incluso muerte. El diario íntimo, la introspección, era entonces un juguete que permitía amortiguar el trauma, escucharse todavía a sí mismo, fingir a medias, recapitular.

Acotación concomitante y de pasada. Cuando hablo de «diario íntimo» tómese la expresión a beneficio de inventario. El diario íntimo es un subproducto de la burguesía y, finalmente, del romanticismo. El mito del yo. Apogeo del individualismo con su correspondiente forcejeo «idealista». Como género literario conviene no llamarse a engaño, particularmente en lo que hace a la ingenua pretensión de reproducir una intimidad real. Hoy estamos muy de vuelta de la separación entre lo interior y lo exterior. Si yo mismo me decido a exhumar viejos apuntes es, precisamente, porque he dejado de creer en los mitos de la individualidad burguesa y el secreto de las conciencias. No hay tal secreto. Nada que se pueda contar es secreto. Un secreto es, por definición, aquello que no se puede contar. Una cierta indagación poética, científica o musical: eso ya tiene más que ver con lo secreto. Por ejemplo: explorar el significado de las ondas de probabilidad. Salvado lo cual, el ejercicio del «diario íntimo» sigue siendo válido, eficaz y recomendable. Uno es un síntoma del cosmos; pero también los síntomas tienen derecho a la voz y a la palabra.

Por cierto que el diario íntimo de un adolescente no debe jamás ser profanado. A pesar de los pesares, el diario íntimo es el primer flirt con lo secreto. El diario íntimo permite ensayar el juego de las fluctuaciones y acostumbrarse a un mínimo comercio verbal. Equidistante entre Dios y un amigo, el diario íntimo puede abocar a una cierta higiénica transparencia, una cierta anatomía de la inseguridad, una cierta ventilación del narcisismo. Es como un taller de diseño de la identidad ansiada.

En mi caso había una mezcla de picardía, ingenuidad, exageración, desfachatez, defensa. Tanteos y disimulos. Por ejemplo: menciono el dinero que he ganado al póker, pero prácticamente silencio la paga que me dan mis padres. Un tema delicado: el dinero exige siempre alguna contrapartida. De todos modos, todo hijo considera que el papel natural del padre es aportar dinero. (Hablo de nuestra cultura.) Además, el adolescente que ha sido niño mimado (mi caso) tolera mal las frustraciones. Bajo su aparente seguridad hay una profunda inseguridad. La cual se disimula (a veces) con una ostentación declamatoria. El adolescente que ha sido niño mimado tiende a mantener la simbiosis fetal con el mundo. Es un poco reacio a la *experiencia real*, al descubrimiento de lo verdaderamente *exterior*.

Lo que hacía las cosas un poco complicadas —sigo con mi caso— era el hecho de ser yo un muchacho inteligente. Disponía de la lógica formal y de los mismos instrumentos que los adultos, aunque secretamente permaneciera en el pre-Edipo.

Lo cual se relaciona con mi insuficiente rebeldía. He mencionado que a pesar de mis desplantes, nunca me salí del Sistema; nunca me secularicé, apenas me enteré de nada.

El bloqueo, la presión y la deprivación, todo conjuraba para que permaneciera in albis.

> Aunque también hay que decirlo: aquella religiosidad oscilatoria, jamás neutral, en el mejor de los casos blasfema, era más relevante de lo que sus formas infantiles pudieran indicar. Y pienso que el descifrar semióticamente, psicoanalíticamente, sociológicamente, o como quiera hacerse, todo ese gran tinglado de la fe juvenil, eso no nos exime de mantener incólume la cuestión última y permanente: lo que queda cuando ya no queda nada. Lo absoluto.

Como iba contando, contribuía al mantenimiento de la atmósfera mágico/mítica el hecho de haber dispuesto siempre de una alta dosis de *seguridad afectiva*. Yo aceptaba el sistema del mundo que me habían transmitido porque venía acompañado de una gran seguridad afectiva. Nunca se me ocurrió pensar que mis padres, y especialmente mi madre, no me quisieran. Así que la conservación del «sistema» equivalía a la conservación del afecto. La conservación de la atmósfera mágico/mítica equivalía al mantenimiento de la infancia feliz, la simbiosis fetal con la cultura establecida. Mis desplantes eran la voz de la inteligencia adulta, la que también se alimentaba del *exterior*. Pero toda mi vida ha gravitado sobre mí ese condicionamiento doble; toda mi vida he querido mantener, en un difícil equilibrio de transacción, ambas dimensiones: la niñez y la madurez.

Con el tiempo he cobrado conciencia de lo embebido que llegué a estar en aquella atmósfera mágica primitiva, que no concedía margen para el azar y que hacía que uno viera siempre, incluso en los sucesos más insignificantes de la vida cotidiana, la acción de la Providencia. Ahora bien; mis fórmulas más recientes siguen siendo ambiguas. Por ejemplo; desde hace años, vengo predicando sobre pluralismo de marcos teóricos, gusto por lo difícil, caos creador, mestizaje, retroprogresión, hipercomplejidad, ambivalencia, incertidumbre, margen, juego, apoteosis de lo efímero. Sin embargo, sigo manteniendo un cierto sentimiento de seguridad ontológica. Tal vez he convertido el azar en un soplo divino. O he sacralizado el desorden. Acepto la sentencia de aquel rey de *Alicia en el país de las maravillas,* su manera de dar por liquidado el asunto que plantea el conejo blanco: «Si eso no tiene sentido, nos ahorra una buena cantidad de trabajo: así no hay que buscarlo». Efectivamente: hay sucesos carentes de sentido. Ahora bien; esa falta de sentido es un *rumor* con el que cabe construir algo *nuevo,* seguir en la brecha, vencer la entropía. O séase que también las nuevas metáforas de la ciencia configuran una red protectora.

En el peor de los casos, me atengo a un último recurso: «qué más da».

De otra parte, yo jamás me había masturbado, y una cierta energía primordial permanecía intacta; mi culpabilidad sólo remotamente era psicosomática. La persecución de mi identidad me llevaba a tanteos a veces grotescos, pero sobre un trasfondo de inocencia sexual que duró hasta los 18 años. Lo cual no quería decir que mi líbido fuera débil. Era normal. A menudo comprensiblemente exasperada. Dicen que el macho humano alcanza su mayor potencia sexual hacia los 17 años, y que a partir de entonces comienza el declive. De ser ello cierto —y no me extrañaría que lo fuese— confirmaría lo mal diseñada que está nuestra natura/cultura, la riqueza de desfases que requieren compensaciones/sublimaciones. Visto desde otro ángulo, todo procede de eso que llamamos *escolaridad* y que es el invento mismo de la adolescencia. En cualquier caso, uno era hijo de su cultura. Uno no vivía en la Polinesia de Margaret Mead (por otra parte, tan discutible). Uno ignoraba el carácter social del sexo. Uno descargaba sus instintos en las llamadas poluciones espontáneas de la noche. Habría que esperar al ingreso en la vida profesional para enlazar el pensamiento abstracto de la adolescencia con la realidad comunitaria. Habría que esperar a las relaciones heterosexuales normales para salir mínimamente de la crisis.

Los padres no habían conseguido gran cosa, lo cual era previsible. Conciliar el amor, la autoridad y el estímulo es un milagro que no está al alcance de todas las fortunas. Y que choca con el vacío social de la adolescencia. Además: los padres son modelos frágiles y demasiado implicados. Los padres suelen limitarse al discurso de su autojustificación, a proyectar en los hijos sus *propios* ideales de juventud. En consecuencia, el juego relevante discurre —para los adolescentes— entre los amigos, las lecturas, los colegios, Dios, el cine. Pactar con Dios es —o era— lo propio de la adolescencia. De un lado, hay un mecanismo de sublimación: el amor a Dios substituye a todas las formas de amor socialmente inaccesibles. De otro lado, una vez interiorizado, Dios neutraliza la angustia. Angustia experimentada frente a un mundo real y peligroso donde, por primera vez, hay que tomar decisiones. Dios es una pantalla protectora, un cómplice del narcisismo, una garantía frente al caos.

Otro recurso es, justamente, el contrario: negar a Dios. Los adolescentes que deciden repentinamente hacerse ateos ejercen un rito de autoiniciación. Ruptura de cordón umbilical. ¿Se nos arroja al mundo? Bien, sea, y dejémonos de coartadas. Naturalmente, la coartada continúa: Dios viene substituido por algún absoluto ideológico o sentimental. O por alguna obsesión. La patética necesidad de recibir calor humano. Ya he dicho que se trata, ante todo, de tenerse en pie, substituir de alguna forma la seguridad afectiva. Lo que ocurre es que no todos los adolescentes disponen del mismo caudal de infancia feliz, y que la crisis de adolescencia es, en sí misma, una hoguera tan intensa que a menudo aboca a hacer tabla rasa de todo. A empezar de cero. Es el caso de algunos jóvenes (a menudo huérfanos de padre), que sin haber sufrido de carencia afectiva, son particularmente propensos al inconformismo.

Posiblemente, en el futuro, lo que proceda sea encauzar todo este formidable poder innovador con una pronta inserción en la sociedad de los adultos. El trance enojoso de la adolescencia deberá ser suprimido en una próxima cultura donde trabajo, aprendizaje, creatividad y juego no anden a la greña. Ahora tenemos un mundo al revés y una pedagogía demente. La sociedad gratifica y honra a los profesores universitarios y deja a la buena de Dios la primera y la segunda enseñanza, que es cuando realmente se decide todo. Se socializa la conciencia del niño sin desarrollar, simultáneamente, su espontaneidad creadora. Se desperdician las inmensas reservas de curiosidad e iniciativa que almacena todo niño. Se disocian el aprendizaje y el vivir concreto. Para poner un ejemplo de épocas recientes: la enseñanza de la matemática moderna, basada en la teoría de conjuntos, ha constituido un fracaso rotundo. El alumno no percibe que las matemáticas están siempre en relación con lo real, quiero decir con una cierta acción. Tamaño error pedagógico procede de una interpretación equivocada de las teorías de Piaget. Porque el caso es que el niño debe realizar operaciones *antes* de tomar conciencia de esas operaciones; igual que primero se aprende a hablar y sólo más tarde se aprende gramática.

> Precisamente, para Piaget, la inteligencia se construye por una serie de asimilaciones y adaptaciones recíprocas del individuo al medio y del medio al individuo. El pensamiento lógico resulta de la interiorización de operaciones concretas y materiales. La acción precede siempre al pensamiento.
> Y ya que hablo de todo esto, cabe señalar un riesgo en relación con la posible enseñanza a través de ordenadores electrónicos: el riesgo de un modelo de aprendizaje pasivo donde la iniciativa del alumno quede bloqueada, donde todo venga programado, esterilizando así las potencialidades heurísticas de la nueva tecnología. El principio general también lo dio Piaget: la inteligencia es la capacidad de adaptación a situaciones nuevas. La inteligencia es a la vez invención y comprensión. En consecuencia, toda pedagogía ha de fomentar la creatividad. Es la *iniciativa* del alumno la que preside, elabora y asimila los conocimientos; es la mente del niño la que estructura *activamente* los contenidos pedagógicos, y es esa estructuración lo que realmente cuenta. A través del ordenador, el alumno ha de aprender a programar por sí mismo, pero, sobre todo, ha de habituarse a la reflexión crítica, la formación mental que le sirva para diferentes aprendizajes —lo que antaño se esperaba de la enseñanza del griego y el latín—. Aprender a aprender.

Supongo, pues, que lo que cuenta de este dietario (de momento) no es tanto su contenido literal como lo que asoma entre líneas, lo que me induce a interpolar mis comentarios póstumos, no tanto para construir una hermenéutica cuanto para ajustar cuentas: atajar el infinito agravio de *haber sido*, y, para colmo, de haber sido insuficientemente. Quiero decir que de toda esa comedia de mi adolescencia, me quedan unos textos que es preciso tamizar para entender lo que *no* dicen. Son los textos de mi inconsistencia. Y pienso que deberé tener eso muy en cuenta de cara a la lectura de discursos más recientes. Porque yo nunca he tenido demasiada consistencia (cuestiones endocrinas) y sólo cuando me acorralaron contra la nada me ha salido algo *real*. Por esto, con los años —me parece— voy mejorando.

* * *

Cobremos nueva perspectiva. Antes que los jesuitas y los Ejercicios Espirituales, hubieron mis padres y mis hermanos, y, antes todavía, mi infancia exageradamente prolongada. El paraíso pre-edípico de aquel piso de la calle del Párroco Ubach, número 36, tercera planta. Me contaban cuentos. Yo he sido un niño al que han contado muchos cuentos: tradición oral a cargo de la abuela y las criadas —particularmente la gran Juana, alias *Nitus,* diminutivo de Juanitus—; cuentos de lobos y ballenas, héroes y madrastras. Yo he sido un niño (pre-televisivo, claro) embebido en un mundo propio imaginario. Autónomo. Solía identificarme con un personaje autoinventado, procedente del planeta Júpiter (asociaba, supongo, Júpiter con omnipotencia), personaje que tenía un nombre no demasiado distante del mío, invulnerable a todo mal, metido en aventuras, resistente a la entropía.

Yo era feliz. Y lo curioso del caso es que llegué a darme cuenta de que era feliz. Junto a la zona imaginaria, un retazo de conciencia refleja, lo que los ingleses llaman *awareness*. Mi padre estaba fuera, en los campos de batalla; mi madre tocaba el piano. Había una gran alfombra. Y las cajas de tabaco inglés vacías. Yo *jugaba*. Mis recursos para jugar eran ilimitados.

Y supongo (me parece que ya lo he dicho) que comenzar la vida consciente con tan altas dosis de felicidad le convierte a uno en un adicto; supongo que en aquel paraíso preedípico echaron raíz mis tendencias retro/místicas.

Repasando cartas recibidas en los años treinta y princicipio de los cuarenta, quedo asombrado. En primer lugar, la ilusión que desperté en mi propia familia. Me trataban como a un juguete muy querido y, por lo visto, muy gracioso. Diez años más joven que mi hermano Raimundo, hijo tardío de unos padres ya maduros, fui realmente un niño muy mimado, y me acomodé gustosamente a ello. Supongo que de aquella época arranca mi automático estupor cuando descubro que alguien no me quiere. O la inmensa sopresa de tener —a veces— mala prensa. En segundo lugar, el código. Con variantes individuales, mi familia (y ya diré quién componía mi familia) se atenía a un código común muy definido y rígido. Y por más que yo pareciera un niño independiente/impermeable/narcisista, la influencia resultaba inevitable.

Ante todo mi madre. Sus apellidos eran: Alemany, Sabadell, Raventós. Indiscutiblemente catalana. (Parece que los Alemany eran descendientes de aquellos «alemanes» que vinieron por primera vez a España, en el siglo XVI, acompañando a Carlos V.) ¿Alguna punta de sangre judía? No me consta; aunque vaya usted a saber. Ya he mencionado su tertulia de los veranos en Viladrau, con Carles Riba de sumo pontífice. Riba era bajito, con cara de pájaro tristísimo, nariz tenaz, importantes dioptrías, aspecto general cerrado y aburrido. Hubiera podido pasar por notario o farmacéutico, cualquier cosa antes que poeta. Cuando el tema de conversación no le interesaba, no abría la boca. Bofill i Ferro tartamudeaba aristocráticamente. Obiols era parco, reposado, fumaba en pipa, tenía un rostro socarrón; le hizo un retrato a mi madre y otro a mi hermana. Riba, Arderiu, Obiols, Bofill y demás eran de Esquerra Republicana y echaban pestes del general Primo de Rivera. No era un grupo de filósofos (la única persona con específico pathos filosófico era allí mi madre) sino de hombres de letras, críticos literarios, estetas. Muy afrancesados. Bofill i Ferro había traducido a Proust. Los nombres que más sonaban eran, efectivamente, Proust, Valéry, Gide, Mallarmé. Claro está que también se cotizaba a Rilke, y Riba era un helenista de primera fila; pero la gravitación decisiva venía de Francia.

Me estoy refiriendo a aquel concreto grupo. La vitalidad de la cultura catalana era entonces muy grande, muy abierta y muy universal. Un excelente síntoma fue que los buenos escritores se dedicaran también a traducir. Joan Maragall lo había hecho con Goethe, Nietzsche y Novalis; y en sucesivas épocas, Josep Carner tradujo a Dickens, a Twain y a Carroll; Josep Mª de Sagarra a Shakespeare y a Dante; Andreu Nin a los rusos; la fundación Bernat Metge, bajo la dirección de Joan Estelrich y Carles Riba, a los clásicos griegos y latinos; etcétera.

Mi madre no era una intelectual profesional sino una autodidacta, profunda y lenta, cargada de inquietud y perplejidad. Perteneciente a un grupo generacional que admiraba a Tolstoi y a Tagore. Cristiana y con conciencia social, inusitadamente honesta, sin dotes para el disimulo. Emotiva, secundaria, inactiva (lo que en la terminología de Le Senne se llama un carácter sentimental), hipersensible, introvertida, siempre en las nubes de sí misma, sin sentido práctico, ordenada, tenaz, embebida en un pasmo metafísico, leptosomática, concentrada, escasamente sensual, más vegetal que animal, aunque con importantes raíces. Raíces complicadas o insuficientemente conciliadas. Manos bellas y delicadísimas. Osamenta facial muy definida. Ideas propias. *Tough minded*. Apasionada hasta el tuétano.

Durante la guerra civil, mi madre simpatizaba con la postura del cardenal Vidal i Barraquer, en el sentido de que deseaba una solución negociada del conflicto. Terminada la guerra, detestó visceralmente al régimen de Franco, ante todo por su retórica hueca y su hipócrita catolicismo oficial. Y porque ella era enormemente catalana. Aceptó que su hijo se hiciera del Opus, pero le repugnaba el tono y el estilo de *Camino*. Mantuvo toda su vida una insobornable fidelidad a sí misma, una insólita honestidad intelectual, un apasionamiento casi transgresivo. Su carácter era tan fuerte como frágil era su cuerpo. Había inventado una bienaventuranza nueva, que ciertamente era aplicable a su propio caso: «Bienaventurados los que no escarmientan...». Cristiana, sí, pero en absoluto ingenua. «Cada día entiendo menos las cosas», decía. Y la cota de su pasmo iba en aumento. Le irritaba que degradasen el misterio. La carta de despedida que escribió a sus cuatro hijos («mi única pasión desordenada, esos cuatro hijos»), para que la leyésemos después de su muerte, concluía con una frase interrogativa: «*estaré amb el gran estimat?*» Padecía la radical insuficiencia del lenguaje, la angustia de los lúcidos. La fe —solía decir— es un rayo de tinieblas.

Hablé siempre en catalán con mi madre. No recuerdo haber recibido de ella enseñanza particular alguna aunque sí una gran influencia global. Convivir con un personaje tan patéticamente veraz, influye. Me transmitió el pathos filosófico y una escandalosa descompensación vegetativa, y lo que hay en mí de candor intelectual —por decirlo de algún modo—. También una cierta necesidad de protección y mimo. *As a matter of fact,* hasta cumplir los cinco años yo dormí en una camita con barandas, y para conciliar el sueño necesitaba un terrón de azúcar y, a menudo, la mano de mi madre, que dormía al lado. Después, mucho después, llegó la ambivalencia, las teorías de Melanie Klein, ya saben ustedes, una versión psicoanalítica de Génesis 2,9: el pecho bueno que satisface el deseo de niño y que se convierte en pecho malo cuando no lo satisface. De ahí la raíz ontogenética de las nociones del bien y del mal: un mecanismo de defensa. La escisión entre objeto bueno y objeto malo introduce una tensión autónoma, neutraliza la nostalgia de volver al seno materno.

Sospecho, en consecuencia, que más allá de mi adherencia (relativa) a la madre concreta, mi apetencia era, y sigue siendo, de una Madre Cósmica, Madre Arcaica, Madre Absoluta, No-Dualidad. Me parece que ya he hablado de eso. A veces, para conciliar el sueño, tengo que poblar mi mente con alguna fantasía relajante. Me encuentro en un lugar cálido y seco; yo y las féminas vagamos por la arena; no hay dolor ni angustia; regreso de lo simbólico a lo imaginario, para decirlo con la famosa jerga del doctor Lacan; me convierto en un ser embebido en una atmósfera pre-edípica y sin riesgo: sujeto único y fantasmático, traspaso la *fase del espejo* y regreso al yo narciso portador de una identificación primaria con alguna omnipotencia.

O séase, la Madre. La Madre con mayúscula. La Madre del pecho bueno, en sus sucesivas manifestaciones: los cuentos infantiles, la Iglesia Católica, la Joven Esposa (la verdadera Madre siempre es joven, incluso esbelta: en el hinduismo no existe culto a la Mujer encinta, jamás una diosa aparece con el vientre abultado, ni siquiera con un niño en brazos), la afluencia económica temprana, la oposición al destete. En mi niñez sufrí una gran anorexia y llegué a estar flaco como un palitroque. Juana, la cocinera que tanto me quería, sólo conseguía hacerme tragar la manduca a fuerza de contarme historietas en las que el héroe era un tal «Salvador que mataba las ballenas de un cop de puny» (Juana era castellana, de la Rioja, pero su lenguaje coloquial era híbrido.) Por añadidura, no recuerdo haber tenido nunca celos, ningún complejo de intrusión. Siendo, con muchos años de diferencia, el pequeño de la familia, nadie trató de ocupar mi puesto cerca de la madre.

Observando a su nieto que jugaba a esconder y encontrar un ovillo, Freud concluía que aquello era una transposición de esconder y encontrar a mamá, un entrenamiento en controlar las ausencias de mamá, las previsibles ansiedades del vivir. Bien; en los primeros años de mi vida no hubo ausencia de mamá. Mamá estaba presente.

Decía Simone de Beauvoir: «la mujer es lo otro». Pero Simone de Beauvoir se quedaba a mitad de camino: porque lo otro también es lo uno. Y esta es la gracia, la aventura, la sorpresa del amor.

Del amor que siempre tiene que ver con la Madre.

Y con mi madre, la música. Mi madre, que no se parecía a

Greta Garbo sino más bien a Vita Sackville-West, con algún vislumbre de Virginia Woolf, mi madre, digo, procedía de la *paideia* burguesa decimonónica, de cuando las familias consideraban que el arte de tocar el piano, el canto, el dibujo, el bordado y el francés elemental eran las mejores cualificaciones para una muchacha que aspirase al matrimonio. Mi madre había cursado tenazmente la carrera de piano (en el Conservatorio de Música del Liceo de Barcelona), y digo tenazmente porque, sin estar particularmente dotada, acabó interpretando muy bien. Se graduó, con la máxima calificación, el 12 de julio de 1912. En su repertorio figuraban obras de Bach, Chopin, Beethoven, Liszt, Mendelssohn, Mozart, Granados. Recuerdo el inmenso placer que me causaba el *largo e mesto* de la sonata n.º 7 en Re mayor de Beethoven. Y los primeros poderosos acordes del *San Francisco sobre las olas* de Liszt. Ya más tardíamente entré en el universo de Bach, *Partita nº. 1* en Si bemol mayor, y, sobre todo, la *Fantasía Cromática y fuga*, tal vez la cumbre del arte musical humano. Mi madre solía citar a un maestro suyo del Conservatorio, cuyo nombre lamento no recordar, porque debió ser uno de esos magníficos y anónimos profesionales que tanto contribuyeron a dar a Cataluña un nivel perfectamente europeo; el cual maestro estimaba que era casi inconcebible que un cerebro humano hubiera producido la *Fantasía Cromática*. Al cabo de los años, suscribo tal opinión. Si no me equivoco, la *Fantasía* fue compuesta durante el período de Köthen, cuando ya Bach había revolucionado la escritura armónica con el primer libro del *Clavecín bien temperado* —otra obra cumbre, no ya del compositor sino del espíritu humano a secas—. Tal vez lo más sorprendente de la *Fantasía* sea el esplendor de un lenguaje de improvisación continua (que no volveremos a encontrar hasta Debussy), la armonía y el contrapunto, lo vertical y lo horizontal que entran en una nueva e imprevista interrelación, los cambios de tonalidad, el cromatismo del tema, el diseño diatónico del contratema. Resulta, efectivamente, inaudito que tal pieza haya sido compuesta en el primer cuarto del siglo XVIII. Los buenos burgueses alemanes no debieron entender gran cosa. Mi madre interpretaba la *Fantasía* con una cierta heterodoxa lentitud, sin esos alardes a veces enojosos de los grandes virtuosos.

El piano (vertical) estaba en el comedor (el salón era sólo para recibir visitas: los jueves) y yo me entretenía encima de la alfombra, embebido y receptivo. Un buen día me aventuré por mi cuenta en el teclado y descubrí, sobrecogido, la belleza de un acorde clásico, tonal, en Fa mayor, matemática, histórica, fisiológicamente deseado. Ha transcurrido medio siglo desde aquella fecha, pero la vivencia, especie de *Aha-Erlebnis*, absolutamente inicial, permanece intacta, registrada en alguna parte de lo que queda de mi cerebro. Acababa de descubrir que la música me concernía *esencialmente*.

No tuve más iniciación musical que aquel piano materno. Los grandes intérpretes de la época se llamaban Cortot, Casals, Thibaud, pero por la radio sólo daban canciones de Marcos Redondo, o *En un mercado persa*. No había llegado todavía la era de los discos, los memorables Edwin Fischer, Wilhelm Backhaus, Artur Schnabel. En lo que hace a mi devoción por Bach —tal vez la única devoción permanente de mi vida— vino marcada decisivamente por el Bach del teclado, el Bach de la *suite*, la *giga*, la *gavotte*, las *invenciones*, los *preludios* y las *fugas*; el Bach que tomaba cualquier tema, cualquier ritmo, cualquier aire, y lo descomponía/recomponía en una plenitud furiosa y contenida: fugando al revés, al derecho, en simetría, desplazando compases, invirtiendo el contrapunto, en un ejercicio inverosímil de poder y disciplina y libertad.

Mi madre se casó con el que habría de ser mi padre, que era indio, en contra del consejo de toda su familia. «No te cases con este forastero que en seguida te abandonará», le decían. Y no sin fundamento. Además, en aquel tiempo para una burguesita del Ensanche barcelonés, casarse con un indio era como casarse con un extraterrestre. Un acto realmente osado. Pero ella decidió seguir su instinto y unir su vida a la de aquel hombre apuesto de treinta años, recién instalado en España, y que una tarde le dijera: «yo siempre te *quereré*». (Lo cual, paradoja de la conjugación imperfecta, resultó ser perfectamente exacto.)

Aquel hombre, mi padre, era caracterológica y vitalmente lo contrario de mi madre. Para ser más precisos: difícilmente se podrían encontrar, en este mundo, dos personas más diferentes que mi padre y mi madre. Tal vez lo que les unía era una secreta y compartida veta de inocencia. En cualquier caso, aquella abismal disimilitud resultó ser una buena base para un matrimonio sorprendentemente feliz.

Mi padre era un hombre corpulento, extravertido, de constitución robusta, rasgos muy correctos, poderoso cuello, permanente euforia. Bebedor de primera clase. Buen gourmet. Saludaba al maquinista del tren cada vez que salía de viaje. Como los reyes. Había estudiado en Madrás, en Londres, en Leeds y en Heidelberg. Se había especializado en química para la industria del cuero, y vino a establecerse a España como representante de una empresa alemana. En aquel tiempo, los curtidores españoles solían utilizar todavía el excremento de gallina, y a mi padre cabe atribuir, en buena medida, la primera modernización del sector.

Mi padre conocía Europa como la palma de su mano, aquella Europa reaccionaria y atractiva, contradictoria y bulliciosa, la Europa de los grandes trenes expresos, de antes y después de la guerra del 14, cuando se podía viajar sin pasaporte, y Berlín, Viena, Budapest, San Petersburgo y Copenhague formaban parte de un conglomerado indivisible, una misma decadente poderosa civilización. (Mi madre me contó que, probablemente, yo fui engendrado en Praga.) La libra esterlina era la moneda reina.

Mi padre había vivido en Londres, donde tenía su trabajo y sus amigos. El inglés era su idioma y el *british way of life* su estilo de adopción. Quedaba lejos el recuerdo de alguna humillación procedente del régimen colonial. Ahora mi padre pertenecía al mismo club que el Primer Ministro, y era aceptado con irónica complacencia por aquella sociedad tan restrictiva. Inglaterra ha sido siempre un país racista, pero elitista. Pragmático. Los indios procedentes de las altas castas, impregnados de educación británica, eran el emblema de la universalidad de la Commonwealth. Además, en aquel tiempo, eran muy pocos.

Mi padre vino a España de vacaciones, alquiló una moto, le gustó el país, le gustó su gente y decidió volver. Volvió y fue a hospedarse a una casa de la calle Consejo de Ciento (Barcelona) y descubrió a una mujer joven y de aspecto romántico. Se casó con ella y se estableció definitivamente en España. Allá por 1916.

Mi padre era un hombre con mucha memoria, eminentemente activo, acostumbrado a resolver las situaciones por su cuenta y riesgo. Tenía lo que entonces se decía «un enorme don de gentes». Hablaba casi todos los idiomas y era nulo para la música y la especulación filosófica.

Mi padre utilizaba el piano para colocar encima fajos de billetes de banco, los que traía para la manutención de la familia. *Audaces fortuna iuvat*: fue en un tiempo su divisa —o, al menos, así lo recuerdo yo—. Los 60 cigarrillos que, como mínimo, consumía al día los iba reponiendo en una pitillera de plata. Cuando cayó enfermo, substituyó los cigarrillos por el rapé. Vestía con chaleco, muy a la inglesa; llevaba zapatos con polainas; daba espléndidas propinas. Usaba fijador y peinaba su menguante pelo con cepillo. Era un maniático de los baños turcos, del masaje y la limpieza. Le echaba sal a las naranjas y picante a las comidas. Todo el mundo le llamaba Don Ramón, versión españolizada del originario *Ramuni* indio; todo el mundo advertía que era un aristócrata, aunque el concepto resultase inadecuado ya que él procedía de un régimen de castas y no de clases. En los años treinta, todos los taxista de Barcelona le conocían. Entraba él en el taxi y el conductor preguntaba: «¿A casa, don Ramón?» Si no era a casa, era a la *Maison Dorée*, al Círculo Ecuestre, a los baños turcos, al British Club. Algunos amigos le preguntaban por qué no se compraba un automóvil, y él respondía: «¿Para qué, si ya tengo tres mil?»

Y, sin embargo, por debajo de su jovialidad, su extraversión y su europeización, discurría una profunda identidad hindú. Aunque su lengua básica fuera el inglés, dominaba perfectamente el sánscrito (cosa poco frecuente en la India;

como poco frecuente es, en Occidente, dominar el latín), y toda su vida tuvo como libro de cabecera algún texto clásico de su tradición. En sus últimos tiempos, solía leer con entusiasmo el *Sakúntala* de Kalidasa. A mí me hizo aprender de memoria buena parte de la *Bhagavad Gita*, que yo recitaba, con su correspondiente tonadilla y sin saber lo que decía. Por ejemplo:

> *Damstrakārālāni sha te mukjāni*
> *destreiva kālānalasamnibhani*
> *disó na jāne ne labhe sha sarmá*
> *prasida devésa jagannivāsa*

Era la poderosa onomatopeya de un fragmento del capítulo XI, donde el poeta siente el terror de lo divino. Hoy sé que, aproximadamente, cabría traducirse así:

Cuando contemplo tu terrible faz de muchas bocas,
que son como llamas devoradoras del tiempo,
pierdo el sentido de la dirección, pierdo la paz.
Sé compasivo, oh señor de los dioses, refugio de los mundos.

Mi padre había nacido un año después que Keynes, Mussolini, Jaspers, Gropius, Kafka, Ortega, Schumpeter, pero en un contexto harto remoto (visto desde Europa, claro), justo al lado de Palghat, en el suroeste de la India, hoy estado de Kerala, cuando lord Ripon era todavía virrey del subcontinente y en todo el país comenzaban a resurgir los sentimientos unitarios y nacionalistas. Perteneciente a una casta superior, recibió una educación completa, con un sentimiento ambivalente en relación a los ingleses. Pero nos hablaba muy poco de la India, mi padre; y apenas mencionaba a su familia, salvo alguna esporádica alusión a un hermano que vivía en Java. La razón de esta circunspección no la averigüé hasta después de su muerte. (Ya hablaremos de ello, si llegamos a ello.) Corría sin embargo una leyenda: el tamaño de la finca solariega de los Pániker en Malabar (hoy Kerala). «Es casi tan grande como la provincia de Gerona, y está llena de cocoteros, arrozales y elefantes». Mi padre soslayaba la cuestión, pero a nosotros (los hijos) la idea nos producía un comprensible alborozo. Fallecido mi padre, visité la finca, o lo que quedaba de ella, y los ajustes resultaron penosos. Seguía siendo un lugar hermoso, había efectivamente cocoteros, incluso algún elefante; pero ya todo —es decir, lo que quedaba de todo— respiraba decadencia.

Lo particular del caso es que nosotros éramos medio indios y apenas nos dejaron concienciarlo. Lo descubrí mucho más tarde, en el corazón del Estado de Kerala. Escribí:

> Éste es el país del jazmín y del sándalo, de los riachuelos calmados y las muchachas perfumadas, del arroz y las especias, los dulces cocoteros, la Gran Diosa Madre. Ésta es una parte de mi origen, mi raíz perdida y amputada. Soy un niño trasplantado, huérfano de mis propias leyendas.

Tampoco mi madre solía dar información sobre la familia de su esposo. Él había cortado con su pasado, y ella le respetaba. Por cierto que buena parte de lo que parece más oriental, en mí y en mis hermanos, procede de mi madre. Hay que andar con mucho tiento en eso de las tipificaciones culturales. Mi madre era «oriental» por su tendencia al idealismo filosófico (en el sentido técnico de la expresión) y por su devoción a la no-violencia. La recuerdo entusiasmada con la biografía que sobre Gandhi había escrito Romain Roland.

Y ya que estoy en eso, me vienen ahora a la memoria otros libros que rondaban por casa: *La Ilíada* y *la Odisea* (con grabados de Flaxman); *La Sonata a Kreutzer,* de Tolstoi; *Amok,* de Zweig; *Climas,* de Maurois; *Seven Pillars of Wisdom* de T. E. Lawrence; *La Divina Comedia* (con las clásicas ilustraciones de Gustavo Doré); las *Obres Completes* del obispo Torras i Bages; *Retour de l'U.R.S.S.,* de Gide; *La historia de Sant Michele,* de Axel Munthe; *Diàleg interior,* del canónigo Cardó; *Les pensées,* de Pascal (que Carles Riba había regalado a mi madre, con una dedicatoria que decía: «Molt seriosament»); *Una nueva Edad Media,* de Berdiaev; *Le démon de midi,* de Paul Bourget; *Dante vivo,* de Papini; *Sinopsi Evangèlica,* con texto griego del P. Lagrange y versión catalana de mossèn Llovera. (Cito de memoria porque, a la muerte de mi madre, mi hermana Mercedes arrambló con todo.) También rememoro infinidad de números del *Ilustrated London News*, revista a la que mi padre estaba suscrito. De todos aquellos libros sólo leí, y con verdadero entusiasmo, *La Ilíada.* De la época de mi niñez recuerdo colecciones de *En Patufet* y de *Esquitx.*

Ahora bien, si la influencia de mi madre fue definitiva (era una influencia por debajo de la línea de flotación), la de mi padre fue más secundaria, indirecta y como de relleno. Naturalmente, hubo el legado genético. Mi parte jovial y exuberante, mi tendencia a la improvisación, mi comportamiento en las ocasiones decisivas de la vida, cuando ha predominado siempre el instinto sobre el raciocinio, todo esto procede del padre.

En cambio, su influencia en mi aprendizaje fue muy tenue. Algunos detalles higiénicos:

—Hijo mío, lava tu boca después de cada comida.

Me lo repetía una y otra vez, y acabé haciéndole caso. También insistía en que mantuviera la columna vertebral recta. Un consejo de clara raíz yoga. Salvado lo cual, y como iba contando, la influencia de mi padre fue periférica. Mi caso tiene poco que ver con el de Kafka, para quien el Padre era «la medida de todas las cosas» y el «verdadero educador». Indiscutiblemente, mi padre sintió por mí una especial predilección. Yo era el hijo pequeño que llegaba cuando ya la situación económica estaba más desahogada. Me trajo de París un fabuloso tren eléctrico, un juguete prematuro, allá por el año 33. Me mandaba postales cariñosas desde las cuatro partes del mundo. Pero ya digo que mi padre era, más bien, un padre ausente, un padre exótico que no interfería con el código nuclear, el código pequeño-burgués-cristiano-intelectual centrado en la madre y los hermanos mayores. Mi padre era admirado y respetado pero no contaba mucho a la hora de orientar la vida de sus hijos. (Con una excepción, y de calibre: el complejo dinástico, el supuesto de que sus hijos —y los hijos de sus hijos— habríamos de proseguir el negocio que él había fundado; un complejo que me conduciría a entontecedoras decisiones, allá por el 74.) El discurso educativo de mi padre era una mezcolanza de tópicos presididos por una visión darwiniana de la vida. En esto era muy poco hindú. El 24 de julio de 1937, estando yo en un pueblecito del sur de Francia, recibí una carta suya, desde Barcelona, con membrete del *British Club*, y de la cual entresaco lo siguiente:

> «Te quiero mucho, hijo mío. Yo quisiera veros todos hechos hombres, unos hombres inteligentes para dirigir el destino de un pueblo, de una nación y no de una familia o de una sola persona. Has de estudiar mucho. La pereza es una enfermedad contagiosa, igual que la embustería. Ya tienes más de 11 años, si no me equivoco. Ya es hora de espabilarse y pensar en la preparación dura para la vida, mejor dicho para la lucha de la vida. Bien es verdad que Papá y Mamá te han criado con mucho mimo, con exceso de dulzura; te hemos permitido todo y a causa de nuestra debilidad quizás tú no te has dado cuenta de la verdad. La verdad es que Papá no tiene ninguna fortuna y el día que Papá no pueda trabajar o que esté arruinado, entonces adiós todo y te quedarás sin pan. Ahora estando en Francia, es la única oportunidad, quizás, en tu vida de joven para aprender, pero aprender de firme. Aprovéchalo y no pierdas el tiempo. Si no me escuchas peor para ti.»

Mi padre se equivocaba: yo no tenía 11 años sino 10. La sintaxis de la carta era, aproximadamente, la misma que utilizaba en su pintoresco y deliberado uso de la lengua castellana. Una sintaxis muy a la inglesa, suprimiendo artículos y adaptando adverbios. Era como un *collage* de grandilocuencias. Resultaba gracioso lo de que sólo estando en Francia tenía yo la gran oportunidad para aprender. No menos notable era lo de «dirigir los destinos de un pueblo». En su juventud mi padre había formado parte del movimiento de Estudiantes para la Independencia de la

India, movimiento fundado en Londres y al que el Pandit Nehru, cinco años más joven que él, se adscribiría más adelante. Lo de «dirigir los destinos de un pueblo» bien pudieran ser residuos de aquella politización juvenil ya abandonada. Aunque me inclino a creer que se trataba de un subproducto del código de la época. Estaba en el aire. Lo utilizaba mi padre, que era hindú, y lo utilizaba Mussolini, que era fascista. Y lo utilizaba don José María Escrivá de Balaguer, que había fundado el Opus Dei: «¿Tú del montón? ¡Si has nacido para Caudillo!» *(Camino)*. Y lo utilizaba don José Ortega y Gasset a propósito de la rebelión de las masas. Y hasta lo utilizaba el desventurado Antonio Gramsci desde la cárcel: tenía que haber una *élite* mediadora entre las masas y el destino histórico.

También llama la atención la plena conciencia de que yo había sido criado con mimo, «con exceso de dulzura», y, de inmediato, el toque de alarma: cuidado, hijo, la vida es dura. Consejos que parecen desgranados automáticamente, cumpliendo un ritual, con escasa fe en su eficacia. Prueba de ello es el «si no me escuchas, peor para ti».

> Hoy pienso que el factor primero para «saber afrontar las dificultades de la vida» es genético, y que lo importante es conocer los naipes que a uno le han servido y diseñar un espacio propio de expresividad y realización. Lo que yo llamo el *margen*. La cuestión central de toda educación es la de aprender a *diseñar el margen propio*. Cultura y biología: indisociables. Lo que ocurre es que los sistemas pedagógicos no pueden, todavía, hacerse a la medida, y de ahí el drama y la innecesaria frustración de tantas vidas humanas, víctimas de una escolaridad que uniformiza a todo el mundo.

Mi padre cayó enfermo en el 46, murió en el 54, a punto de cumplir los 70 años. Consumió su vida poniendo los cimientos de una empresa que acabaría llevándosela el diablo. Una vida de acción conducida por el instinto más que por el razonamiento. No quiso volver a la India mientras la India no fuera independiente. Pero cuando la India ganó la independencia, él estaba ya muy seriamente enfermo. Sus desconcertados descendientes seguimos aquí por el momento, en la estrambótica brecha, relativamente mal avenidos, con escasa vocación memorialista. El phylum resultó inestable. *Aum Tat Sat.*

* * *

¿Hasta qué punto influyó en mí la componente india? Ya he dicho que, al principio, prácticamente en nada. Yo me sentía como un muchacho catalán cualquiera, con la ventaja de llevar en el bolsillo un pasaporte británico. Pasaporte que exhibí, con éxito, el día que me llamaron a quintas. (Adquirí, a todos los efectos, la nacionalidad española después de muerto el general Franco y a la vista de cómo evolucionaba la situación. Llegué incluso a ser diputado: probablemente el diputado más efímero de la historia de España.) Ahora bien; con los años, y más por la fuerza de las ideas que por la fuerza de la sangre, he ido defendiendo un cierto hibridismo universal. Reproduzco, a continuación, algo escrito hace algún tiempo.

> Algunos somos híbridos y reclamamos que nos dejen ser híbridos. Algunos, más bien pocos, incluso poquísimos, somos indocatalanes; indocatalanes que, para complicar más la cosa, nos atenemos al código del habla castellana; indocatalanes-castellano-hablantes. Tendríamos que ensayar nuestras *blue notes,* los indocatalanes castellanohablantes. Conozco únicamente cuatro casos de indocatalanes: mis tres hermanos y yo. De ellos, uno, el mayor, es ya más inglés-escribiente que castellano-hablante; los otros, no escriben. En cuanto a mí, pertenezco a la clase de los enfermizos, subclase de los que tienen permanentemente roja la garganta, y he enfocado la contienda con escaso tino.
> En ocasiones, algún periodista me interpela: ha de ser extraño eso de tener sangre india; a lo cual replico que lo extraño es tener sangre catalana; indios hay 700 millones, catalanes muchos menos.
> Y ya puestos a precisar, tampoco estoy muy seguro de que exista la India, un subcontinente que ha oscilado

siempre entre la unidad (imperial) y la desintegración (particularista). Aparentemente, en la medianoche del 15 de agosto de 1947, lord Mountbatten dejó las cosas a punto. Pero esos 700 millones de habitantes que hablan 34 lenguas diferentes (sin contar los 1.500 dialectos), distanciados hasta por 3.500 kilómetros, étnicamente muy diversos, ¿constituyen una nación? ¿Hasta qué punto cabe aplicar esa entelequia del romanticismo europeo —la nación— a un espacio cultural tan amplio y tan diverso? Se diría, más bien, que la India es un sueño desmesurado. Un galimatías excesivo.

En todo caso, siento que la India más profunda es la India del sur, la India de mi padre y también la de las *ragas* al atardecer. Nada que ver con la escolástica cristiano-hindú de mi hermano Raimundo. Nada de «Cristos desconocidos en el hinduismo». Para mí la India, y Oriente en general (desde Fez hasta Hong-Kong) es un mosaico sensorial y una amortiguación de la temporalidad, algo visceral, más cósmico que político (más *cosmos* que *polis*), una matriz de sonidos y ruidos que fluyen y modulan una interminable indefinible plegaria. Oriente es un modo distinto de acompasarse.

Nietzsche decía que «el ritmo es una coacción y genera un incontenible deseo de ceder y de participar». En efecto; el ritmo es una coacción. Pero el acompasamiento oriental es muy *sui generis*. El ritmo es allí una cosa muy previa. Previa a la ambigüedad fundamental del «arte» occidental. Significante y significado no tienen solución de continuidad. En el contexto cultural de Occidente, por el contrario, la coacción es más subrepticiamente brutal. Viene *fijada* en símbolos abstractos. Observaba Alan Watts que la tradición musical de Occidente, a causa de haberse transmitido mediante notaciones, es esencialmente *literaria* y que toda ella, incluyendo las más supuestamente delicadas melodías, suena a los oídos orientales como una marcha militar.

Por otra parte, y como consigné más arriba, jamás he idealizado a la India. Me trastoca su inmenso vaho, el espesor de tanto olor, sabor, color, calor: la erosión, la descomposición que acecha en todas partes. Hay que decir la verdad: la India no es, estrictamente, un país bello. La India sólo es hermosa desde la distancia y desde sus textos. Me reconozco en las *Upanishads* y en algún fragmento del *Rig Veda*. Y en la soberana lucidez del Buda. Me reconozco en la doctrina de la acción desinteresada *(nishkama-karma)* que enseña la *Bhagavad Gita*. «He who sees inaction in action is wise amongst men» (Gita, IV, 18). «He is poised and a performer of all actions» (Ib.) Me reconozco en el olor a sándalo (a menudo excesivo) procedente de las mujeres ataviadas con el *sari*: el maravilloso vestido femenino formado por una sola pieza de tela. (Me atrae profundamente la mujer india: una de las impresiones más intensas de mi niñez fue la visita a Barcelona del famoso K.P.S. Menon con su joven y perfumada esposa, la cual solía sentarme en sus rodillas y tararearme dulcísimas e incomprensibles melodías.) Me reconozco en la música pentatónica y en los ojos negrísimos de los chiquillos, y hasta quizá en las quinientas mil aldeas. Pero sólo me reconozco a medias. Yo, en todas partes, sólo me reconozco a medias. Salvo a ratos perdidos, cuando escudriño lo desconocido y descubro algún camino practicable en la espesura, el resto de las veces: a medias.

Jamás he mitificado a Gandhi, a Buda o a quienquiera que fuese. Gandhi tenía fama de santo, pero se comportó inhumanamente con sus hijos. Tampoco Buda fue un modelo de tolerancia: a su hermanastro Nanda lo mandó secuestrar y le afeitó la cabeza antes que permitir que consumara su matrimonio. El caso es que no hay excepciones al axioma de la finitud humana, y que no se debe ocultar la parte obscura de las cosas, la ambivalencia que subyace en todo. Poniendo otro ejemplo: si los indios predican la no-violencia es porque, en el fondo, son enormemente violentos. (Casi un millón de personas fueron asesinadas, en el norte de la India, en 1947, a raíz del enfrentamiento entre hindúes y musulmanes.)

Así que estamos ya muy chamuscados para comulgar con

ruedas de molino. Uno no cree en santos ni en santones. Uno es desordenado y frágil, amigo de la relatividad y de la interferencia, la pluralidad y la ironía. Esa moda de los gurús y de los swamis comenzó en la Exposición Mundial de Chicago, 1893, cuando un joven y guapo orador, ataviado con una túnica roja y un cinturón naranja, propagó su propia versión del *Vedanta*. Aquel joven orador se llamaba Vivekananda, y los norteamericanos quedaron embelesados. En realidad, lo que estaban oyendo era una versión orientalizada de su propia tradición cristiana, un regreso al tronco común. Vivekananda, y sobre todo su maestro Ramakrishna, fueron personajes muy estimables.

En cualquier caso, el hinduismo de pacotilla, el de toda esa gente que cree en la reencarnación («está demostrado científicamente», dicen) y cosas por el estilo, eso me produce tanto fastidio como el cristianismo degradado. Se adhieren a ello quienes no pueden pasar sin dogmas.

> Claro está que los átomos y moléculas que componen nuestro cuerpo, seguirán existiendo después que hayamos muerto, en alguna parte, disponibles para lo que fuere. Pero ésa es otra cuestión. El propio Shankara nunca creyó que los egos individuales pasaran por sucesivas existencias; lo que él enseñó es que no hay egos individuales, y que quien «transmigra» (quien, por así decirlo, se divierte con la danza cósmica) es Atman/Brahman.

El caso es que nada hay más alejado del misticismo que todo ese orientalismo de bisutería, igual que nada hay más alejado de la predicación de Jesús que todo el tinglado eclesiástico-teológico-jerárquico montado en torno a su figura. Lo tengo escrito reiteradamente: un místico es, ante todo, alguien que no cree en nada. *Nada* que sea simbolizable.

> También tengo escrito que para una mente occidental, la mejor manera de aproximarse a la mística oriental es desde un contexto psicoterapéutico. La cosa se podría esquematizar del siguiente modo. Occidente admite varios niveles de terapia dentro de un proceso de reconciliación. En un primer

nivel, se reconcilia la mente con el inconsciente: es el nivel de psicoanálisis clásico, el que aboca a un ego suficientemente fuerte y sano. En un segundo nivel, el ego se reconcilia con su cuerpo: ahí podríamos ubicar al análisis bioenergético, la terapia Gestalt, la psicología de Maslow, etcétera. En un tercer nivel, se trata de la reconciliación del organismo total (ego y cuerpo no disociados) con su entorno: la ecología como modo de estar-en-el mundo, ciertas bandas transpersonales. Pues bien; éste es el límite a donde llega la terapia occidental. Y la cuestión es: ¿existe un nivel de no-disociación más hondo? ¿Cabe dar un paso más? Oriente así lo entiende, y tal es el alcance de la experiencia mística, de la conciencia cósmica que trasciende toda dualidad.

A mi juicio, procede revisar el esquema general de la educación occidental. Lo he explicado también en otro lugar: la verdadera educación ha de ser *retroprogresiva*, o séase, dirigida simultáneamente hacia la parcelación lógico-formal que hace posible la cultura y hacia la no-dualidad del origen; ha de dar conjuntamente el veneno y el antídoto, el espejismo y la realidad. De no ser así lo que sucede es que se va estrechando el campo de nuestras identificaciones y acabamos reducidos a un ego raquítico y cargado de ansiedades, enajenado del mundo que le circunda, inseguro y enfermizo, obsesionado con las ideas abstractas (el bien, la perfección, etc.), aterrado por la enfermedad y por la muerte.

Efectivamente, sí: hay una pregunta que, al cabo de los años, he atinado a formular, y en ella me reconozco oriental. La pregunta es: ¿por qué, a lo largo de mi vida, me he empeñado en identificarme con *yo*? ¿Qué broma es ésta? ¿Por qué he sentido irritación cuando atentaron contra mi *autoimagen*? ¿Por qué me fabriqué una autoimagen? ¿Por qué me disocié del medio, del entorno, del prójimo, del cosmos?

* * *

La guerra civil, es cosa indiscutida, trastocó muchos proyectos. «Me gustaría enterrar algo precioso en todos los sitios donde he sido feliz para luego, cuando sea viejo y horrible y miserable, volver y excavarlo y recordar», dijo una vez Sebastian Flyte, personaje inolvidable de una novela que leí hace muchos años. (Evelyn Waugh, *Retorno a Brideshead*.) Bien; yo había enterrado unas bellotas en cierto lugar de un pueblecito de la costa, verano de 1935. No esperaba a ser viejo para desenterrarlas, esperaba la llegada del siguiente verano.

Pero el siguiente verano fue distinto.

Durante las semanas que precedieron a julio del 36, mi padre solía decir: «la situación se pone fea». Mi abuela escuchaba con deferencia. Nosotros constituíamos una familia, aunque no estoy seguro de que constituyésemos una familia nuclear. Ya he contado que el énfasis no estaba puesto en *le couple reproducteur* sino en la célula «madre-hijos». Prueba de ello es que todos los hermanos fuimos picados por la viruela cristiana (religión materna), y ninguno descubrió el hinduismo (religión paterna) hasta alcanzar la madurez (padre y madre ya muertos y enterrados; enterrados y no incinerados).

Mi padre tenía razón: la situación se estaba poniendo fea. En puridad, llevaba siglo y medio poniéndose fea. La gran lástima fue la oportunidad desperdiciada, la patética, esperanzadora y mal cristalizada Segunda República Española que se venía abajo. Cuando uno contempla (hoy) aquellas fotografías color sepia y trata de encontrar algún clisé global para la época, lo que mayormente se le ocurre es: falta de sabiduría política, incompetencia, desunión, debilidad, inútil verborrea, buenos propósitos, mala suerte. Difícilmente siente uno indulgencia por los políticos de la Segunda República, aún reconociendo que lo tenían cuesta arriba, y que siglos de incultura y regresión no se saldan de un plumazo. Trataron, sí, de *modernizar* el país (lo más positivo fue la política de instrucción pública), pero equivocaron completamente la estrategia. De entrada, equivocaron la Constitución. Lo que hubiera tenido que ser —con una mínima perspectiva histórica— un sistema para una burguesía progresista discretamente abierta a la cuestión social (y no duda uno de que tal fuera la intención de Azaña: sólo que no supo realizarla), degeneró en un Estado deforme, indeciso sobre cuáles eran las revoluciones a emprender, y en un cuerpo social escindido, con síntomas inmediatos y mal tratados: huelgas salvajes, quemas de conventos, desconfianza militar, animosidad de la Iglesia, reacción de los latifundistas; síntomas del vacío nunca bien cubierto por la desaparición del Estado Monárquico. Cogidos en la trampa de viejos pleitos históricos, los republicanos no acertaron con el problema esencial de la época, que era socioeconómico. Hombres de supuesta formación marxista proclamaban enfáticamente que el problema capital de la República era la cuestión religiosa.

Todo lo cual era tanto más penoso cuanto que pocas veces ha habido en España un equipo de personas, al menos legislantes, con tanta cultura histórica. Tener en el Parlamento a un Claudio Sánchez Albornoz, un Fernando de los Ríos y un José Ortega y Gasset para discutir la reforma agraria no es cosa de todos los días. Pero no se acometió, de verdad, esa reforma agraria. Ni se hizo, en general, una política económica a la altura de los tiempos. Aquella era una República políticamente vociferante y económicamente incompetente, ni siquiera keynesiana.

> Ciertamente, lord Keynes no publicó su *Teoría General* hasta el año 36, pero el keynesianismo estaba ya en el aire. En 1931, R. F. Kahn había estudiado el efecto «multiplicador» de las obras públicas sobre el empleo; en 1933, F. D. Roosevelt pactó con los sindicatos.

Fue surgiendo, en España, la contradicción entre una desaforada venta de esperanzas y una imposibilidad de cumplirlas. Se pretendió resolver todos los problemas en muy pocos años, siendo así que el control real sobre la sociedad era limitado, y que la relación entre las fuerzas sociales era muy desfavorable.

Así que no hay que ampararse en la coartada de que el fracaso de la República era inevitable. Hubo una depresión económica mundial, pero las cosechas de 1932 y 1934 fueron en España muy buenas; los salarios (vigilados por

Largo Caballero) permanecieron estables. La ultraderecha conspiró permanentemente, pero su fuerza inicial era débil. De modo que lo que falló fue la política. Fallaron los políticos. Se incurrió en el error de confundir la razón con el poder, lo cual ya es confundir. Porque en contra del clisé común, España es un país sumamente gobernable: sólo hace falta hacerse con los resortes reales del poder para que nadie lo discuta.

Asentarse en el poder es una operación para la que no hacen falta excesivas luces intelectuales: basta un especial instinto de lo que es políticamente relevante. España ha aguantado sin rechistar el mando de oligofrénicos, jesuitas, hechizados, traidores y hasta parkinsonianos. Hay un hábito histórico de obedecer al que se asienta realmente en el poder. Pero ya sabemos cómo se comportaron los políticos de la Segunda República. Los viejos pleitos históricos sin saldar resultaron una carga excesiva para aquella honesta y quisquillosa clase dirigente. La mezcla de republicanos, socialistas, comunistas y anarquistas era poco homogeneizable. La repentina politización de la clase trabajadora suscitó unas esperanzas que la República no podía satisfacer. Era una república burguesa que carecía del sustento de una burguesía preparada. Se produjo la alianza meramente coyuntural entre los sectores de la clase media que querían la modernización de la sociedad y los partidos proletarios. Pero la CNT rechazaba la democracia burguesa en su totalidad. En cuanto a los socialistas y a la CEDA, aceptaron la democracia justo cuando les favorecía. Eran lo que entonces se llamaba «accidentalistas».

El caso es que aquel cortocircuito entre reivindicación obrera, burguesía débil y clase reaccionaria intacta dio como resultado el fracaso del experimento democrático. El problema general de los años treinta —permitir que la clase obrera llegase a la *participación* política— no pudo ser resuelto porque había demasiadas cuestiones previas por resolver. Y porque había un contexto mundial desfavorable. Pero, sobre todo, porque había una clase política inexperta, sin instinto para aposentarse en el poder real.

Enfrentada con la sublevación, la República, presidida

por el enfermizo Casares, tardó días en reaccionar. En Madrid y en Barcelona, el pueblo pidió las armas. La situación se hizo irreversible. Se produjo así una exasperación sin precedentes: nunca el mecanismo del chivo expiatorio funcionó con tal descaro; nunca los españoles llegaron a odiarse tanto los unos a los otros; nunca, en la historia de Europa, ha habido un anticlericalismo tan furioso. Comenzada la contienda, los anarquistas de la CNT y la FAI mataban como si fueran místicos, dispuestos a aplastar para siempre cualquier residuo de un pasado burgués, hipócrita y corrompido.

Ya sé que es fácil criticar a posteriori. No trato de subestimar las dificultades de aquella época. En los años treinta, el juego democrático estaba bastante desprestigiado en casi todo el mundo, el convencionalismo parlamentario se perdía por exceso, se identificaba democracia con burguesía, y de ahí la tendencia al *golpe* salvador, procediera de la derecha o de la izquierda. Quiero decir que el golpe se consideraba casi normal y, sobre todo, fácil. Si no salía bien, tampoco pasaba nada (Sanjurjo, 1932). Sólo en este contexto se explica la sublevación de Asturias y la increíble ligereza de Lluís Companys, en 1934. Así que las cosas no eran fáciles y el terreno era movedizo. Lo malo fue que los políticos de la Segunda República no lo advirtieran.

Pero pasó la hora en que había que silenciar las calamidades de «una parte» para no «dar armas al enemigo». El franquismo está muerto y enterrado. Lo que ocurre es que si duró tantos años tampoco fue gratuitamente.

El 24 de agosto de 1936, mi padre, que nos había dado a todos la nacionalidad británica, nos embarcó en un destructor de la Royal Navy, rumbo a Marsella. De Marsella, y en tren, fuimos a París. Tras pasar unos días en París fuimos a Alemania, a una pequeña ciudad (22.000 habitantes) llamada Siegburg, a diez kilómetros de Bonn y treinta de Colonia, donde vivía un socio de mi padre que nos acogió bondadosamente. Se esperaba que en el entretanto la situación, en España, se despejase.

Pero la situación, en España, no se despejó. Nosotros lo

ignorábamos, pero en aquel tiempo se ensayaba en Cataluña un movimiento anarquista de gran estilo. La pequeña empresa de la cual mi padre era gerente y copropietario fue confiscada por un llamado Comité de Control. En otros lugares, y bajo los efectos catalizadores de la discordia, fueron surgiendo iniciativas espontáneas. Lo dijo Federica Montseny: «la revuelta de los generales ha acelerado nuestra propia revolución». Al terminar julio de 1936 ya no había apenas trazas del orden político convencional. En aquella zona de la España republicana un segundo poder se apoderó del poder y es posible que de aquella fiesta surgiera la derrota final. Porque hubo en España, en el verano del 36, dos guerras civiles: una, la guerra civil entre la República y el general Franco, y otra, la guerra civil, dentro de la República, entre el poder central y el anarquismo. En julio del 36, en Barcelona, los anarquistas se hicieron cargo de los transportes, espectáculos, servicios públicos, hoteles, prensa. Hubo un ensayo general de democracia directa, prácticamente sin precedentes. Pero ya se sabe en qué acabó todo aquello. El intento de destruir un Estado ha resultado ser hasta la fecha (último intento: París, mayo de 1968) un plato demasiado fuerte o prematuro. Al final los estalinistas, los socialistas, la UGT, los partidos burgueses de izquierda, sofocaron la revolución. Ante todo —dijeron— se trataba de ganar la guerra.

Pero la perdieron, la guerra. Una guerra de artesanía. La perdieron malamente y largamente, bajo la complicidad de las potencias extranjeras, beligerantes las unas, bloqueadas o dormidas las otras. Entre las beligerantes, Alemania.

Alemania: abarrotada de cruces gamadas y en donde yo cumplí los 10 años. Y mi abuela los 80. Alemania: la diminuta ciudad confortable y acogedora, cuyo olor volvería a reconocer aunque me llevaran con los ojos vendados; la abadía de benedictinos en lo alto de la colina; las casas de tejados puntiagudos, fachadas de colores, entramados de madera vista; los salones a la hora del *cafe drinken*; las señoras sonrosadas frente a las *delikatessen*; los ritmos militares de las *Hitler Jugend;* la moto de Fritz, el camarero, que me llevaba de paseo; la familia Hockstein, la familia Linder, la familia Rasch; la *Schule* donde, para estupefacción mía, los maestros pegaban con saña a los alumnos (no a mí, claro, que me trataban con condescendencia y simpatía); la plaza principal, delante del *Hotel zum Stern*, donde los chicos y las chicas jugábamos a *fangen und losen*, una especie de «tocar y parar», y donde por primera vez en mi vida una muchacha me besó en la boca, fugazmente y entre risas: yo tenía 10 años y sentí un estremecimiento tenue y profundo, indiscutiblemente grato. Misterioso.

Alemania: donde fumé mi primer cigarrillo, en un portal, con mis amigos y de noche; yo no sabía hacerlo: en vez de aspirar soplaba, y el cigarrillo se iba apagando, así hasta que los *knaben* me adiestraron.

Alemania: donde una tarde un jerarca dio una conferencia en los salones del hotel. «Los judíos —dijo— son unos puercos, han sido unos puercos y seguirán siendo unos puercos». Tuvo mucho éxito.

Llevaba yo siete meses en Alemania y mi adaptación lingüística era perfecta. A los 10 años un muchacho es una esponja. Una noche apagaron todas las luces de la ciudad para un supuesto táctico de bombardeo, y yo salí al balcón a hacer señales luminosas con una enorme lámpara de pilas. Subieron de inmediato unos altísimos policías. Se fueron sonriendo: *kleine Salvador* se había estado divirtiendo, eso era todo. Extraños organizados alemanes: tan dotados para la inocencia como para la crueldad.

> «Le fascisme est la puissance arbitraire, illimitée, totale, de la Mére Archaique s'exprimant sous le masque d'un soidisant Pere. Les Allemands ont voté pour Hitler parce que soumis dans leur enfance à l'arbitraire d'une mère très autoritaire, castratrice, qui réprime toute affirmation de la personalite naissante (c'est là le mode d'education allemand) la compulsion de répétition leur a fait répéter leur enfance dans un processus de névrose collective». (Gerard Mendel, *La crise de Generations*, Payot, París, 1969.)

Tenía yo una bicicleta, y un día me atropelló un coche, nada grave. Los buenos alemanes me regalaron una flauta.

Otros buenos alemanes destruyeron Guernica, aproximadamente el mismo día.

De modo que, con guerra o sin ella, los años treinta fueron, para mí, los años de la permisividad y el limbo. Y, sobre todo, el mimo: la madre, la abuelita, el padre, los hermanos, las criadas, incluso los alemanes; la infancia prolongada, el reino de *lo imaginario* y de los escenarios lúdicos. Nuvolari y Caracciola competían en el circuito de Montjuich: el plateado *Mercedes Benz* de Caracciola cobraba ventaja en las rectas, el rojo *Alfa Romeo* de Nuvolari adelantaba en las curvas. Yo deambulaba fascinado, anónimo, excitado entre la multitud. Nuvolari, en la subida del Estadio, mondaba tranquilamente una naranja.

Iban muriendo Rudyard Kipling, Oswald Spengler, Pirandello, Gorki, Chesterton. Manuel Azaña fue nombrado presidente de la República Española. El general Franco, tras pensárselo mucho, partió de Las Palmas el 18 de julio de 1936, rumbo a Tetuán; consultó con la almohada en Casablanca, y, al fin, en la mañana del día 19, tras volver a cerciorarse de que en el aeródromo de Tetuán le esperaban quienes debían esperarle, se puso al frente del ejército de África. No era aficionado a dar pasos en falso, el general Franco. (Al general Goded, más atolondrado, le fueron peor las cosas.) Después vinieron Hemingway y Koestler y Orwell y Bernanos y Longo y Nenni y Saint Exupéry y Dos Passos y María Montessori y Simone Weil y muchos otros. André Malraux rodó un famoso film que casi nadie ha visto. Pero esa era una historia paralela. La guerra civil fue para mí un entretenimiento ameno. Ninguna vivencia especialmente trágica. En Alemania había que decir *Heil Hitler* en vez de *hola*; lo cual tampoco me resultaba particularmente extraño. En Barcelona había que decir *salud* y levantar el puño: hombres desconocidos, con pañuelos en la cabeza, armados hasta los dientes, se pusieron a circular repentinamente por las calles en coches descapotables. (En Saint Tropez, treinta años después, el juego de las *bagnoles*, aunque sin armas, no me pareció muy diferente.) El *lumpenproletariat* tuvo un momento álgido. Mi tío Carlos pintaba su automóvil con las siglas CNT, POUM, FAI. Fue inútil: igualmente se lo requisaron. Yo creía en los Reyes Magos y había visto cómo quemaban la parroquia de mi barrio, y había pasado una noche en un buque de guerra inglés. Todo era normal.

> Para un niño, todo es, por definición, normal, o séase fantástico, sin referencias, único, imaginario. Pero es un error creer que cuando somos mayores alcanzamos «la realidad». Nada de eso. De mayores tragamos tanto o más que de niños. Sólo crece nuestro nivel de petulancia.

En 1937 fuimos a Francia, a Graulhet, un pueblecito del *midi*, cerca de Toulouse, por donde fueron desfilando algunos jóvenes amigos de la familia en edad de quintas. Habían cruzado a pie los Pirineos para pasarse a la España Nacional. Recuerdo a Pigrau, que nos hizo reír muchísimo (y que después se casaría con Mary Santpere), a Gustavo Perry, a mi primo Salvador Oller, a Agustín Pérez Bufill. Llegaban con euforia, dispuestos a luchar por la buena causa.

> *Tout va très bien, madame la marquise,*
> *Tout va très bien, tout va très bien.*

Cantaban los franceses. Era primavera y paseábamos por los campos que olían a lavanda. Mis hermanos se turnaban leyendo en voz alta *Les Martyrs* de Chateaubriand. Yo me identifiqué con el joven Eudor, dormido entre dos lanzas, en algún sendero antiguo, antes de encontrar a Cimodocea. Aquella fue mi primera temporada de fiebre del heno.

Mi madre, en su diario de la época (mayo de 1937), me describe así:

> Vull parlar del meu darrer fillet, del meu Salvador, petit i *tremendo* com ell sol. Ara té deu anys i és com un interrogant. Llest ho és un rato, i va extraordinàriament a la seva. No explica gens ni mica el que pensa ni el que vol fer. Podríem dir que té una gran vida interior i que és molt entremaliat. És molt intel·ligent peró no pas aplicat. Tampoc sembla gens sentimental; sols de tant en tant li surt com una

explosió d'amor i et besa i abraça. Repeteixo que és un gran interrogant. Jo diria que potència no li falta per ser una persona extraordinària, tant en bé com en mal. Que Déu m'el beneiexi i il·lumini. Una característica seva és que mai es baralla amb els germans i que tots l'estimen.

Bien; la vida da muchos tumbos, las trayectorias interfieren y el ecosistema se divierte.

El 1 de noviembre de 1937, mi madre y yo regresamos a Barcelona, por la frontera de Puigcerdá, a encontrarnos con mi padre, que también había vuelto, una vez pasada la ráfaga anarquista.

Al poco tiempo, en Barcelona, caían las bombas, previo sonar de las sirenas: un sonar triste, rutinario, limpio, desolado y espectral, como de día de juicio final. Mi tía Mercedes se asomaba a la ventana para contemplar el espectáculo. Nunca tuvo miedo de nada mi tía Mercedes. En los primeros días de la guerra la detuvieron para interrogarla.

—Usted, señora o mujer... —comenzó el comisario.
—Ambas cosas —atajó ella.

Mi madre también estaba tranquila; su angustia era de otra índole. Las bombas casi la tranquilizaban. Eran algo real. Cumple decir que las bombas no caían en la parte alta de la ciudad, donde nosotros habitábamos. Aunque en marzo de 1938, me parece que en la vigilia de San José, la onda expansiva de una bomba que hizo explosión junto al cine Coliseum alcanzó a mi tío Salvador hiriéndole gravemente.

Nosotros habitábamos en la Bonanova, en un chalet muy discreto, una torre con jardín trasero, de estética indefinida, arreglada por el arquitecto Puig Boada, estrenada en 1936, poco antes de comenzar la contienda. (Se decía que mi madre había salvado el pellejo gracias al cambio de vivienda: fueron a buscarla —por católica significada— en julio del 36, al antiguo piso de la calle del Párroco Ubach, tal vez para darle el «paseíllo». La portera del inmueble no dio la nueva dirección.) Mi padre, a su regreso a Barcelona, había conseguido que una pareja de la guardia civil custodiase permanentemente la nueva casa. Hizo poner una enorme bandera británica en la fachada. Lo paradójico del caso era que teníamos escondido a un cura franciscano, lo cual ponía bastante nervioso a mi padre que era masón. Además, en la vecindad, había un chalet del S.I.M. (Servicio de Investigación Militar), una de aquellas famosas *checas*. Pero la influencia de mi madre resultaba, como siempre, decisiva: en un tiempo llegamos a tener hasta tres curas escondidos.

En mayo de 1938 fuimos a Caldetas, donde estaban ya todas las embajadas y consulados, por razones de seguridad. Seguridad relativa puesto que una tarde cayó una bomba muy cerca de nuestra casa, a cuatro pasos del hotel Providencia. Mi padre estaba tomando un whisky con un inglés que llevaba monóculo. Mi padre era muy solicitado en aquellos tiempos de penuria porque siempre tenía whisky y buena mantequilla, y el mejor chocolate que he tomado en mi vida, que se lo enviaban todo de Inglaterra en unos paquetes memorables. Cayó la bomba, digo, y se produjo un estrépito seco y formidable. Mantuvo su flema el británico, se rompieron los cristales de la casa, y eso fue todo. No dio tiempo para asustarse: sólo una súbita fortísima sorpresa. (He de añadir que me ha quedado un extraño tic, una cierta tendencia a imaginar, de vez en cuando, que se produce una explosión descomunal, un estrépito absoluto. Tal vez se trate de un ejercicio automático de exorcismo.)

Fue el único percance peligroso de la época. Por lo demás, mi vida se convirtió en una perpetua fiesta callejera, con los hermanos Ferrer Salat y otros antiguos veraneantes camuflados: los Serra, los Rovira, los Casacuberta, los Marcet, los Puig, los Barangé y así sucesivamente, apellidos mayormente textiles. Había permanentemente un buque de guerra británico en la costa. Ramón de Capmany, hijo de la condesa del Valle de Canet, nos enseñaba dibujo a Luis Serra Recolons y a mí. Luis Ferrer era el jefe de una banda que llamábamos *La Familia*. Un día descubrimos un chamizo abandonado, lleno de armas y municiones, e hicimos de él nuestro cuartel general.

Así hasta que llegó la desbandada, el tremendo éxodo, los

cientos de miles de personas que iban por la carretera, camino de la frontera. Era, para los que quedábamos, la paz, e incluso la victoria. Volvimos a Barcelona, y el juego prosiguió, para mí, de otra manera. Comenzaba mi carrera académica, febrero de 1939, jesuitas de Sarriá, I H S. Al cabo de unas semanas de clases intensivas, nos hicieron unas pruebas para «situarnos» y para revalidar los exámenes que teníamos aprobados de la época de guerra. Me pusieron en 3.º de bachillerato.

* * *

Fueron pues, efectivamente, literalmente, las largas vacaciones del 36. Me ahorré todo hábito de disciplina. Tampoco encontré ningún estímulo intelectual —como los que encontraba Bertrand Russell en la biblioteca de su abuelo—. Simplemente, me limité a haraganear sin rumbo fijo y a hacer de «hijo único», ya que mientras mis hermanos se iniciaban estudiando en Alemania, yo acompañé siempre a mis padres. Del 36 al 39 no hubo para mí escolaridad alguna; sólo una prolongación inesperada del período lúdico. Prácticamente lo único que hice fue *jugar*. Más tarde, iniciada ya la adolescencia, se perfiló una simultánea y repentina agresión: religión, neurovegetativo, sexo. Pero entre los 9 y los 12 años la atmósfera fue eminentemente narcisista. No hubo preceptor (salvo unas esporádicas clases particulares para poderme examinar en un instituto de Mataró), no hubo hermanos mayores (salvo la convivencia de un verano en Francia), no hubo padres (demasiado preocupados con las peripecias de la guerra), no hubo colegio, no hubo trauma, no hubo objetos de identificación, quiero decir modelos que ordenasen mi comportamiento. Exagerando un poco, no hubo nada. Sólo un grato espacio imaginario, un vacío pobladísimo de acontecimientos históricos pero virtuales. Porque yo estaba esencialmente descomprometido.

Lo cual ha tenido sus pros y sus contras. Supongo que más contras que pros. Hay en mí un vacío de carácter que, factores endocrinos aparte, tal vez arranque de aquellos años de vacío educacional. Y téngase en cuenta que sin carácter, la inteligencia pura es completamente ineficaz. Einstein descubrió la teoría de la relatividad más a fuerza de carácter que a fuerza de inteligencia. Einstein sabía pocas matemáticas, y las iba aprendiendo a medida que su independencia de espíritu le conducía hacia planteamientos *físicos* inéditos.

Bien es cierto que cualquier pedagogía es *paradójica*: se supone que se nos educa para que seamos «espontáneamente» adultos, y ahí está la paradoja pragmática. Nadie se hace «espontáneamente» adulto. Hacen falta coacción y trauma, acción de poder, ritos de iniciación, para que el niño se culturalice y asuma el papel que le corresponde según las reglas del marco social.

Yo soy un hombre, cavilo, que no he tenido ritos de iniciación, o que los he tenido muy tardíos. El mejor rito de iniciación es un fracaso bien digerido. «Puesto que hay que fracasar, hacerlo cuanto antes», me decía una vez José María Valverde. No ha sido mi caso. El vacío educacional me mantuvo en un espacio imaginario hasta una edad muy avanzada, y así fui luego sujeto desconcertado, a la vez propicio y reacio, de las presiones socializadoras. Alcancé los 12 años en un estado de relativa beatitud. Recogí como una cera virgen los mitos y las pautas que comenzaron a inculcarme en los primeros meses de 1939, recién terminada la guerra en Barcelona, en un colegio de jesuitas. De ahí la dialéctica entre el código y la asfixia, patente en los primeros escarceos de mi dietario. Junto a algunos discretos y escasísimos hallazgos, el *ritornello* de una moral basada en el «camino de perfección», la obsesión de la pureza, el orden sin parásitos, la gravitación enorme de una teología pueril, la pedagogía jesuítica heteronómica.

Pequeña precisión, octubre de 1983, de cara a una posible mala interpretación de lo apuntado. No digo que yo sea un hombre sin curtir; digo que me curtieron tarde, que tuve una llamémosla *neotenia* exageradamente prolongada. Después he conocido la enfermedad, los fracasos y las muertes; incluso la maledicencia. O sea que no me faltan cicatrices. Encima, arrastro un organismo disconforme desde hace al menos 25 años, lo cual me ha impedido exprimirle todo el jugo a mi peculiar tardía iniciación.

Cavilo que a mí me hubiera gustado ser un hombre como Arthur Koestler, tan comprometido con su tiempo, tan amplio en su pesquisa, tan coherente hasta en su muerte; o como mi amigo Edgar Morin, tan universal y candoroso, tan dispuesto a recomenzar el aprendizaje a cada instante. Pero he tenido que contentarme con lo que buenamente he podido, a escala menor y a escala local, y me estoy habituando a sobrellevar con ironía mi prisión atenuada. No absolutizo lo que escribo. Más bien procuro flotar sobre la nada, seguro de que hay *algo*. Como hacen los astronautas que pasean por el vacío. Nada en las manos, nada bajo los pies, efectivamente flotando pero tranquilo, lo que antaño llamábamos tener fe: una nueva «experiencia religiosa» correspondiente a una nueva actitud epistemológica.

Sobre lo cual tendré que volver una y otra vez, y sobre lo cual tengo escrito un libro de más de 400 páginas *(Aproximación al origen)* que me convendría ir releyendo: porque uno se olvida de su propia sabiduría —es una característica de la condición humana.

Y tras las vacaciones, el colegio. Los incombustibles jesuitas. Digo que no hubo rito de iniciación, exagerando un poco. Un rito de iniciación se resume en esto: «J'échange la ventre de ma mère contre le ventre de la tribu». En mi caso fue la tribu de los hipócritas y de los majaderos, de los mediocres y de los acobardados. Fuimos «educados» en un colegio donde había que disimular y donde no te daban nada a cambio, ninguna educación *real*, ningún sentido *crítico*. Ni siquiera el placer de la retórica latina, que, históricamente, siempre había sido un rasgo de los jesuitas. Sé de lo que estoy hablando porque yo era un muchacho extraordinariamente despierto y puedo reconstruir la situación: aquellos jesuitas, aparte de ser unos pobres hombres, eran unos pedagogos nulos. Más que nulos: negativos. Aunque yo particularmente fuera un poco especial (ya he contado que, por vitalidad rebelde, tendía al descaro), el clima general era de falta de motivación, tapujo y disimulo. Los chicos aprendían a tirar la piedra y esconder la mano. «¿Quién ha sido?», preguntaba el cura, y todo el mundo callaba. Como castigo, una hora suplementaria de estudio. Estudiar no era un placer sino una penalización. Allí lo único importante era el negocio de la salvación del alma. Se le llamaba efectivamente así: negocio

He comentado la cuestión en otro libro mío *(La dificultad de ser español)*, y lo voy a resumir sucintamente. La Weltanschauung era diáfana, piramidal y sin resquicio. Dios era el monarca supremo, los sacerdotes sus ministros, los alumnos sus súbditos; los hombres (y los ángeles) rebeldes eran condenados al infierno. Este asunto del infierno era obsesivo. (Cómo no iba a serlo.) En clase de literatura nos preguntábamos si Boccaccio, Voltaire o Pedro Antonio de Alarcón se condenaron. El profesor decía que era dudoso, que con seguridad sólo se sabía de Judas Iscariote. Un alumno levantaba la mano. «Padre: Víctor Hugo, ¿murió bien?» Morir bien era decisivo. En clase de religión nos enseñaron que la justicia de Dios era infinita, pero que también lo era su misericordia. Un ligero parpadeo, un gesto imperceptible de la mano, podían significar la contrición final de un moribundo.

Este asunto del infierno, con el tiempo, se ha enfriado. Una hermenéutica más sutil, dentro de la misma Iglesia, ha ido habituando a distinguir entre mito, logos, símbolo, figura... Pero en el ínterin se produjo mucho malestar. La novelista Mary McCarthy, en sus *Memorias de una joven católica,* ha escrito que si existe un Dios capaz de inventar un infierno, mala suerte; pero que, en este caso, ella declina el honor de pasar la eternidad en tal compañía. No sé si lo dice exactamente así, pero ésa es la idea.

Lástima de edificio. Me refiero al edificio concreto de los jesuitas de Sarriá, calle (entonces llamada) del Doctor Amigant, construido sobre un solar de la familia Villavecchia. Porque era un edificio relativamente noble, un punto nórdico, afilado, doloroso; en última instancia frustrado. Era, sigue siendo, una fábrica entre modernista y neogótica, de gran envergadura, ladrillo rojo, estructurado en horizontales y verticales, con dos extrañas torres de vigilancia, una de ellas sin rematar. En cierto modo, un *college* inglés. Con un toque mediterráneo debido a la calidez del material rojizo. También parecía, sigue pareciendo, un hospicio para ricos. Un lugar falsamente monástico, jesuítico al fin. Un *trompe l'oeil*.

Hubiera sido plausible encontrar allí una cierta disciplina crítica, una cierta tradición real, una paideia respetable. Y he aquí la lástima, que no hubiera nada de eso. En la escalinata de la entrada, una vez a la semana, dábamos los gritos patrióticos. La verticalidad gótica, la espiritualidad afilada y consistente, quedaba neutralizada por la tremenda banalidad de la época y de los curas. Aunque tampoco era cosa nueva. Ya lo había advetido el perspicaz Ortega, él mismo antiguo alumno de la Orden: «El vicio radical de los jesuitas, y especialmente de los jesuitas españoles, no consiste en el maquiavelismo, ni en la codicia, ni en la soberbia, sino lisa y llanamente en la ignorancia».

Maticemos: la ignorancia con adornos, la ignorancia de cartón hueco. El vicio radical de los jesuitas ha sido siempre el de un mal equilibrio entre lo secular y lo sagrado. Hoy parece que se decantan hacia lo secular. En mi tiempo fingían decantarse hacia lo sagrado. Pero ya he dicho que la impresión general era de *trompe l'oeil*. Aquellos efectistas *Ejercicios Espirituales* —media hora explicando con sonidos onomatopeicos cómo iban clavando a Cristo en la cruz— delataban que todo era un camelo. Más o menos inconsciente. La capilla del colegio: otro *trompe l'oeil*. Era una capilla tremendamente obscura presidida por una gran Virgen. Una Virgen que pisaba una serpiente, en el centro del retablo del altar mayor, flanqueada por dos ángeles. Una Virgen que literalmente *se te aparecía*, como las de Fátima y las de Lourdes. Porque era el único objeto iluminado del lugar. En los muros laterales sólo había rosetones ciegos.

Así, visto en retrospectiva, ya digo, uno tiene la impresión de que todo era un montaje para hipnotizar al personal, curas incluidos. Lo mismo pudiera decirse a propósito de aquellos corredores tan altos de techo: solemnidad fabricada para empequeñecer al niño. O a propósito del patio interior tan falsamente monástico. Había, sí, una cierta dimensión severa e inflexible, pero ninguna sencillez evangélica.

Es un tema rancio que ha ocupado la atención de no pocos estudiosos. ¿Se puede ser, a un tiempo, católico y moderno? Los jesuitas lo intentaron: eso tienen a su favor, hablando en términos históricos. Lo malo es que no consiguieron ser ni católicos ni modernos. El catolicismo —lo ha explicado Peter L. Berger— tiene algo de religión prebíblica. Tal es su mayor atractivo, al menos si lo comparamos con el raquitismo numinoso del protestantismo. Al mantener misterios y milagros, magias y sacramentos, el catolicismo se ha negado siempre a «desencantar el mundo». Lo malo del jesuitismo es que todo lo hizo a medias. En vez de radicalizarse en ambas direcciones: ser más descaradamente monástico y más descaradamente secular, se quedó en un falso compromiso. No alcanzó lo que yo llamo empuje *retroprogresivo*. Se limitó a un simulacro de modernidad y a un simulacro de mística. Lo tengo escrito en otro lugar: «antropocéntricos y moralistas, los *Ejercicios Espirituales* de Ignacio de Loyola tienen tan poco de místicos como el *Discurso* de Descartes». Aquella María Inmaculada de la capilla, «mediadora y corredentora», era grata y reconfortante, incluso simpática; pero estaba fuera de contexto. Era como una *chinoiserie*.

George Bernard Shaw se refirió al sistema de educación británico como a «la inconveniencia de ser maleducado a medias». *On being half-miseducated*. Yo podría referirme a la inconveniencia de no haber sido educado en absoluto. Lo cual era tanto más grave cuanto que, obviamente, casi todo se juega en el bachillerato. Un buen bachillerato puede cubrir las lagunas de un mal jardín de infancia. Un buen bachillerato imprime carácter. Si el bachillerato ha sido eficaz, la universidad es puro trámite. Sólo recuerdo un aceptable profesor de filosofía, el P. Orovio, que finalmente se salió de la Orden. El resto eran unas impresionantes medianías. Pienso, por ejemplo, en el desastre de no haber tenido una buena formación matemática. Las clases de francés y alemán eran estrictamente inútiles. La asignatura llamada Historia era propaganda del Imperio. La Literatura jamás fue fuente de placer. Insisto: había una carencia completa de curiosidad intelectual, y de fomento de la curiosidad intelectual. Nadie planteaba las cuestiones relevantes, las cuestiones elementales, las cuestiones incitantes. Pongamos por caso: ¿qué es medir?, ¿qué es el número?, ¿qué son el tiempo y el espacio?, ¿qué significa comprender algo? Ningún compañero se te acercaba con preocupaciones de este género. Estábamos inmunizados. Allí sólo contaba aprobar los exámenes y estudiar lo menos posible. No recuerdo a ningún condiscípulo, con la excepción de Rudy Grewe, que hubiera conseguido una mínima motivación intelectual. Juan Dexeus, que no iba a mi clase y que era el indiscutible número uno de la suya, pisaba fuerte en historia. Pare usted de contar.

Se irá desprendiendo de esa retrospectiva, y volveré frecuentemente a ello: entre los jesuitas, el contexto burgués, la España de Franco, la enfermedad de mi padre, el clima familar, la ideología cristiana, el neurovegetativo distónico, amén de otras grisáceas concurrencias, el resultado fue que yo seguí un vía trillada, intelectualmente muerta, la vía «du déjà connu». Prohibido asomarse al exterior. Y ya se sabe que un ser humano sólo se realiza cuando comienza a asomarse al exterior, o séase, a afrontar «l'inconnu»: afrontamiento que puede venir por la vía de la ciencia, del arte o de cualquier praxis creadora.

Yo estaba hecho para afrontar lo desconocido desde alguna avanzadilla. Algo en mí me conducía a ello. («Todo lo conocido me aburre», solía yo decir en los años sesenta, como preámbulo para rechazar los comportamientos interesados, tan previsibles.) Pero, claro está, afrontar lo desconocido requiere haber llegado hasta la avanzadilla, previo un intenso aprendizaje.

Un buen maestro es alguien que contagia la impresión de que lo que está diciendo lo dice por primera vez. Un buen maestro es alguien que no se impone con argumentos de autoridad sino que consigue que el discípulo sienta por sí mismo la relevancia de una exploración.

Yo no tuve buenos maestros. Yo no pude emprender ninguna indagación desde la vanguardia. Sólo aquí y ahora, tardíamente, intento improvisar mi propio ritmo, neutralizar tanta entropía.

Lo peor de los jesuitas-años-cuarenta fue, por tanto, aquella antipedagogía esterilizante. Ahora bien; tan nefastos como los educadores eran los educandos, procedentes de una clase social sin imaginación y sin inquietud, entontecida por la victoria, atenta únicamente al estraperlo. Es un tema que merecería comentario más extenso: la abdicación de la burguesía catalana al comienzo de la postguerra. Ya nadie quería acordarse de la *Lliga*, y mucho menos de *L'Esquerra*, que también había sido burguesa.

Una clase social de cierto empuje, a lo largo de generaciones, había hecho la industrialización de Cataluña. Construyeron fábricas, patrocinaron la cultura: Gaudí, etcétera. Hasta fueron capaces de excentricidad. (Me viene a la cabeza la imagen de la Casa Garí de Argentona, la locura de su parque, su estanque y su templete.) Aquellos catalanes irónicos y huraños se liberaban de las contradicciones de su clase (y de su aburrimiento) proyectando empresas, casas, cosas. Todavía el abuelo de mi amigo José Arana, el viejo Sagnier (que sobrevivió hasta el 41) había sido el promotor de un número considerable de industrias. Pues bien; las nuevas generaciones preferían la compraventa de algodón al amparo de la guardia civil y la censura previa. En los primeros años franquistas, los burgueses catalanes sufrieron un ataque de amnesia histórica sin precedentes. Olvidaron su identidad y su pasado. Olvidaron hasta su lengua. Hablar en catalán era símbolo de estatus inferior. Aparte de que el uso de la lengua catalana estaba oficialmente prohibido.

Recientemente están saliendo a la luz datos y documentos que analizan con mayor matiz todo ese fenómeno. En unos papeles póstumos, Maurici Serrahima acusa a la Generalitat de Lluís Companys de falta de decisión frente a anarquistas y comunistas; lo cual explicaría el desencanto de grandes sectores de la Cataluña silenciosa de 1939, que ya habían consumido sus reservas de catalanismo y de republicanismo. La pasividad frente al franquismo habría sido una inevitable consecuencia.

Por otra parte, y en aspectos parciales, hubo excepciones. La abuela de mi amigo Le Monnier, propietaria de una importante empresa textil, planteó el siguiente silogismo: «Franco me ha salvado la vida, y puesto que Franco prohíbe el estraperlo, en mi empresa no habrá estraperlo». Y no lo hubo. La madre de mi citado amigo Arana escribía siempre en catalán. Naturalmente, el hilo subterráneo del catalanismo no estaba roto. Aquí me refiero al vacío de identidad de una determinada franja social.

Este vacío, esta falta de memoria histórica, duró al menos veinte años; hasta que Vicens Vives, y en cierta medida la gente del semanario *Destino* (con José Pla a la cabeza) comenzaron a rellenar el hueco. Surgió una nueva clase empresarial, cuyo máximo emblema habría de ser Pere Durán Farell. En el ámbito burgués/capitalista fueron los *cachorros* del final de los cincuenta quienes iniciaron una primera y tímida recuperación de la conciencia histórica. Aquellos jóvenes burgueses, muchos de ellos compañeros míos, fueron los primeros en recoger la antorcha algo elitista de Jaume Vicens Vives.

Pienso en el *Círculo de Economía* de Barcelona, al principio llamado Club Comodín, y en empresarios como Carlos Ferrer Salat o José María Figueras Bassols, que partieron a la búsqueda de su propio apellido sociológico. Por no hablar de los más jóvenes, los que Ibáñez Escofet ha llamado «nietos de la *Lliga*» y que a menudo se han hecho socialistas.

En general, la recuperación de una conciencia catalana, tras el desastre de la guerra, fue lenta y difícil. En 1944, y desde el exilio, Ferrater Mora había publicado *Les formes de la vida catalana*. En 1946, Josep M. Cruzet fundó la Editorial Selecta. El historiador Ferran Soldevila mantenía la tradición historiográfica. Josep Benet conspiraba. Iba a nacer *Serra d'Or*. Pero la campaña contra Galinsoga, director de *La Vanguardia* y autor de la frase «todos los catalanes son una mierda», no llegó hasta 1959. Los hechos del Palau de la Música, con Jordi Pujol de protagonista, ocurrieron en 1960. *Notícia de Catalunya*, de Vicens Vives, también se publicó en 1960. La fundación de *Omnium Cultural* tuvo lugar en 1961. La *Nova Cançó*, la petición de obispos catalanes, los contactos entre cristianos y comunistas, la *Caputxinada*, etc., todo eso es ya posterior.

Pero en los años cuarenta, nada de nada. Ni conciencia de clase, ni vitalidad catalanista, ni estímulo intelectual. Todo quedó pendiente para el autodidactismo posterior. Lo hemos denunciado, sí, muchas veces; pero no hay para menos. Cuando comparo lo que explica Bertrand Russell en el primer tomo de su autobiografía (su estancia en Cambridge, su amistad con tipos como McTaggart, G.E. Moore, los hermanos Trevelyan, Whitehead, Keynes) o lo que explica Raymond Aron (su amistad juvenil con Sartre, Nizan, Malraux, Kojève) o lo que explica Rafael Alberti de sus años veinte —por no citar más que tres autobiografías recientemente ojeadas—; cuando comparo esto, digo, con mi paso por los jesuitas (y también por la Escuela de Ingenieros, que más que paso fue paseo); cuando comparo el clima intelectual de la abdicada burguesía de Barcelona-años-cuarenta con lo que hubiera podido ser, decido que, efectivamente, soy un *self made man*, una víctima reconvertida de los años de la gran deprivación.

Debo repetir que en aquel tiempo yo me sentía perfectamente enmarcado en mi ámbito social y local. Mi tanto por ciento de sangre india sólo contribuía a que fuera un punto más moreno que los demás. En realidad, por esta línea, y como dije, nunca he tenido conciencia de ser un caso atípico. Mucho más que la mezcla de sangres ha influido en mí la descompensación neurovegetativa. La sangre la tenemos todos bastante revuelta y problemática. Lo que cuenta es la cultura y la instrucción genética. Desde el punto de vista del aprendizaje, y como dijo alguien, uno es de donde ha estudiado el bachillerato. Puedo asegurarlo. Yo soy un catalán con alguna raíz remota, pero catalán al fin. Prueba de que soy catalán: no me gusta pagar impuestos, no me gustan las milicias, no me gusta el Estado.

> Bien es cierto que Cataluña sigue siendo un país de gente huraña y aburrida, escasamente hospitalaria, poco tribal. Mi abuelo Alemany, cuando le preguntaban «¿cómo está usted?», contestaba: «y a usted qué más le da». Los catalanes, por otra parte, no saben flirtear —en la acepción más amplia de este verbo—. A los mejores les salva su sentido irónico. Y un cierto empuje locuril. Dicho sea sin ánimo de contribuir a la maledicencia histórica, y a sabiendas de que existen fastuosas excepciones.

O sea que soy catalán pero no me siento catalán. Ni español. Me siento ciudadano del mundo, completamente de vuelta de cualquier nacionalismo. Quien a estas alturas del siglo XX no perciba que el planeta se ha hecho indivisible y que requiere una red institucional a la vez supranacional y local, carece de la mínima sensibilidad histórica. Daniel Bell lo planteaba así: «El estado nacional ha llegado a ser demasiado pequeño para los grandes problemas, y demasiado grande para los pequeños». Todo nacionalismo procede de una amenaza exterior, y es comprensible desde la dialéctica *sagrada* del chivo expiatorio. (Consúltese a René Girard.) Pero yo no puedo participar en el talante masoquista de algunos catalanes que se consideran siempre víctimas, país vencido, nación sin estado, nostálgica de no tenerlo. No se puede vivir del recuerdo de los agravios pasados. Además, ya digo que no tengo muy claro el significado actual de la palabra nación. ¿Es Cataluña una nación? Ningún inconveniente en admitirlo. ¿Pero qué diantres es una nación? Históricamente, la nación es un invento de los románticos, una cierta abstracción, una hipótesis ideal, una supuesta unidad étnica y cultural, un ego magnético colectivo; en suma, algo emparentado con la religión, una idea solemne y confusa que genera sus creyentes y sus agnósticos. Personalmente, me inscribo entre los agnósticos y defiendo la conveniencia de inventar identidades nuevas, más amplias y, a la vez, más locales, más híbridas. En lo cual la misma Cataluña podría estar bien predispuesta. Al fin y al cabo, Cataluña ha sido siempre un país de mestizaje, un país propicio a los cruces biológicos —con la sola condición, como diría Ramón Trías Fargas, de que quienes se crucen pertenezcan a la misma especie—. Recordemos las masivas inmigraciones del norte, en los siglos XVI, XVII y XVIII, las de los famosos *gabachos*. Y, ya más recientemente, las del sur. En ese sentido, yo me encontraba, y me sigo encontrando, a gusto en Cataluña. Soy un híbrido entre híbridos. Y desearía que Cataluña resolviese su problema de identidad por la vía de una integración en Europa. La Europa de las zonas «naturales».

A lo que iba. Qué tremenda irreversible importancia la de los primeros y segundos años de la vida. El entorno cultural. Acabo de leer un comentario relacionado con algunos centros europeos anteriores a la barbarie nazi, la Universidad de Gotinga sin ir más lejos, donde Max Born, tras haber coincidido con Hermann Minkowski y David Hilbert, aglutinó un conjunto de jóvenes discípulos cuyos nombres eran nada menos que Jordan, Heisenberg, von Neumann, Oppenheimer, Pauli. ¿Cabe un grupo más fantástico? Y aunque en un tono más modesto, tampoco estaban mal las universidades de Madrid y Barcelona durante la República, el legado de la Institución Libre de Enseñanza.

(Todavía hoy, percibe uno la peculiar dignidad, seriedad y solvencia humana de los catalanes que fueron educados en el Institut Escola, en el Blanquerna y en la Universidad de los años treinta.)

Pero nosotros éramos niños lobo; quiero decir que nuestra deprivación fue casi irreversible. Ninguna discusión intelectual de altura, ningún libro realmente devorado —novelas policíacas aparte—. Ningún aglutinante. Ningún equivalente a los *Principia Ethica* de G. E. Moore, el catecismo del Grupo de Bloomsbury. Únicamente sucedáneos pescados al azar. En Madrid, en los años cuarenta, la frase más excelsa era: «poesía es comunicación». Jóvenes influenciados por Vicente Aleixandre se atenían a ese minimanifiesto. Lo cual no era poco. Sólo que una frase aislada no puede dar mucho de sí, particularmente cuando la frase es anodina. También hubo el viejo libro de Zubiri, y el falangismo intelectual aglutinado en torno a la revista *Escorial*, y los ensayos entonces censurados de Ortega.

Pero casi nadie leía.

Y, en cierto modo, ni siquiera éramos niños lobo: más bien garbanzos en remojo. Particularmente en el colegio. Metidos en nuestro delantal a rayas, con las iniciales grabadas en el bolsillo pectoral izquierdo, caminando por los amplios pasillos acristalados, arrodillados en la capilla obscura, sentados en las aulas que olían a goma de borrar, platicanto con el Padre Prefecto, e incluso ensayando piruetas formalmente subversivas (como era mi caso), el baño maría y la ausencia de estímulo lo condicionaban todo. Autocomplacencia de la moral individualista, rigidez del orden (incluido el orden cósmico), puerilidad y desinformación, mitología: esa era la onda, insisto.

Bien es cierto que a cada tiempo le toca bailar con sus desfases. Nosotros éramos niños lobo, o garbanzos en remojo, pero ninguno se picaba con la jeringuilla.

No seré yo quien a estas alturas de mi vida simplifique o subvalore las infinitas trampas de cualquier sistema institucional, la paradoja de todo aprendizaje (que a la vez nos acerca y nos distancia de lo real), la dificultad de existir libremente. El pobre animalillo humano lo tiene muy cuesta arriba y, desde el punto de vista evolutivo, es todavía una pieza en rodaje, casi un monstruo. Considero, pues, indispensable una educación que satisfaga dos exigencias antinómicas: el fomento de la autodisciplina y el fomento de la curiosidad indagatoria.

Nosotros fuimos educados bajo el garrote de Trento y en el apogeo del nacional-catolicismo. Pero Dios me libre de pensar que ahora estemos en jauja. Mantener la disciplina en un clima de libertad no es cosa fácil. Conciliar la secularización con el sentido del misterio operación es delicada.

En alguno de mis escritos he tratado de deshacer un

equívoco. La idea de un mundo profano, de un cosmos desacralizado, es un invento reciente, e ilusorio, del espíritu humano; es el gran equívoco de la tan traída y llevada modernidad. Bien está que el aparato estatal se haga laico, que se genere una ética civil y que la enseñanza se emancipe de las iglesias; pero eso nada tiene que ver con el supuesto «desencantamiento» del mundo. Es precisamente el logos (la ciencia) y no el mito el que nos devuelve a una realidad infinitamente misteriosa, velada, terrible y fascinante. Numinosa. En tamaña circunstancia, y ante el desprestigio de las religiones institucionales, cada cual tiene que improvisar su propio ritmo. Lo que ocurre es que un exceso de lucidez nos paraliza.

Ayer teníamos a Jesucristo. Vinieron luego los fervores para transformar el mundo, las arengas y las luchas colectivas. Hoy, a lo sumo, ecología y pacifismo. Hartos de la guerra y de las militancias, del partido y de las barricadas, algunos (pocos) optan por la no violencia activa. (Y uno les aplaude, en nombre de la tan cacareada sociedad civil, en nombre de un planeta indivisible que está de vuelta del mito de las nacionalidades, con sus correspondientes militarismos, y todas esas bombas construidas a espaldas de los ciudadanos.) Otros pendulan hacia un cierto nihilismo. La marihuana ha creado un terreno de nadie, propicio a los orientalismos y a la apatía histórica: mis hijos en Ibiza, desnudos en la arena, sin patria y sin noticias.

Me lo explicaba una vez X. La heroína te resuelve el problema de tener que organizar la vida: no hay nada que organizar. Sólo tienes que ocuparte de que no falle el suministro. Y precisaba: la heroína (al principio) te permite viviseccionar al prójimo, a las cosas. Como has perdido sensibilidad (en invierno no pasas frío, la afectividad se seca), a poco que el cerebro se mantenga activo, puedes enfrentarte de manera nueva con los mecanismos proyectivos, las cadenas karmáticas que llenan el mundo, la madre que te transmite sus propias depresiones, los clanes que intentan engullirte. Lo ves todo lúcidamente: debajo no hay nada. En medio, hay *nieve*. Finalmente, el cerebro se embrutece, incluso la lucidez se esfuma: te has convertido en un adicto. Ya todo es abyección.

Efectivamente. Nosotros teníamos a Dios, referencia absoluta. Después hubo esa leyenda del proletariado: el intelectual podía vencer la contradicción entre la universalidad del saber y la particularidad de la clase dominante. Lo había dicho Jean Paul Sartre con su hegeliana jerga. Llegó la contracultura. Ahora no hay nada. Tenéis que levantaros por la mañana, organizar el tiempo, darle consistencia al futuro, chupar energía de alguna parte; pero no sabéis de dónde. Esta es la Era de la Depresión.

Y aprovecho la ocasión para poner sobre el tapete la delicada cuestión de si conviene —o no conviene— dar una cierta «educación religiosa» en las primeras etapas de la vida. He aquí lo que tengo escrito en mi libro *Aproximación al origen*:

> Quienes hemos sido educados en colegios religiosos y empapados desde la infancia en mitos, hemos protestado a menudo contra el lavado de cerebro a que fuimos sometidos. Sin embargo, hay algo que conviene no pasar por alto. A pesar de que nos hayamos dado de baja de toda creencia ingenua, algunos conservamos una cierta e instintiva «confianza» en lo real. Esto, y no los contenidos de la educación religiosa, es lo que conviene retener. No por habernos diferenciado psíquicamente tenemos que perder el sentido de la no-dualidad originaria con la «madre» realidad. Yo aconsejaría mantener algún tipo de educación «religiosa», o mejor dicho, «originaria», al margen de las mitologías (o presentando a éstas con un cierto distanciamiento o humor), donde lo esencial fuera la construcción de un fuerte sentimiento de solidaridad con lo real, sentimiento capaz de soportar luego el acceso al mundo adulto de la crítica y el cambio. Pienso que esta vivencia mística temprana es tan esencial para la supervivencia como una buena alimentación o una buena escolaridad.

Ya digo que es tema a debatir. Jacques Monod sostenía que el impulso religioso se sitúa a nivel genético. Yo pienso que es necesaria una cierta pedagogía que conduzca al gusto por la autodisciplina; pienso que disciplina, información y libertad han de ir ligadas, y que si falta una de ellas el edificio educativo se derrumba. Fue nuestro caso en el colegio de los jesuitas. Allí no había información, no había libertad. En consecuencia, la disciplina que intentaban imponernos se quedaba en arbitrariedad. Ningún fomento del sentido crítico. Ningún estímulo de la espontaneidad creadora. Y así, con esos huecos tremendos, se iba configurando el sistema de nuestra personalidad. Lo cual no es un reproche al cristianismo. El cristianismo, un cierto cristianismo, hubiera podido servir. Como hubiera podido servir el budismo o, en general, un misticismo agnóstico. Lo terrorífico era la ausencia de respiración crítica, de alimentación informativa, libre y real.

* * *

Jesuitas, condiscípulos, vacío. Un cierto culto chato a la meritocracia, una cierta espiritualidad montserratina (en mi casa, y que yo detestaba), un esquema judeocristiano con ribetes de *minyons de muntanya*. Mis hermanos.

Mis hermanos eran unos *boy scouts*. Lo siguen siendo. Su sistema de valores y su adjetivización iban de la mano. El mejor elogio que se podía trazar de alguien era decir (en catalán): «és un tipus molt ferm». *Ferm*, firme, de confianza, católico, limpio, alegre, sin imaginación. A mí, esos tipos tan *ferms*, me producían bastante alergia. Siempre he desconfiado de la gente de una pieza. Máxime si está poseída por una «santa alegría». Tampoco me agrada, claro está, la gente débil que se queja. Supongo que lo más excelente que ha dado Occidente se proyecta en un cierto pathos estoico/escéptico/empirista/crítico/librepensador.

El caso es que a pesar del padre venido de Oriente, que aportaba un grano de exotismo, mi familia era burguesa hasta el tuétano, convencional y chata, políticamente en la higuera, carca en cuestiones de sexo, sublimada en lo religioso, carente de sensibilidad literaria o pictórica. Quiero dejar bien claro que yo no crecí en un clima de amor a la lectura y biblioteca surtida. Casi lo contrario. Era cosa normal preguntar si tal libro o tal autor «estaba en el *Índice*». El *Índice*, naturalmente, era el de «los libros prohibidos», y en mi familia (madre y hermanos) eso se tomaba muy en serio. Únicamente la música había penetrado en el ambiente, aunque sin traspasar las fronteras del XIX. Eso sí, ya lo he contado, mi madre era una mujer inquieta y muy honesta, mucho más vulnerable que sus hijos —o séase, más lúcida—, lo cual, finalmente, la empujaba a traspasar las fronteras de su ideología. Mi madre había sido de la *Lliga*, el partido de Cambó. Hablaba con entusiasmo de la Fundación Bernat Metge, pero también del Institut Escola y la Escuela Blanquerna. (Aunque a nosotros nos mandó a los jesuitas.) Con los años se le fue acentuando la conciencia social, y hacia el final de su vida simpatizaba con hombres como Alfonso Carlos Comín.

A pesar de algunas ventajas (no haber hecho la guerra, estudiar en Alemania), mis hermanos fueron igualmente víctimas del descalabro general de la época, sufrieron la influencia del obscurantismo de la España católica de Franco. Hay que dejar esto bien sentado, porque a veces se le entiende a uno mal. Estamos hoy muy de vuelta del cojitranco *aggiornamento* del Concilio Vaticano II y sus escarceos secularizadores; existe una tendencia a simpatizar con la Iglesia milenaria, la Iglesia anacrónica de la farándula y la coreografía, el latín, los cirios y el incienso. Pero, claro está, todo esto no empece el recordar que esa fue también la Iglesia intolerante, retrógrada y criminal, la que quemaba vivo a Giordano Bruno y aplastaba toda semilla crítica. De modo que mis hermanos, que eran muy cristianos, eran también muy rígidos. Fanáticos incluso. El aire de aquella familia mía era bastante irrespirable.

Mi hermano Raimundo hizo el bachillerato en los jesuitas de Barcelona, comenzó estudios superiores al final de la República. La guerra civil le llevó a Alemania, a la Universidad de Bonn. En 1939, a punto de doctorarse, vino a España de vacaciones. En bicicleta. Había dejado el grueso de su equipaje en Alemania, pero ya no pudo regresar. Bruscamente daba comienzo la Segunda Guerra Mundial. Mi hermano tuvo que quedarse en España a convalidar sus estudios en ciencias químicas, en filosofía, en teología. El último día del año 39 conoció al Padre Escrivá de Balaguer, y ya a partir de entonces se decidió a colaborar —como él mismo ha dicho— «con aquellos señores que entonces parecían un grupo avanzado, sencillo y evangélico». Después se hizo cura. Sus múltiples licenciaturas y doctorados, su impresionante currículum académico, todo eso le condujo a ser el director espiritual de alguna insignificante residencia de estudiantes. A pesar de lo cual, fue consolidando su fama. Seguía publicando, daba tandas de Ejercicios Espirituales, jugaba a ser provocador.

Ya habían sido poco apreciadas sus recensiones de libros de Rahner, Barth, Cullman. Su labor como director de la colección «Patmos», donde había hecho publicar ensayos de Guardini, Leclercq, Pieper, Holzner, Stolz, Thibon y Guitton, era mirada más bien de reojo. Reflejaba unas aperturas teológicas poco afines con las consignas y estructuras de la época. El resultado fue una tensión cada vez mayor; tensión que se manifestó en una especie de diario espiritual que él iba escribiendo, de contenido honesto y tono aleporioso, y que bajo el título de *Cometas* publicó años más tarde, y en contra de mi consejo. Así hasta que el prólogo a un libro de Jean Guitton provocó una pastoral del Cardenal Segura y un procaz ataque por parte de los jesuitas (quién los ve y quién los ha visto) en *Razón y Fe*. Entonces vino el exilio.

Sus superiores lo mandaron a Roma. Luego a la India. Se dio de baja (o lo echaron) del Opus Dei allá por la mitad de los sesenta. Mantuvo casa en la India, pero fue a vivir a los Estados Unidos donde ganó una cátedra de religiones comparadas, primero en Harvard, luego en Santa Bárbara.

¿Dejó de ser cura? Depende de lo que entendamos por ser cura. Pero le había quedado como una segunda naturaleza, una brecha mal cicatrizada, y tuvo que hacer malabarismos ecuménicos para tenerse en pie. Uno tiene la impresión de que, a partir de cierta fecha, mi hermano se fue quedando como seco, descontextualizado, errático, vacío, herido en su carisma, mal avenido con sus obsesiones.

Sea como fuere, mi hermano ha tenido una vida interesante y descompensada, intelectualmente rica. También cerrada. Cerrada en su propio carácter y en su educación dogmática. Adicto a su propio rol (con escaso oxígeno crítico), se diría que se las arregla mal con su lucidez, con su insuficiente lucidez. Uno de sus mayores handicaps es que nunca ha sabido escribir. Se puede ser brillante, profundo y obstinado, incluso genial, y no tener sintaxis propia. Son cosas diferentes. Conozco buenos escritores que son medio tontos. Y gente listísima que no sabe escribir. Lo característico de un buen escritor es su condición de *medium*: alguien que permite que el lenguaje se diga a sí mismo, se desarrolle, se dialectice, se transubstancie, se autosupere. Mi hermano aprendió, tal vez, demasiados idiomas, y, como consecuencia, se quedó sin lenguaje. O quizá no fuera esto. (Pienso ahora en Arthur Koestler, que también sabía muchos idiomas, lo cual no le impedía escribir como le daba la gana.) Quizá ha influido su carácter tan egocentrado, o la falta de lecturas literarias, o la deformación escolástica, o el caparazón de represiones juveniles. Y quizá sea ésta la razón por la que mi hermano no se haya enfrentado todavía con el disparate de su propia vida. Dicho sea sin animosidad, puesto que todos somos hijos de algún complejo eco/bio/sociológico, y nuestra responsabilidad es limitada. En todo caso, mi hermano no ha hecho su *autocrítica*. Al menos no la ha escrito. Y es evidente que tiene mucho de qué autocriticarse.

> If you are passionately involved in a religious, political or ideological crusade to convert others to your beliefs... you don't really believe in them at all: your crusading is merely an attempt to convert your own disbelieving self.

Lo ha escrito Ken Wilber, y la cita viene a cuento de que mi hermano se ha pasado la vida defendiendo apasionadamente cosas, causas; o sea, forcejeando con sus propias *proyecciones*. Sólo se defiende apasionadamente aquello que, en el fondo, no se cree. Si no, ¿a santo de qué la pasión? En el caso de mi hermano, la pasión y la energía le ganaron siempre a la lucidez. (Exactamente lo contrario que a mí.) Fundó el Opus en Barcelona (entre otros fichajes suyos, cabe destacar los de Laureano López Rodó y, creo, Luis Valls Taberner); pero comenzó a ser un personaje incómodo, incluso para los suyos, hacia el final de los años cuarenta, precisamente cuando el padre Escrivá se estableció definitivamente en Roma y *La Obra* optó por una orientación más jurídica que evangélica. Entonces las dificultades aumentaron.

Ya digo que Raimundo se había convertido en un sacerdote de moda, un indiscutible chamán. Dio más de doscientas tandas de Ejercicios Espirituales. Eran unas tandas muy carismáticas: puedo asegurarlo porque asistí a una de ellas. Pero las cosas se le pusieron paulatinamente difíciles. En su complicado mecanismo proyectivo, Raimundo tenía que compensar el dogmatismo cristiano con actitudes aparentemente más rebeldes. «El cristianismo —decía— no es un humanismo». Y no es un humanismo porque no es antropocéntrico. Hasta aquí, bien. Luego venía la justificación teológica, el dogma del pecado original que lo ensombrecía todo. El hombre, dejado a sus propias fuerzas, ni siquiera puede comportarse como hombre. Raimundo, en tanto que cristiano, le volvía la espalda a la *gnosis* y en vez de conectar con la libertad inmanente que permite trascender la condición humana, enfatizaba la impotencia, el abismo que separa a Dios del hombre. La supuesta superación del humanismo no servía para saltar a la mística sino para mantener el pesimismo antropológico de San Agustín.

O sea que tampoco era tan heterodoxo.

Otras veces, la provocación tomaba tonos más políticos. Resultaba un poco fuerte, en la España de 1950, oírle decir públicamente a un cura que «a veces el cristiano tiene la estricta obligación de conspirar». Así que aprovechando algún pretexto, las jerarquías del Opus lo mandaron a Roma, «a estudiar más teología». Finalmente a la India. Una especie de destierro; también un reencuentro con sus orígenes. Raimundo cambió incluso el apellido, de acuerdo con una dudosa fonética local: Panikkar y no ya Pániker. Pero lo sorprendente es que tardase todavía 12 años en darse de baja del Opus, y que aún hoy se considere a sí mismo como un «sacerdote cósmico». Habrá que convenir en que eso del sacerdocio realmente imprime carácter. Carácter empecinado.

Porque Raimundo ha jugado a creer siempre en sí mismo, quiero decir que se ha autoconvencido de su propia misión, y que ha tenido una extraña maniática conciencia profética que le ha conducido a un esquema intelectual que pudiéramos resumir así: 1) el alma de toda cultura es la religión, 2) mientras no llegue una interpenetración de religiones, las culturas permanecerán extrañas las unas a las otras, 3) para alcanzar esa interpenetración, hace falta una nueva hermenéutica y una nueva teología. De ahí el teandrismo o, incluso, el cosmoteandrismo: Dios, el hombre y el cosmos no pueden ser considerados independientemente. Cristo (o Ishvara) es el puente de unión de esas realidades. Lo cual conduce a un nuevo enfoque de lo sagrado, el culto, la teología trinitaria, el citado diálogo entre religiones. (Este diálogo es un acto religioso en sí mismo, y para realizarlo no hay que hacer tabla rasa de las propias convicciones sino al contrario, enraizarse todavía más.) En lo que hace al Occidente histórico, su tragedia ha consistido en divinizar al logos y en perder el sentido del mito. Y dentro del mismo logos, el proceso ha sido de empobrecimiento: del logos como *verbum* puro se ha pasado al *verbum entis,* luego al *verbum mentis,* finalmente al *verbum vocis.* Y ese depauperado logos ha destruido al mito. Pero el hombre no puede vivir sin mito. El hombre tampoco puede cerrarse al apofatismo óntico —cuyo ejemplo supremo sería el Buda—. Y existe una relación entre apofatismo y mito. (Porque el logos, a lo más que llega es a Kant, al reconocimiento de sus propios límites.)

Personalmente, he criticado esas ideas (o algunas de esas

ideas) en mi libro *Aproximación al origen.* El logos es todavía más misterioso y obscuro que el mito; así que no ha habido empobrecimiento: el proceso crítico es ambivalente, *retroprogresivo* (como he propuesto llamarlo): alejamiento/aproximación al origen. Se va sofisticando el aparato logicomatemático para un mejor *tratamiento* de lo real; pero la misma sofisticación del instrumento acaba por destruir *críticamente* el prejuicio de partida: la idea gratuita de que el mundo está fragmentado y de que la observación de un fenómeno no influye en el fenómeno observado.

No es cierto, por consiguiente, que el mundo moderno haya perdido sus recursos numinosos y sacrificiales. La ciencia y el arte son, ante todo, *ritos* transgresivos e indagatorios que a la vez nos distancian y nos aproximan a lo real. El proceso crítico, la permanente puesta en crisis de los propios fundamentos, nos abre progresivamente a la lucidez, o séase, a la liberación.

En todo caso, lo expuesto más arriba era, aproximadamente, lo que pensaba mi hermano hace diez años. Porque hace diez años que apenas hablo con él (y no he leído sus últimos trabajos); aunque tengo la sospecha de que habrá evolucionado, y posiblemente en mi misma dirección: ha terminado la historia (quiero decir la historia del historicismo) y ha de comenzar la transhistoria, una nueva conciencia volcada no ya en el futuro sino en el presente.

Comprendo a mi hermano. Simpatizo incluso con él. Nuestra estructura mental es formalmente homóloga. Me doy cuenta de las raíces de su empecinamiento, el antídoto para su carácter a la vez dubitativo y obsesivo. Un hombre no puede renegar de su propia vida. Un hombre suele estar poseído, ya desde su adolescencia, por algún leitmotiv que irá desarrollando el resto de sus años. *Une pensée de jeunesse accomplie dans l'âge mûr.* Por esto toda autocrítica tiene sus límites. Cambian los contenidos, se mantiene un proceso coherente. (Pienso en el poeta Gabriel Celaya que, arrancando de una conciencia mágica, y pasando por el marxismo, ha alcanzado una conciencia cósmica. Eso es coherente.) Yo mismo, releyendo mi propio dietario, descubro que algunas de mis concepciones intelectuales más adultas se encontraban ya en estado embrionario en mi adolescencia. (Por ejemplo, la intuición de que sólo lo infinito puede más que la nada.) Lo que ocurre es que no siempre es fácil trazar la linde que separa la coherencia de la autojustificación. Una cosa es conducir la autocrítica con cautela —no fuéramos a aniquilar nuestra más secreta identidad/marginalidad— y otra aferrarse a los mecanismos de defensa levantados a lo largo de los años.

No estoy muy seguro de que mi hermano se haya enfrentado a fondo con sus mecanismos de defensa. Eso sí: ha vivido con una maniática intensidad, y supongo que morirá con las botas puestas, aferrado a su autoimagen, cargado de obsesiones, ávido, dubitativo, cauteloso, agresivo, brillante y falsamente loco. Cada vez más perdido, cada vez más prisionero de sí mismo. Y menos de fiar (mi padre, a veces, lo llamaba zorro). Hay algo que no encaja: la meticulosidad y la descompensación; una cierta exhibición de sus talentos y un déficit de generosidad derrochadora.

Tampoco está descartado que en el último tramo de su vida, a mi hermano se le vea ampliamente el plumero, quiero decir la paranoia, la obsesión, la angustia, el desvarío; que se le desmoronen los fragmentos de su yo farsante y que se acurruque bajo el ala de alguna confortable convención. (Por supuesto que con un cúmulo de autojustificaciones.)

Hubo un tiempo en que parecía que mi hermano acabaría en místico; que sus largas experiencias en la India le conducirían, finalmente, al estado de *samnyasa*, la liberación y la sabiduría. Por lo que me cuentan, no es éste el camino que va a seguir.

Es un tipo mucho más premeditado que yo, mi hermano. Su «pecado capital» es la soberbia. La falta de conciencia de sus propios límites. Pero también en esto le comprendo: esa «soberbia», esa cerrazón, es un mecanismo de defensa frente a la presión casi inhumana a que se ha visto sometido por la Santa Iglesia Católica Apostólica Romana. Considero a mi hermano como a una víctima especialmente retorcida de esa sagrada institución. Ese empeño maniático en permanecer dentro de su seno, ni que fuere heterodoxamente (so pretexto de hacerla cambiar), eso se me antoja el síntoma supremo de una alienación irreversible. Digo que es un tipo mucho más premeditado que yo, mi hermano, y que en ello ha influido la permanente mediación/intromisión de un cuerpo extraño. A lo mejor, y en toda su vida de adulto, no ha llorado ni una sola vez. Le recuerdo con amplísimas sonrisas cuando la muerte de nuestra madre, como diciendo: aquí no ha pasado nada, los designios del Señor se cumplen siempre. (Ciertamente, toda espontaneidad es fabricada; pero hay grados, grados de represión y alienación.) Exquisitamente centrado en sí mismo, la solidaridad de mi hermano con el prójimo pasa por un previo montaje intelectual. Podría uno estar desangrándose en la cuneta y él sólo vendría a echar una mano si con ello reforzara su aparejo teórico y autoestimativo.

Nada especial por lo demás. Muy propio de la condición humana, de animales que filtran la información que les conviene. Aunque un poco desconcertante, toda vez que mi hermano se ha pasado la vida predicando un cierto cristianismo evangélico.

Pero ya digo que todo tiene una mínima explicación. Influye la genética, la ideología, la cultura, el complejo hipotalámico-límbico (a la sociobiología lo que es de la sociobiología), el aprendizaje, la caracterología, la biografía. Mi hermano sigue siendo el Príncipe Perpetuo que encabezaba todas las promulgaciones de dignidades en el colegio de los jesuitas. Está condicionado para el mantenimiento de una permanente tensión egótica. Centrado en su menudencia flexible, ojos alerta y boca estrecha, observa a intervalos, escucha por fragmentos, mantiene un perenne rictus de ironía, pero no se aparta un milímetro de su propio paradigma (demasiados años le ha costado construirlo). Repentinamente, descubres en él como un vahído de tristeza y desamparo, una inmensa sed de comunicación y afecto, y comprendes por qué necesita autoafirmarse permanentemente, como un atleta obseso. Pero en seguida vuelve la norma, la burla, la sonrisa charmante, la defensa, el comentario incisivo (o supuestamente incisivo), la voz aguda y oriental. Un cierto jesuitismo. La tremenda fortificación. El ego. Se lo dije una vez:

—Lo que ocurre contigo es que jamás has cambiado de marco de referencia, por muchas que hayan sido las rupturas aparentes; jamás has conducido hasta el límite la crisis de tus propios fundamentos, y, por esta razón, jamás cometerás suicidio.

Me escuchó con atención. Raimundo siempre escucha con atención cuando el asunto le concierne. También le dije que no entendía por qué no abandonaba de una vez el cristianismo y su estatus eclesiástico. Contestó:

—Porque creo haber hecho la experiencia de Cristo.

Intactas reservas de ingenuidad mágica, simbiosis que alimentó su juventud: a eso le llamaba él haber hecho la experiencia de Cristo. Hubiera podido replicarle: también yo he hecho la experiencia de Cristo, y la experiencia del whisky con hielo, y la experiencia del olor a mar, y la experiencia del vino rosado con migas de pan en un *quai* de Saint Tropez, y la experiencia de la distonía vegetativa, y la experiencia de la nada, y ahora escribo un libro para metabolizar tanta experiencia, porque la vida parece, efectivamente, un relato contado por un idiota y presidido por la lotería. Eso por no hablar de los éxtasis anónimos, tocarse, olerse, besarse, joderse, evadirse de la cárcel. La cárcel del ego.

Pero ya digo que Raimundo, a pesar de su robusto instinto metafísico, no parece haber sintonizado con el desvarío permanente de la situación humana; no parece estar al tanto del condicionamiento de la neurobiología. Mantiene una irritante rigidez, un tufillo escolástico, más allá de sus proclamas pluralistas. Pasó de la fenomenología a la hermenéutica, y en eso se quedó. Se quedó en teólogo, adicto al expediente del chivo expiatorio. Lo cual también es comprensible: quien se ha pasado la vida defendiendo hipótesis inverificables, acaba como tocado del ala.

En ciertos aspectos (sólo en ciertos aspectos, en los mejores aspectos), Raimundo me recuerda a mi amigo Xavier Rubert de Ventós: la misma índole de avidez, la misma habilidad, la misma impresión de fluido nervioso incandescente, escurridizo, exasperado, seductor. Raimundo pudo haber sido —a ratos lo es— un hombre muy guapo, con su frente grande y su sonrisa de perfectos dientes blancos; pero mayormente se quedó en ardilla astuta y niño precoz de mirar desconfiado: un tipo estrecho que frunce la boca hasta acabar en una pura línea. La cara crispada, el cerebro impermeable. Hay quien le acusa de ser un personaje falso; lo que ocurre es que su falsedad está ya completamente entremetida en su osamenta. Lleva en sí la gravidez de una infancia menos fácil que la mía: la marginalidad del muchacho demasiado frágil, demasiado tímido, demasiado moreno, y que encontró compensación por la vía obstinada de la inteligencia, del estudio y de la religiosidad: tantos años de ser el «número uno», y luego el chamán. Tal vez sea ya un fósil, un fósil con poder de disimulo, un fósil procedente de aquellos escolásticos inverosímiles años cuarenta. No sé. Su cotización internacional sigue alta. Forma parte de esa comunidad itinerante que Arthur Koestler llamaba las *call-girls*, esas vedettes de la intelligentsia (departamento: ciencias blandas) que van de congreso en congreso, de seminario en seminario, de simposio en simposio, sin escucharse demasiado los unos a los otros, inútiles a largo plazo, funcionalmente eficaces, supuestos transmisores sinápticos dentro del sistema cultural del mundo.

Raimundo ha sido un personaje para mí muy relevante en una época larga de mi vida. (Y de ahí, supongo, la extensión de ese apunte.) Él era la garantía de mi cristianismo, la ejemplaridad convincente, el «argumento de autoridad». Hoy pienso que los aciertos humanos van por zonas. Cada cual tiene su terreno de juego. A estas alturas de mi vida, la ley de la finitud me parece tan universal como la ley de la conservación de la energía. No existen grande hombres, no existen pequeños hombres. Existen diferentes estructuras de la finitud humana.

A pesar de nuestra actual incomunicación, sigo considerando a mi hermano como un animal profundo y perdido, huérfano, fuera de patrón, una de las pocas personas capaces de acompañarte (intelectualmente) hasta *lo último*, o sea, hasta ninguna parte. Tal vez esté malamente loco, tal vez sea un hipócrita (sobre todo consigo mismo), tal vez predique una sabiduría que no posee. Pero, ¿no nos ocurre a todos lo mismo? ¿No somos todos un monumento de autojustificación?

La mecánica cuántica, que conduce a permanentes paradojas, que obliga a reconocer que algo es a la vez onda y corpúsculo, etcétera, la mecánica cuántica, digo, ha tenido el efecto de un *koan*, ha contribuido a deshacer la artificialidad maniquea con que solíamos organizar nuestros juicios e incluso nuestras percepciones. Por ejemplo: decir que Fulano es fuerte y atrevido implica que también es débil y cobarde. Lo que cuenta es *el modo* como concilia sus antagonismos. Comprender un objeto, comprender una persona, es comprender la estructura de sus dimensiones antagónicas. Sólo un hombre «sabio» es capaz de cometer «necedades». Y viceversa. (Léase mi libro *Aproximación al origen*, pág. 370.) Así que toda caricatura debe tomarse con la debida cautela. Todo ser humano es un *proceso* oscilatorio. Habida cuenta las cotas de «santidad» y «sabiduría» que se atribuían a mi hermano, puede predecirse la cantidad de desatinos que habrá cometido. Sólo el César nombra cónsul a su caballo.

Existe entre mi hermano y yo una diferencia: él tiende a la paranoia, yo a la depresión. Él ve conspiraciones, yo veo la nada. Salvado lo cual, tenemos una mente —ya lo he dicho— vagamente homóloga, secretamente cartesiana (de ahí nuestra obsesión por el contrapeso místico). Entiendo que él se resista a abdicar de sus papeles mágicos: quien ha gozado de una droga tan intensa y eficaz, difícilmente puede vivir sin ella; quien ha sido protegido por cotas tan reconfortables de infalibilidad y seguridad ontológica, parece marcado de por vida. Ahora mi hermano disfruta de las rentas —simbólicas y literales— de una trayectoria singular y, a su manera, afortunada.

Deo gratias.

* * *

Cara larga, ojos de buey, voluntariosa mandíbula, frente alta (como la tenemos todos nosotros), mi hermana Mercedes (en relación a Raimundo) es un caso aparentemente más sencillo. El personaje se atiene a un código más simple. Cuando menos, no disimula su personalidad autoritaria. Es capaz de reír, de ser afectuosa y cálida. Ofrece un cierto aspecto vital y saludable, incluso espontáneo.

Sin embargo, vistas las cosas más de cerca, el cuadro se complica. Ambos hermanos comparten la capacidad de enmascarar sus impulsos (y sus intereses) bajo la retórica del cristianismo. En el caso específico de ella, descubrimos el mecanismo que le ha hecho autoconvencerse de ser un personaje de buena fe; la farsa de la ingenuidad y la ingenuidad de la farsa; el simulacro de ser una persona alegre y sin complicaciones; una cierta incapacidad para sintonizar con la compleja debilidad de los humanos; vulnerabilidad frente al halago; refinamiento escaso.

Políglota, inteligente y aplicada, pertrechada con un brillante expediente universitario, mi hermana Mercedes hubiera hecho un buen papel en una organización dependiente de la Unesco, o en una compañía multinacional. Cosas así. Siempre bajo la tutela del Aparato. Pero las circunstancias la llevaron a ocuparse de una empresa familiar, donde trató de conciliar el trabajo directivo con una extraña ideología que incluía unas extemporáneas ideas apostólicas mamadas en un colegio de monjas alemanas. Si a ello unimos una notable falta de rigor metódico y un plus de emotividad distorsionante, el resultado fue un estilo empresarial populista/caótico/paternalista/utópico/dictatorial/surrealista, cuyos resultados se vieron cuando llegó la crisis del 74.

Hace años que tampoco me trato con ella, y a lo mejor se ha vuelto más sabia y más desencantada, más de vuelta. Quién sabe.

José María, el tercer hermano, el más voluminoso de los cuatro, ojos desorbitables, nariz fina, rasgos indios, tez blanca, aspecto de animal goloso, ha sido un personaje incomprendido, bioquímicamente desplazado, víctima inevitable de las demarcaciones de la racionalidad oficial. Nunca formó parte del «sistema» Mamà-Raimon-Mercè. De pequeño, jugaba conmigo a *putxinel·lis*, en un Teatro Guiñol que teníamos en casa, y manifestaba tener una imaginación muy fuerte. De mayor se resistió a pasar por el aro. No podía soportar a los curas. Cuando oía a esos predicadores que hablan del más allá como si hubieran estado en él, solía decir: «*quina barra*», qué desfachatez. Era un fanático del cine, y si una película le gustaba era capaz de verla hasta catorce veces.

Recibió una gran influencia de su tío Salvador, que se portó admirablemente con él.

Hablando en términos convencionales, era, sigue siendo, el más incontaminado y bondadoso de la familia.

Vistas las cosas retrospectivamente, se me antoja que los cuatro hermanos hemos representado papeles más bien grotescos dentro de un escenario mal parido. Ha habido desfase, una cierta mala fe sartriana (jugar a ser lo que no se es), la consabida paradoja, plus ça change, plus c'est la même chose, la autoimagen que presiona. Si Raimundo sigue siendo un cura del Opus que, para colmo, ya ni siquiera es del Opus, Mercedes sigue siendo una estudiante aplicada que, para colmo, ya ni siquiera es estudiante. José María se quedó sin chivo expiatorio. Yo divago.

La mala relación con mi hermana comenzó hacia la mitad de los años cincuenta. Ella esperaba, ella exigía, que yo siguiera emitiendo señales en una determinada longitud de onda (capitalismo cristiano y otras patochadas), la que correspondía al escenario de arranque; pero yo había comenzado a cambiar de frecuencia, y a partir de ahí todo fue equívoco.

Sucede con algunas personas de carácter fuerte que si encima han tenido una juventud muy dogmática, terminan siendo poco adaptativas. Confunden el mundo real con su sistema de representación. Resultan de difícil trato. Yo sufrí cierta agresividad dogmática intrafamiliar. Lo dicho: códigos de dominación amparados en retórica cristiana.

Vuelvo a repetir que no creo en los individuos buenos o malos. Creo en la calidad de los sistemas. Mis hermanos y yo no éramos mejores ni peores que el resto de los humanos, Adolf Hitler incluido. Lo que aparentemente caracteriza a las personas es, como su etimología indica, la máscara que llevan puesta; la farsa de sus *identificaciones*. La salud está en un proceso de liberación retroprogresiva.

Nosotros procedíamos de un marco definido. A mi hermana Mercedes se le desvanecía el semblante cuando volvía del altar, la hostia recién engullida, las manos sobre el pecho, los ojos cerrados. Era la experiencia directa de lo sobrenatural. La comunión y las visitas al Santísimo.

Los jóvenes de hoy no pueden llegar a imaginar lo importantes que podían ser, en aquel tiempo, las visitas (generalmente vespertinas) al Santísimo; la de cosas que allí se despachaban. Lo cual no era malo para el equilibrio general de la psique. En un clima de velas, lamparillas y penumbra, el tiempo se ralentizaba. La presencia permanente del Gran Confidente daba sentido al mundo. En el caso que nos ocupa, la ideología burguesa, la ética judeocristiana y las inclinaciones místicas, componían un notable mejunje. En lo que hace a mis dos hermanos mayores, había que añadir a ello la exigencia permanente de mantener un altísimo nivel de autoestimación (con el feedback indispensable de la admiración del prójimo), un complejo de excepcionalidad intelectual, o al menos, académico. En Raimundo se adivinaba, además, el peculiar fanatismo de los puritanos, de los que han mantenido luchas furibundas con su líbido. Mercedes era más ingenua, más fácilmente sublimada y seguramente más frígida. En un tiempo quiso ser monja.

Pertenecíamos, sí, al caldo de cultivo del bando vencedor, a la miseria intelectual de la trasguerra. Recuerdo que una vez, en Madrid, descubrí el *Naturaleza, Historia, Dios* de Zubiri; yo tenía 17 años y el libro, comenzado a leer, me deslumbró. Casualmente se lo comenté a mossèn Roquer y a mi hermano Raimundo, y ellos replicaron con un chistecillo que a mí me sonó despectivo. Total: que abandoné el libro y me dediqué al que Raimundo me había recomendado, *La esencia del tomismo,* de un tal Manser.

Jamás estábamos solos. La vida interior era una conversación de cada uno consigo mismo que abocaba a una conversación con Dios. Naturalmente, la iniciativa procedía ya del mismo Dios. «Tú no me buscarías si no me hubieras encontrado ya». Éramos teocéntricos. También maniqueos. «Qui non est mecum, contra me est». «Muchos son los llamados, pocos los escogidos». El P. Garrigou-Lagrange dio la pauta en un voluminoso libro titulado *Las tres edades de la vida interior.* La ascética está ordenada a la mística; la Santísima Trinidad habita en nosotros; lo normal es alcanzar la santidad al cabo de un proceso guiado por la luz del Espíritu Santo. Tal es la vida de la gracia, una participación en la naturaleza divina. Se lo había dicho Jesús a la Samaritana: «el que bebiere de esta agua, ése ya no tendrá sed».

Nosotros éramos los que ya no teníamos sed. Los privilegiados. Mi hermano Raimundo solía referirse al «complejo de superioridad cristiano». No había para menos. «Aquel que come mi carne y bebe mi sangre posee la vida eterna, y yo le resucitaré en el último día». El justo, aquí en la tierra, participa de *la misma* gracia santificante que los santos en el cielo. Bien es cierto —aclaraba el P. Garrigou— que aquí en la tierra conocemos a Dios, no en la claridad de la visión, sino en la oscuridad de la fe. La fe (infusa) es un don de Dios. Pero ojo: es una fe para creer «todo lo que Dios *ha revelado*», o sea, todo lo que la Iglesia ha definido.

De modo que la última palabra la tenía la Iglesia. La Iglesia, madre y placenta, una metáfora muy pícara y muy eficaz. La Iglesia, tinglado supremo, piedra firme, garantía de la Verdad. Un recurso, por otra parte, bastante socorrido, particularmente en las asambleas donde no prospera la democracia, la relatividad y el debate libre.

Palabras de Fidel Castro (citadas por Jorge Semprún) perfectamente homologables con el caso que nos ocupa:

«El Partido lo resume todo. En él se sintetizan los sueños de todos los revolucionarios a lo largo de nuestra historia; en él se concretan las ideas, los principios y la fuerza de la Revolución; en él desaparecen nuestros individualismos y aprendemos a pensar en términos de colectividad; él es nuestro educador, nuestro maestro, nuestro guía y nuestra conciencia vigilante, cuando nosotros mismos no somos capaces de ver nuestros errores, nuestros defectos y nuestras limitaciones; en él nos sumamos todos y entre todos hacemos de cada uno de nosotros un soldado espartano de la más justa de las causas y de todos juntos un gigante invencible; en él las ideas, las experiencias, el legado de los mártires...» Etcétera.

A diferencia del Partido, la Iglesia admitía la llamada vida interior. Lo cual, como he dicho, tenía sus ventajas. Varios siglos de mística cristiana tampoco podían echarse por la borda. Lo malo, lo funesto, era el abuso teológico, el tratamiento pastoral, la asfixiante doctrina —y el monopolio de esa doctrina—. Lo penoso era nuestra ingenuidad, el tomar al pie de la letra aquellas artificiosas metáforas, aquella visión del mundo fanáticamente jerarquizada, «la escala de los seres», la mezquina contabilidad. Incluso una vez muertos, y supuesto que nos salváramos, el grado de gloria de cada cual sería «proporcional a los méritos contraídos en su vida terrena». Toda la espléndida locura de Cristo malamente racionalizada.

* * *

Pero ya dije, digo, que yo no era un sujeto impermeable. Mi dotación genética me ha conducido siempre a la transacción. El resultado fue una especie de campanilleo. Si se le dan a un animal instrucciones contradictorias responde con una perplejidad. Una desazón. Un vaivén. En mi caso: referencias a Jesucristo junto a poemas a Lucifer, etc. Forcejeo entre el lenguaje recibido (influencia aplastante) y las propias borrosas *experiencias*. La vida, vengo a decir en un párrafo temprano, no es buena ni es mala: es. Pero frente a este llamémosle pathos de la facticidad cuya formulación apenas alcanzo a balbucear, está el código judeocristiano/jesuítico/hispánico/teológico/fascista. Había siempre un Saber Absoluto, un Fundamento Supremo, más allá de nuestras negociaciones, tanteos y escaramuzas. Tarde o temprano, se abocaba a la grandilocuencia del discurso totalitario, la solución quimérica de todos los problemas. Dios era el *Ipsum Esse,* el hombre era portador de valores eternos. ¿De qué te sirve ganar el mundo si pierdes tu alma?

Corroboraba este fascismo estructural la tendencia, ya citada más arriba, a planteamientos de *élite*: abundantes referencias a «vocación» y a ser «un gran hombre». Mi hermano Raimundo no podía disimular su ambivalente admiración por los grandes heterodoxos del momento. A propósito de Bertrand Russell, decía:

—Qué gran inteligencia, pero qué inteligencia tan demoníaca.

A mi padre, que era un admirador incondicional de la democracia inglesa, no dejó de impresionarle Mussolini. Al menos en sus comienzos. La grandeza, sí, la élite. Carles Riba, en alguna de sus interminables conversaciones con mi madre, solía decir que él se sentía más próximo de un intelectual chino que de un obrero andaluz. Ortega y Gasset, desde 1922, sostenía que el drama histórico de España (invertebrada) residía en la carencia de élites estructurantes. El propio Gramsci, bajo las rejas del fascismo italiano, había meditado el marxismo en términos de *élite* mediadora. Me parece que ya lo dije. La herencia de Pareto y de Max Weber. Y de Mosca y hasta del propio Lenin: la élite-partido fermentando la masa-proletariado. El caso es que, sin mecanismos de autorregulación social, el sistema democrático estaba entonces mucho más amenazado de lo que hoy podemos sospechar. Conviene recordar que la dictadura del proletariado, el fascismo y el *New Deal,* fueron ensayos diferentes frente a la contradicción general de los años veinte. Una contradicción que había arrancado con el absurdo Tratado de Versalles. Después de la catástrofe económica del 29, nadie hubiera apostado un penique por el sistema capitalista. Tampoco por las tradiciones democráticas. Ni por la hegeliana racionalidad de la historia. La dramática integración del proletariado alemán en el nacionalsocialismo, la degradación estalinista, la creciente burocracia, todo esto produjo la perplejidad de los intelectuales de Francfort y su propuesta de una *utopía negativa* como tabla de salvación. (Nuevamente la élite, ni que fuera la élite de los marginados.)

Desde otro punto de vista, la epidemia autoritaria era la contrapartida de la incapacidad del Sistema —insuficientemente cibernético— para afrontar los retos de la época. Hubo en Europa, al comienzo de los años treinta, un desmadre parlamentarista que condujo, por la ley del péndulo, hacia las dictaduras. (Ya hablé antes del asunto, a propósito de la guerra civil española.) El propio Ortega y Gasset, tan visceralmente liberal, clamaba por un Estado fuerte y delataba los vicios de cierta «democracia morbosa». (Y todo el mundo conoce la influencia de Ortega sobre José Antonio Primo de Rivera.) Hacia el final de los años treinta era normal considerar a Daladier y a Chamberlain como los símbolos de la decadente «democracia abúlica». Aparte de Italia y Alemania, hubo movimientos fascistas en Escandinavia, los Balcanes, Gran Bretaña, Península Ibérica, Rumanía, etc. Hubo un irracionalismo romántico acompañado, a menudo, de una retórica revolucionaria.

En España-una-grande-y-libre teníamos un *caudillo* con poderes absolutos vitalicios, revestido de una misión *providencial,* y aunque hiciéramos chistes a su costa, las nociones de carisma y providencia eran el pan de cada día, una referencia habitual; estaban fuertemente interiorizadas. Uno podía apartarse del «camino marcado por la providencia»: este desfase era, precisamente, el mal. La providencia era el eje supremo, a la vez universal e individualizado. La providencia era el plan eterno de Dios sobre el mundo, un plan que se realizaba infaliblemente y que hacía muy aporética la cuestión del mal. (De un lado, el hombre era libre; de otro lado, la salvación era el resultado de la predestinación.) La providencia tenía para cada uno de nosotros sus propios *designios inescrutables.* De ahí que fuera muy recomendable mantenerse *fiel* como garantía indirecta de que el tira y afloja con la divinidad se habría de resolver satisfactoriamente. Jesuitismo y calvinismo eran primos hermanos.

Recuerdo los filmes interpretados por Diana Durbin (mi primer amor), o los de Frank Capra: extraña apoteosis de ese calvinismo, la supuesta buena *fe* triunfando sobre las habituales corruptelas. El protagonista, o la protagonista, iba por la vida *candorosamente*. Fue muy importante esa pauta: el *candour*. Le iba bien a la semiótica del providencialismo. Una cierta aristocrática *Lebensformen,* inmanente, más allá de las clases sociales. El *candour* podía más que la injusticia social y la rapiña. La felicidad era posible dentro del Sistema. El corazón de los poderosos (en América, los millonarios) —que también tenían su *candour*— se ablandaba, y Cenicienta se casaba con el Príncipe. El vendedor de periódicos llegaba a magnate. Era la Providencia. Era Hollywood. Era el cine.

Con mi amigo Linati íbamos muy a menudo al cine. Caminábamos a grandes zancadas, ambos teníamos la pierna larga, y nos metíamos en el *Alondra* o en el *Cataluña* o en el *Vergara* (primer local con aire acondicionado de Barcelona) o en el *Astoria* o en el *Kursaal* o en el *Coliseum*. Linati, ya he hablado de él, era un muchacho brillante, acomplejado, vulnerable, sarcástico, cargado de defensas; mucho más leído que yo: tenía un tío escritor y disponía de su biblioteca. Pero, en aquel tiempo, el cine era más importante que los libros. Además, había pocos libros. El cine hacía posible la relación extraña, compleja, indispensable, entre lo imaginario y lo real. En la sombra del local podías llorar, reír, fantasear, proyectar, identificar. El cine era el gran suministrador de prototipos. Nadie pegaba mejor que Gary Cooper; no había espadachín que superase a Douglas Fairbanks *junior*; ninguna mujer era más hermosa que Madelaine Carroll en la escena de la coronación de *El prisionero de Zenda*. Eso por no hablar de aquellos monstruos de una raza ya extinguida: los Barrymore, McLaglen, Massey, Arnold, Robinson, Karloff, Veidt, Price y, por encima de todos, Laughton. Eran filmes de los años treinta, llegados con retraso.

Con el tiempo comenzaron a gustarnos particularmente las películas (escasas) en las que el «malo» salía bien parado. El terreno venía preparado por Cecil B. de Mille y sus inefables filmes de cristianos y romanos, donde la apología de la fe cristiana se convertía en el discurso del tedio: los buenos eran tan buenos, y tan aburridos; los malos tan malos, y tan transgresivos, que la opción no era dudosa.

Por ahí, ciertamente, se quebraba la semiótica oficial. La recuperación de los valores de la transgresión nos distanciaba de la estética del *candour*.

Sin embargo nuestra rebeldía no iba muy lejos.

Porque nosotros, insisto, carecíamos de lenguaje y, en consecuencia, éramos fácilmente asimilables. Con lo cual volvemos al comienzo de esta recapitulación. La indefensión. El trauma inútil de la adolescencia. Las dudosas experiencias de la edad juvenil.

Cuestión general: ¿se pueden tener *experiencias reales* cuando no se tiene lenguaje propio? Cuestión concomitante: ¿se tiene alguna vez lenguaje propio?

Bien; suele haber consenso en que Beethoven lo tuvo cuando compuso sus últimos cuartetos, y en que Rimbaud lo tuvo cuando escribió *Les Illuminations,* y en que Cézanne lo tuvo cuando impuso la geometría de su mente, y en que Einstein lo tuvo cuando planteó la Teoría de la Relatividad. Asomarse al exterior del código vigente, manteniendo la indispensable referencia a la tradición. Toda experiencia real tiene que ser mínimamente caótica. También mínimamente formulable. Entre el anonimato y la locura, una incandescencia que *fluctúa.* Y recordemos ahora que, termodinámicamente hablando, la fluctuación es uno de los nombres del azar, y que en sistemas muy alejados del equilibrio térmico (sistemas vivos, por ejemplo) a través de las fluctuaciones puede surgir un orden nuevo. Es la tesis de Ilya Prigogine.

Y aquí me importa enfatizar un punto. Tal vez yo no tuviera experiencias suficientemente reales, pero lo que sí tuve, y desde muy temprano, fue un pasmo de buena calidad. Es rigurosamente cierto que una tarde, estando solo, teniendo apenas cinco años, y tras haber orinado, tuve la nítida vivencia de la nada. Con el tiempo, mi sistema neuronal se estructuró. La intuición digamos metafísica que presidió mi adolescencia cabría formularla así: tiene que haber algo infinito. De lo contrario, gana la nada. Era una especie de ontologismo que no estoy seguro de haber superado jamás. La realidad, o es infinita o no es. El capricho de un cosmos finito y *nada más* se me antoja absolutamente insatisfactorio.

Je ne vois qu'infini par toutes les fenêtres, decia Baudelaire. Me ocurre tres cuartos de lo mismo. Tres cuartos de ventana. Y ya puestos en eso, cavilo que por ahí cabe entrever el aliento más recóndito de este montaje, el alibi de esta licencia. Cualquier pudor se autodisuelve. Quiero decir que hay una exasperación que nos conduce a *trascender.* Metidos en ese intervalo inverosímil de universo, que no se sabe si ha de extinguirse en una expansión indefinida, o si ha de invertir su proceso dentro de 50 mil millones de años, a mitad de camino entre el átomo y la galaxia, con la única certeza de la muerte, ¿por qué iba uno a andarse con pamplinas? Los anacoretas vivían con una calavera al lado. Eran gente sabia. La calavera al lado mantiene las debidas dosis de exasperación y desapego. Centra los temas. Nosotros podemos contemplar un mapa cósmico, algo que nos recuerde las dimensiones del hombre dentro de un universo que puede que sólo sea una partícula dentro de un megauniverso muchísimo más vasto, que a su vez etcétera, en regresión infinita. Esta es hoy nuestra calavera.

De modo que me embarco en este montaje con un cierto ánimo vengativo. Naturalmente, me he preguntado qué interés pueden tener mis peripecias privadas y hasta qué punto es conveniente airearlas. No voy a airearlas. Me limitaré a yuxtaponer fragmentos con una cierta licencia de anciano loco. Pues tampoco hay que andar por ahí justificándose. La sobrecogedora precariedad de cuanto existe, nos inmuniza.

Hace unos miles de años, los sabios indios lo planteaban del siguiente modo: el universo es un sueño de Brahma, destinado a desaparecer cuando Brahma se quede más profundamente dormido, y a reaparecer cuando Brahma vuelva a soñar. Pero lo que Brahma sueña es *sí mismo,* y, en consecuencia, cualquier cosa es Brahma. Cualquier cosa es Brahma jugando al escondite consigo mismo. Así que lo que uno escribe son las aventuras minúsculas de Brahma en un intervalo de su *sueño real.* Así que el alcance de «mí mismo» es Brahma, o como quiera despacharse la ocurrencia. Así que las peripecias minúsculas de este dietario son efectivamente minúsculas pero no por ello dejan de ser *absolutas.*

IV

Madrid, 3 de noviembre de 1944

Desde hace 9 días estoy en la capital de España, una ciudad en parte fabricada para quienes no viven en ella, calles anchas, suficiente césped, escaparates horribles, monumentos a fulanos célebres; en conjunto, regular. Además, en Madrid no hay niñas: todas son ya mujeres. El asunto que me trajo aquí, en contra de mi voluntad, es estudiar la carrera de ingeniero. Todavía no sé cómo ha ocurrido, cómo me dejé coaccionar.

Nostalgia de mis insubstituibles amigos de Barcelona, aquel ambiente donde yo era el amo.

Alguien dijo que Madrid, la primera vez que se visita, no agrada. Puede que lo dijera Hemingway, decepcionado por no encontrar sombreros cordobeses. Acostumbrado a la racionalidad del Ensanche barcelonés, Madrid, a bocajarro, me pareció un galimatías. Al poco, sin embargo, mis comentarios fueron cambiando: del inicial desconcierto pasé a la atracción y la empatía. Entré en la gracia del bullicio populista. Ponerse a hablar con la gente de la calle era mucho más fácil en Madrid que en Barcelona. Madrid poseía, sigue poseyendo, una considerable riqueza de gérmenes. Gérmenes de interacción. Cualquiera puede ser fácilmente *amigo,* y eso está bien. Eso tiene algo de happening, minimal art, pop callejero, proceso enzimático. Siempre me atrajo el pathos comunicativo, esa gente expresiva que tiene un concepto veloz de la amistad, esos que te saludan efusivamente, como si fueras un íntimo, al día siguiente de haberte conocido. Tengo análoga tendencia. Me gusta conversar con los taxistas. Se me antoja que en medio de ese páramo de soledad y vértigo (la existencia humana), lo menos que podemos hacer, los unos por los otros, es no regatear los efluvios del sistema vegetativo, abrirnos gestualmente al prójimo; tantear la compulsión de decir *algo*. Me afrentan esas personas de talante reservado que dosifican la palabra y la sonrisa, como si fuesen piedras preciosas, o como si perteneciesen a un club de privilegiados, inmunes a la oxidación del tiempo. No me agrada la gente tímida. Se producen grandes equívocos con la gente tímida. Hace falta, por supuesto, un mínimo control; pero también un mínimo descontrol. Personalmente, soy capaz de contarle mis secretos a un desconocido, preferible a una desconocida, en cualquier noche de whisky y melopeya. Hay tan pocas ocasiones y —en mi caso— tan poco aguante. Además, contar los hipotéticos secretos (nada que se pueda contar es realmente secreto) es una manera de atajar el morbo nihilista; es un juego, un flirt y una comedia; un emparejamiento, un ejercicio saludable.

Madrid tenía, sigue teniendo, una cierta indecisión espacial, una falta de centro y simetría, un aire de cosa antigua y, a la vez, inacabada. Una cierta decantación transhistórica (a la que Francisco Umbral ha llamado simultaneísmo). Estimo que no es difícil adaptarse a Madrid precisamente porque es un tinglado sin orden ni concierto, muy a tono con el carácter libre de sus gentes, y porque cabe un cierto acotamiento dado el fragmentarismo urbano. Se puede discutir si Madrid tiene mucho que ver con España, e, incluso, si España es un concepto con algún contenido estable. Pero, puestos a discutir, ningún sitio mejor que el propio Madrid.

Yo era «joven y bullicioso» y me acomodé fácilmente. Madrid no era todavía esa «mezcla de Navalcarnero y Kansas City» que me dijo una vez Camilo José Cela (frase reproducida en mi libro *Conversaciones en Madrid,* y que hizo fortuna); era más bien una ciudad alegre y miserable, con hombres de mirada vidriosa y muchachas dudosamente perfumadas. Me hice amigo, sobre todo, de los andaluces. En mi diario tengo anotado brillantemente: «hay que admitir que los andaluces tienen *algo* de lo cual carecen los catalanes». Punto y aparte. Íbamos por J'Hay y por Suevia, fundamentalmente para beber y reír.

10 de noviembre de 1944
Rechacemos la causalidad, rechacemos la ilación, seamos locos, y seamos consecuentes con nuestra locura. ¿Por qué ha de haber una unidad en nuestros actos? ¿Por qué una finalidad? Obremos por obrar. Seamos espontáneos, incluso gratuitos. Libres. Los verdaderamente libres hacen las cosas por el gusto de hacerlas. Seamos absurdos y lógicos conjuntamente.

Protesta, todavía balbuciente, contra una característica enojosa del espíritu occidental, el relacionar las acciones a fines exteriores o trascendentes, en vez de estimarlas sobre un plano de inmanencia y según el valor que tienen en sí mismas.

28 de noviembre de 1944
Carlos Bousoño me cuenta que Vicente Aleixandre se fijó en mí en el tranvía, y que le interesé muchísimo. Le dijo: «Hay algo en este chico que me intriga; no puedo alcanzar su fondo; sobre todo sus ojos me desconciertan: diría que es un poeta que no sabe que lo es».

El trimestre discurrió perfectamente inocuo, académicamente perdido. Por Navidad (vacaciones) volví a Barcelona y anoté en mi cuaderno: «jamás volverá a haber una Navidad 1944». Una frase que no estaba a la altura de «una rosa es una rosa es una rosa», pero que tenía su intención.

El 29 de diciembre (diario: «hace una calma de hojalata») acababa de regresar a casa para cenar, 9,20 de la noche, cuando Teresa me dijo:
—La tía Angelita acaba de morir.

Teresa era una mujer que me había visto nacer y que seguía en casa en funciones de cocinera/ama de llaves. Mi madre, aparentemente tan fuera de este mundo, tuvo siempre la perspicacia de rodearse de personas absolutamente fieles, personas de una credibilidad a toda prueba. Teresa era una de ellas.

La tía Angelita era la hermana mayor de mi madre, y vivía justamente al lado, en un chalet muy parecido al nuestro. Había sido una mujer muy roña, llena de encanto, con mucha personalidad. Era una característica de la familia Alemany: ir a su aire, con escasas concesiones. La tía Angelita había matrimoniado con un francés, Charles Naudin, el cual era hijo de un famoso investigador miembro de la Academia, y tuvieron un hijo único, mi primo Carlos, personaje un tanto reprimido pero con una intacta capacidad de entusiasmo.

La tía Angelita era mi tercera persona muerta. Mi primera persona muerta había sido la *Señora Doña* (ignoro por qué la llamaban así), la suegra de mi tío Salvador. Me impresionó mucho ver su cadáver. Había fallecido de repente, después de haber comido, y el proceso de descomposición fue rapidísimo. En seguida se puso hinchada y le salieron por la nariz unas burbujas blanquecinas. La segunda persona fue mi abuela: un cuerpo limpio y dulce. Yo estaba en plena vaguedad adolescente y reprimí mi espontaneidad emocional; interpuse defensas.

Cavilo que mis reacciones frente a la muerte (de los demás) han sido bastante desiguales. He reaccionado en función de mi tensión sanguínea. (Tendré que volver a ello, tal vez en un próximo ejercicio, cuando me ocupe de la muerte de mi cuñado Joaquín Pélach.) Juraría (hoy) que la primera información sobre este delicado asunto me llegó un verano, siendo yo muy niño, a través de una torreta del tendido eléctrico: «No tocar, peligro de muerte», con su correspondiente versión ideográfica, la calavera y el par de tibias, cruzadas en forma de aspa. Era bastante desconcertante encontrar este reclamo, como si tal cosa, al borde de un camino. No se acerque usted al poste que se le puede estropear el pantalón y, encima, se puede usted morir. Lo trivial y lo absoluto. Indiscutiblemente extraño.

El primer cementerio que vi (también en verano) fue uno que estaba cerca de Masnou, o de Alella. Una avispa salió disparada del cerrojo de la puerta de entrada y me picó en la frente. Me produjo una gran hinchazón. Cerca del cementerio había viñedos, tierra arenosa. Yo tendría cinco o seis años de edad, y debí contemplar absorto los nichos. Aquel día quedó registrado: no me gustan los cementerios. Ni siquiera esos diminutos y marinos, asociados a la luz mediterránea, con esa supuesta melancolía de la disolución que tanto fascinaba a Paul Valéry. La muerte con rostro humano, la muerte con vestigio y calavera, se me antoja una obscenidad y me produce náusea. Únicamente me ha parecido «natural» la muerte hindú, la peregrinación de los cadáveres cubiertos con un sari, camino de los crematorios, junto al Ganges.

>Pensándolo bien, *lo nauseabundo* arranca del énfasis antropomórfico. De ahí el efecto purificador de la ciencia, el aire fresco de la perspectiva descentrada.

El tiempo de los cementerios no es un «tiempo detenido», como se ha escrito alguna vez: es un tiempo putrefacto, lo cual es muy distinto. En algún documento notarial tengo ordenado que cuando yo muera quemen mi cadáver y se olviden de mis cenizas. Es lo limpio, lo *clean cut*: esfumarse por completo, pasar por el fuego sagrado, quedarse eternamente en lo que ya se ha sido, la trayectoria fugacísima de la onda/corpúsculo; atajar todo vestigio de antropocentrismo, regresar tranquilamente al cosmos, químicamente sereno.

11 de enero de 1945
>Nuevamente en Madrid. Ayer le escribí a papá una carta de doce caras, un resumen del proceso seguido en la elección de carrera y en la elección de ciudad donde estudiarla. Una carta de protesta y de propuesta. Estoy

aprendiendo a luchar por mis criterios. Mi única falla —siempre la misma— es la escasa resistencia.

Efectivamente, nunca fui, nunca he sido, un corredor de fondo; sólo un sprinter. Incluso literalmente. A los 17 años tenía fama de ser el muchacho más rápido de Barcelona, tal vez de Cataluña. Lo era, al menos, del colegio. El profesor de gimnasia, que era alemán (padre del que fue célebre y prematuramente fallecido Joaquín Blume), quería saber si era yo capaz de rebajar los 11 segundos en cien metros. Pero supongo que mi distancia adecuada eran los 50. Nunca hicimos la prueba.

Por algún azar, la carta que envié a mi padre está en mi archivo. Viene escrita, lo mismo que mis cuadernos, en tinta verde. En ella figura una declaración explícita:

> «Yo tenía, y sigo teniendo, afición a las letras. Me gusta escribir y pienso publicar lo que escriba. No es una afición pasajera: es una *vocación*.»

Se expone luego mi protesta razonada por no poder seguir esa «vocación», mi deseo de volver a Barcelona o, caso de seguir en Madrid, pasarme a la Facultad de Filosofía. En último extremo, Derecho. Con la adición de un profesorado mercantil, de cara a mi futura labor en el negocio familiar. Finalmente:

> «No te escribo en un arranque de malhumor. Estoy sereno. Esta carta se puede interpretar de mil maneras. La única interpretación correcta es no interpretándola de modo alguno: simplemente leyendo lo que dice».

Me sorprende gratamente esa temprana recomendación: «no interpretes la carta, sólo léela». O séase: no ensucies el lenguaje con el metalenguaje.

Mi padre correspondió a mi carta con otra muy comprensiva, en la que me daba libertad para que yo mismo decidiera. Lamentablemente, no encuentro esa carta entre mis papeles. Me serviría ahora para reconstruir la decisión un tanto extraña que tomé, y que fue la de seguir en Madrid, estudiando, o mejor dicho, fingiendo estudiar, la carrera de ingeniero. Probablemente tuve una reacción sentimental. Me parece que la carta de mi padre era melancólica. Ninguno de sus hijos, se lo temía, iba a seguir en el negocio. Mi padre era un personaje que, más allá de su vitalidad y su energía, inspiraba una vaga ternura. Era un animal inocente. A pesar de su popularidad y su don de gentes, era un hombre aislado, en cierto modo desvalido. «Yo sólo soy un extranjero», decía a veces. O séase, un marginal. Un indio. Alguien fuera de contexto. Su figura, desde luego, era respetada en la familia. Él era el símbolo de la energía, el que traía el dinero para la manduca. Ahora bien, la ideología del clan, como ya he explicado, la segregaban mi madre, mis hermanos y el abad de Montserrat.

Por aquel tiempo mi hermano mayor era ya del Opus, y mi padre no había enfermado todavía, lo cual concedía un margen para mi aprendizaje, destino la fábrica. La condenada fábrica. Todo cambió al año siguiente, cuando mi padre padeció un fortísimo ataque de apoplejía y mi hermano anunció que iba a ordenarse sacerdote. El tema de quién cubriría el hueco dejado por mi padre se convirtió en el eje de muchas tensiones. Hay que advertir que mi padre llevaba su negocio de manera muy personal, autocrática, excluyente, y que no tenía un solo colaborador de valía. Entonces mi madre le escribió una patética carta al P. Escrivá de Balaguer rogándole que demorara la ordenación de Raimundo con objeto de que éste pudiera atender —por un tiempo provisional— a los asuntos de la familia. La respuesta del fundador del Opus Dei fue un brevísimo y lacónico acuse de recibo: un *Saluda*, sin firma y escrito a máquina. Mi madre se indignó y volvió a escribirle al P. Escrivá una nueva carta, esta vez sin pelos en la lengua, una carta durísima.

Pero el Opus Dei había decidido que Raimundo se hiciese cura y Raimundo se hizo cura.

Permanecí, pues, en Madrid, vagando y sin pegar sello,

en aquella Residencia de la Moncloa, tan peculiar y recatona, con muebles castellanos y aire general de plagio; todo muy mezclado, atmósfera jovial pero también austera. *Madre, se ha muerto el piyayo:* cantaban los andaluces, y a la hora tibia de la sobremesa nos sentábamos en el Bar del Estadio, a jugar al dominó, tomando un *cortado*, relativamente felices, relativamente inexistentes, o enfilábamos por el Paseo de la Reina Victoria, a estirar las piernas. De Cuatro Caminos a la Avenida de la Moncloa el resuello era solanesco, bullicioso, apaletado, antiguo, menestral. «Madrid es que las madres les hagan los abrigos a sus niños», había escrito Ramón Gómez de la Serna. La clase media y el funcionariado. Las mujeres que se santiguaban al cruzar la iglesia. Jaulas con pájaros en los balcones. El paisaje se iba poniendo más finolis conforme se acercaba uno a la universitaria.

Respirábamos un cierto clima literario, en cierto modo casual. Vicente Aleixandre vivía al cabo de la calle y, en ocasiones, convocaba a un grupillo de privilegiados. Aleixandre tenía un perro —sobre el cual, me parece, escribió un poema—. Antonio Huerta, director de la residencia, era hombre culto y liberal. Así que había una cierta manga ancha esteticista, tal vez como compensación a otras carencias. Carlos Bousoño, que ya tenía el perfil de un grabado de Picasso, había descubierto *Le rire* de Bergson y comenzaba a pergeñar su preceptiva literaria. La gran novedad entre los iniciados era *Sombra del paraíso*. También Rilke gozaba de buena reputación. «Porque lo bello no es más que un comienzo de lo terrible» *(Primera elegía a Duino)*. Circulaba algún número de la revista *Escorial*. Y una novela bastante académica, *Sparkenbroke*, de Charles Morgan. Y sucesivos fragmentos de *El espectador* de Ortega, en formato muy diminuto. Mi compañero de habitación recitaba: «La Luna vino a la fragua / con su polisón de nardos / etc». Lo recitaba con voz aguda y cantarina, y me parece que soslayando la segunda estrofa, cuando la Luna «enseña lúbrica y pura, sus senos de duro estaño». Tal vez no. Ya digo que era un clima enrarecido y confuso, con restos del naufragio, entremezclados Lorca, Eugenio d'Ors y el conde de Foxá, cercana todavía la República. Se podía encontrar algún libro de Cansinos-Assens al lado de *Camino* del Padre Escrivá. A García Morente le había ocurrido ya el «hecho extraordinario». Ahora escribía: «Quien dice ser español y no ser católico, no sabe lo que dice». El amargo Bergamín, desde el exilio, a lo mejor pensaba lo mismo.

Era, efectivamente, una Residencia con dos caras. La cara más sombría sintonizaba con los tiempos, áridos y militares: charlas de formación y rezos en la capilla. Había algunos (pocos) tipos fanáticos. Recuerdo a uno, que luego se ordenaría sacerdote, que me oyó hablar por teléfono con una casa de baños. El agua de la Residencia era fría y yo quería tomar un baño caliente. No sé qué pensó aquel individuo, pero me dijo: «¿Ya sabes que si ahora te murieses irías al infierno?» Lo dijo completamente en serio. (Eran los tiempos de: «los llevaremos al cielo aunque sea a patadas».)

Era, sí, una mezcla muy notable, el *Romancero gitano* y el rosario en la capilla. Lo que ocurre es que uno se acomoda a todo, particularmente cuando carece de alternativas. Pensándolo bien, yo era bastante feliz. Desconocía mis limitaciones, el perfil de mi patología. Prescindía del reloj. Casi nunca iba a clase. Luis Rubio me decía: «ya estás hecho tú un buen punto filipino». En efecto. Me gustaba deambular sin rumbo fijo. Madrid seco e invernal era inocente, miserablemente incólume: esa cosa que vieron Valle Inclán, Galdós, Baroja, se mantenía. Únicamente la Gran Vía tenía algo de feo y de franquista, pero atemperado por la historia y la costumbre. Los madrileños consumían muchas castañas, y la castaña es un manjar más picaresco que fascista. Además, la marea desolada de la trasguerra estaba remitiendo. En el parque del Retiro se veían niños y niñeras; muchachas que llevaban traje sastre. Y como fondo la luz, la transparencia milagrosa del aire de Castilla. Sobre ese tema se ha escrito ya más de la cuenta. «El cielo de Madrid es velazqueño», dicen los elocuentes. Sin embargo hay que admitirlo: es velazqueño. Y lo era particularmente entonces, por su valor de testimonio y reto: eso, el cielo, la luz, no lo cambiaba nadie.

Naturalmente, mi perspectiva en aquel tiempo era incompleta. Yo era más bien un amasijo de vitalidad y balbuceo. Sin obsesiones. (¿Las he tenido alguna vez?) Prematuramente facilón (me alimentaba demasiado de Papini). Envanecido por mis éxitos entre los compañeros. (O más que envanecido, reconfortado: mis shows cómicos en el pabellón de la Residencia llegaron a alcanzar bastante fama.) Secretamente desvalido. Huérfano de acogedoras vaginas. (Esa orfandad duraría muchos años; hasta descubrir el secreto del tantrismo.) Mi dietario se llenó de divagaciones y greguerías.

Mi tema predilecto era la adolescencia, la añoranza del paraíso, y una cierta literatura del absurdo *avant la lettre*. Eran textos desprovistos de paciencia, dispersos como yo mismo. Mezclados el mito de *Fausto* y el mito de *l'âge d'or*, que nos había transmitido el cristianismo, de cuando Adán y Eva vivían como ángeles; a lo cual siguió el primer pecado, una verdadera conmoción cósmica que provocó una fantástica cólera divina: dolor, muerte, condenación; y de lo cual se nutrió, durante siglos, una pastoral dramática y asfixiante, responsable, dicho sea de paso, de la descristianización de Occidente.

Sin embargo, se esperaba *algo* de mí. Con ocasión de una visita de Raimundo y de mi madre, me llevaron a comer con Xavier Zubiri y Carmen Castro, al hotel Gran Vía. «Mi hermano es un literato», me presentó Raimundo, y Carmen Castro, que era hija de Américo Castro, y dirigía una revista literaria, me invitó a que le mandara alguno de mis cuentos. Zubiri tenía una mirada penetrante y no parecía nada acomplejado por su corta estatura. Contó una anécdota de Augusto Assía, algo relacionado con unas patatas hervidas y un restaurante alemán. Le recuerdo como un hombre vital, pulcro de atuendo y que hablaba muy deprisa. (Con los años cambiaría poco.)

7 de febrero de 1945
Pasear cogidos de la mano. La felicidad.

Enciendo un cigarrillo, abro el libro de Aritmética, me santiguo, trato de concentrarme, no lo consigo. Otro cigarrillo. Hay infinitos números primos. Teorema de Gauss. Anoche tenía 115 pulsaciones. El tabaco me altera.

Salgo de mi habitación en busca de lo que no busco, huyendo de lo que no soy. Topo con un chico amedrentado, que me sonríe torcidamente, lo cual quiere decir que me reconoce, que finge reconocerme. «Ese es Pániker, el gamberro, el caradura, el pizpireta: hay que sonreír; que él se dé cuenta de que me es simpatico, o mejor, que él crea que me es simpático, porque yo soy incapaz de sentir simpatías o antipatías: yo no tengo personalidad, y por esto mi saludo es breve y de costado; para que él no se dé cuenta de que no existo». Ese chico, por la vía de la sonrisa torcida, sólo busca una buena calificación, y yo me comporto también muy fugazmente. Todo el mundo decepciona: por consiguiente, hay que huir.

8 de febrero de 1945
Labios que piden labios. Niñas que piden muerte. Ser la antítesis de Dios. No sentir calor ni frío. No ser feliz ni infeliz. No ser joven ni viejo. Únicamente ausente. Un vacío equivocado que parece un hombre.

12 de febrero de 1945
Emerge mi verdadera personalidad cuando segrego suficiente agresividad y me deshago de obstáculos interiores.

Una caña de cerveza, una foto de Diana Durbin, Napoleón en el baño (hasta cuatro horas, dicen), una encía que sangra, y escribir el libro del absurdo.

No exageró Raimundo al hablarme de las puestas de sol de Castilla. Por primera vez en mi vida, me he sentido algo español.

Era un disfraz nuevo, una cierta semiótica alquilada, la españolidad a través del paisaje. Y del batiburrillo madrileño. En el barrio de Salamanca había ya porteros de librea;

la glorieta de Quevedo era picante; te podías citar con una chica en la puerta del metro: el tufillo cálido que venía de abajo resultaba erotizante y populista. Un episodio nacional. Otra posibilidad españolizante era ir de tascas a tomar chatos con los amigos, o el abuso del café con leche, que según Pla ha sido la clave de los desastres nacionales. Naturalmente, la cuestión definitiva era el lenguaje; el lenguaje como expresión de una determinada estructura social, de un conjunto de hábitos. Yo siempre utilicé la lengua castellana con cierto peculiar embarazo. Aquella torrencial prosa de don Diego de Torres Villarroel (que tanto admira mi amigo Francisco Umbral) no era exactamente la mía. Le faltaba la impronta de unas cuantas revoluciones críticas. ¿Cómo podríamos vivenciar la *aufheben* hegeliana metidos en el trompo y la matraca de los pícaros y del imperio? Cuando leo a José Pla, algo indiscutiblemente propio resuena dentro de mí: un tipo de comedia que me resulta muy familiar. Cuando leo *El Quijote*, el placer no es menos importante, pero lo entiendo ya un poco desde fuera. El metabolismo es otro. Tengo previamente asumido el platonismo de Amadís de Gaula, pero leo *El Quijote* con un pie dentro y un pie fuera. Me divierte su lenguaje, me concierne su melancólica ironía, el hallazgo genial de su impostura literaria. Lo que ocurre es que mi participación es distante. Yo no tengo una genealogía mesetaria; soy más bien un escéptico burgués mediterráneo, visceralmente opuesto a la cruzada.

Eso por no hablar de los toros y su desdichada tramoya: los toros, tan hermosos, tan totémicos y tan prehistóricos, y que no merecen esa fiesta chula, esa liturgia corrompida en la que se les arroja. El espectáculo conserva algún vestigio sacrificial, buenas intenciones estéticas, ese intento de transformar el enfrentamiento en un juego ritmado y lento, dramatizar las posiciones, estilizar las actitudes, esa fugaz verónica, el color, la geometría; lo suficiente para impresionar la primordial retina de un Picasso. Pero, al mismo tiempo, qué cúmulo de puerilidades, qué ridículo caminar del oficiante, cuán desposeído de sacralidad, qué vergüenza ajena los desplantes, cuán necia la musiquilla, qué tediosa la carnicería. Qué horterada todo.

Ciertamente, la fiesta se dibuja sobre el fondo oscuro de la muerte, el riesgo real del oficiante, lo cual —se supone— confiere al conjunto una cierta solvencia metafísica. «El torero es un actor al que suceden cosas reales», decía Orson Welles. Lo que ocurre es que, ya puestos en eso, se da el mismo trasfondo en una carrera de automóviles. Y, aunque más ramplonamente, en una audaz jugada de póker. En puridad, hay una noble cuota de riesgo en toda verdadera decisión humana, venga o no acompañada de parafernalia. De ahí que tampoco me convenza la literatura en torno al erotismo de la corrida, las alusiones a la «dramática copulativa» (Michel Leiris), la metáfora de la violación equivalente a muerte. Subyace en ello un concepto intolerablemente machista del erotismo. Es una mala ecuación la que iguala copulación a violación, violación a muerte; es un mal presagio el que asocia el momento de la verdad con el momento de matar; es una mala ambigüedad la de un macho sacrificante que necesita asesinar a un macho víctima para confirmar una sexualidad de macho simbólico.

De modo que uno podía disfrazarse de español debajo del cielo castellano, leyendo a Cervantes o a Quevedo, visitando a Velázquez en el santuario de *El Prado,* dando vueltas por la indiscutible Plaza Mayor o metido en el guirigay peatonal de las aceras, el cogollo popular de la villa. Pero la identificación era imposible con la fiesta nacional y sus espantosos pasodobles. Sobre todo los pasodobles. Queda bien un chotis a través de un organillo, en un ambiente de reliquia verbenera; pero la fiesta, musicalmente, es una mala mezcla.

Felizmente hubo un hombre llamado Ortega, que tradujo *Erlebnis* por vivencia, entre otros variados ajustes, y así, al menos, la lengua castellana se abrió a la modernidad y dio cobijo a muchos tránsfugas.

Aunque, bien mirado, tampoco estoy seguro de cuanto acabo de anotar. El hombre es animal que se contagia, la cultura es lenguaje, y uno acaba siendo un poso de lecturas, o, mejor, una minúscula *parole* en medio de la *langue*. Lo que ocurre es que venimos sumergidos en un caldo de contextos diferentes. De modo que no tengo motivo para sentirme más catalán que castellano, ni más castellano que francés, ni más francés que anglosajón, ni más anglosajón que indio. O que chino. España no es explicable sin el Islam, y el Islam remite a la Biblia, la cual remite a Mesopotamia, y así hasta donde se quiera. *El Quijote* es un libro que nos pertenece a todos, un formidable discurso en claroscuro, escrito en libertad, permanentemente actual. No deja de ser significativo que fueran, sobre todo, los narradores ingleses los primeros en tomarlo por modelo. Lo ha señalado Torrente Ballester: los ingleses vieron en *El Quijote* lo que a los propios españoles había pasado inadvertido, y, al apoyarse en él, crearon la mitad *buena* de su propia novelística. Por otra parte, se me ocurre pensar que toda esa ambivalencia, el tipo que busca tesoros gratuitos, y el contratipo dialéctico, supuestamente realista, pero que tampoco es burgués, eso cobra un repentino sabor postmoderno, ahora que estamos ya tan hartos de calvinismo, utilitarismo, economicismo y otros ismos de ralea nórdica.

Me ratifico, en cambio, en lo de los toros y la estética de la chulería, degradación de antiguas dignidades sacerdotales, espectáculo chanflón, mediocre *hybris* que tiene ya poco que ver con el ritual de Mitra, las religiones agrícolas, los símbolos solares/lunares. Mal resuelta la participación, la víctima no aglutina a nadie; el sacrificio se hace estéril; el grito de *olé* (degradación del árabe Alá) suena demagógico y forzado, síntoma de una secularización de pitorreo.

No me escandalizan ni la sangre ni el estiércol ni las moscas. Al fin y al cabo, más frío y tan cruel resulta un matadero. Lo que no le encuentro a la fiesta es lo único que la fiesta pretende tener: *gracia*.

9 de febrero de 1945

Comenzaron los Ejercicios Espirituales. Me hablan de la «basura de mis pasiones» y yo protesto. Si precisamente lo mejor que tengo son mis pasiones.

Otra vez la letanía, la «podredumbre del cuerpo» que termina en un «hervidero de gusanos», la «fétida basura». Bueno, eso le ocurrirá a usted, señor predicador. Pero mi cuerpo va a ser quemado. Porque así lo dispongo. Y nada de gusanos ni de barro ni de podredumbre.

28 de febrero de 1945
Me afrentan las palabras que lo limitan todo, como si todo fuese limitable. Necesito una mujer que me ame. Olvidarme de mis pulsaciones por minuto. Adiós 17 años.

* * *

El 1 de marzo de 1945 escribo en mi libreta 18 veces el número 18, que son los años que cumplo. Después simulo que estamos a 1 de marzo de 1977 y recapitulo mi medio siglo de vida. Tengo un hijo (que se llama Ricardo), estoy separado de mi esposa, he publicado cinco libros (dos traducidos al inglés) y, en líneas generales, y «a pesar de haber ganado algún dinero y alguna fama», soy un fracasado. «He sufrido y he gozado como todo quisque».
O séase, el clisé, la figura literaria de la queja, la premonición del desierto de la edad madura. Don Miguel de Unamuno, versificador mediocre, lo expresaba así: «Se me ha muerto el que fui; no, no he vivido».
Aunque, al final, en mi ejercicio de premonición, me revolvía: «¿Pero qué son cincuenta años? Si apenas he comenzado a vivir». Párrafo inspirado en el último capítulo de *Hombre acabado,* el libro exhibicionista de Giovanni Papini que yo acababa de leer y que me había impresionado mucho. «¿Conque dicen por Italia que soy un hombre acabado? Despacio, muchachos». Arrogancia prometeica y contagiosa para el adolescente vanidoso que yo era.

2 de marzo de 1945
Segunda tarde consecutiva con Merche. Tenía compradas dos localidades para el concierto del *Palacio de la Música,* y allí hemos ido. En el último momento, vendo mis entradas y vamos al *Coliseum,* a ver *El mago de Oz.* A la salida, convenzo a Merche para ir a *Erika.* Música y combinados. Me quedo con su anillo, que ahora acabo de

besar. Ceno en *Chiruca*, la tasca vecina. Estoy enamorado, y no precisamente de Merche, sino de todo eso. Atmosférico.

19 de marzo de 1945
M. llorando de rabia, con exaltación e impotencia. Ch. tras él, también llorando, alcohólico. S., impasible, con la guitarra. Había mucha belleza en la escena. Mucho despilfarro, juventud, contraste, pasión, control, descontrol.

Los andaluces. Los andaluces de la Residencia. Eran los que mayor carácter le imprimían al cotarro, y los había de diversa índole y procedencia, aunque mayormente pertenecían a la clase, o a la casta, de los *señoritos*. Ch. era sobrino de José María Pemán, por entonces presidente en funciones de la Real Academia de la Lengua. Algunos eran ocurrentes, otros eran silenciosos; casi todos tenían un trasfondo de tristeza y cosa antigua, una melancolía lenta que venía de lejos, lo que llaman sabiduría del Sur. Desde *Teoría de Andalucía* de Ortega, los aficionados a generalizar discutían: los andaluces son tristes, los andaluces son alegres. Obviamente, los andaluces eran, son, triste/alegres. Como su fonética cerrada que se prolonga en una gestualidad compleja. Como su conciencia colectiva tan llena de matiz y mestizaje. Andalucía, no hay más remedio que admitirlo, está en el Sur. Mi madre, que era catalana, decía que en Andalucía se sentía como en otro planeta; mi padre, que era indio, decía que en Andalucía se sentía como en su casa.

A mí Andalucía me concierne con prudencia. Digamos que con equidistancia. Soy un hombre del sur que también tiene sangre del norte. Los Alemany, antepasados de mi madre, seguro que —como su nombre indica— procedían de Alemania. Mi madre tenía una mente germánica. Mi padre, en cambio, vivía, reía y bebía como lo hacen en el Sur; era señorial y hospitalario como lo son en el Sur. A mi madre las flores le provocaban alergia; a mí me recuerdan cementerios, y los cementerios me disgustan. Pero puedo soportar una bocanada de jazmín, o hasta de nardo, y me gustan positivamente los olivares y las palmeras. Digamos que Andalucía me atrae y me irrita simultáneamente. Como la India. Esa proliferación de terciopelos y de Vírgenes Dolorosas: Virgen de las Angustias, de la Soledad, de la Amargura, del Desconsuelo, del Mayor Dolor, apogeo de la penitencia al llegar el polen floral, «piedad de aljamía», como dijo no sé quién, paganismo mal engarzado con el cristianismo, eso me irrita. Son muy delicados e imprevisibles los productos culturales. Con secuencias fonológicas tan duras, tan nórdicas y escasamente semíticas como *Erbarme dich mein Gott, Wenn ich einmal soll scheiden*, etc. se ha podido componer la obra maestra del arte musical cristiano, *la Pasión según San Mateo* de Juan Sebastián Bach, la ópera más bella que existe. Con folklore africano, doctrina bíblica, *blue notes,* campos de algodón, burdeles y otras disparatadas concurrencias, nació la maravilla del jazz.

Pero la exogamia y el hibridismo no aseguran de antemano el resultado. El cante *jondo* sí es un buen resultado. Aquí las genealogías —hindúes, árabes, judías, castellanas— alcanzan un efecto cumplido de sinergia, autonomía, intensidad y contención. (Aunque, personalmente, prefiero el canto árabe.) Aquí la remota raíz agraria encuentra un buen camino. Yo cavilo que la Andalucía que me atrae es la esteparia. El tiesto de flores en cada ventana me pone un poco nervioso. Lo mismo me ocurre con los excesivos cromos indostánicos. O con los sobrecargados templos de la India del Sur. Echo a faltar el toque de disciplina, el margen respiratorio que procede del espacio vacío.

> El clisé más socorrido es que Andalucía no ha tenido burguesía; lo cual probablemente es cierto. La ética puritana del trabajo no funciona (al menos hasta la fecha) en las tierras donde cae fieramente el sol. Es la famosa fractura Norte-Sur. Bien es cierto que Andalucía era una región prometedora en la época en que tenía el monopolio del comercio con América. Fue en Andalucía, y no en Cataluña, donde se instalaron las primeras máquinas de vapor, a finales del XVIII. Fue en Cádiz donde se fraguó la primera constitución liberal de Europa. Hubo importantes fábricas textiles, y hasta complejos siderúrgicos, en Málaga. Los angloandaluces acometieron empresas ambiciosas. Parece

que todo se quebró con el proteccionismo y la pérdida de las colonias. Entonces se puso de manifiesto que la incipiente burguesía, a menudo importada, no siguió su propia lógica. No hubo suficientes inversiones. Los campesinos seguían siendo miserables, la nobleza se hizo con el campo. Feudalismo, miseria y señorío volvieron a caracterizar una tierra hermosa y castigada.

Lo cual, aunque grave, también ofrece su doble faz. Porque, ya puestos a teorizar, quizás lo más profundo de Andalucía sea, precisamente, su indolencia, quiero decir, su dignidad; el resultado de tanta presión híbrida, tanta invasión y tanto sol. Surge de nuevo el paralelo con la India. De un lado, arios, musulmanes, ingleses; de otro lado, fenicios, griegos, romanos, judíos, árabes, cristianos, castellanos, e incluso genoveses y napolitanos; por no hablar de los mentados burgueses europeos. Tanta capa superpuesta produce un sabio distanciamiento, y, también, una necesidad de reorganizar los legados de la historia, encontrar una estructura propia. Diríase que Andalucía la ha encontrado en sus normas no escritas, su ceremonial tácito, el cante *jondo*, la guitarra flamenca. (Y acaso, últimamente, en un rebrote de energía política.) Menos afortunada ha sido en la peineta y el folklore, toda esa pastelería con redobles de inaguantable pasodoble. Pienso, en todo caso, que Andalucía tiene, efectivamente, algo que ver con la India: una cultura que se va erosionando hacia la mar, donde al fin no queda nada. En las playas de Almería se ven niños que parecen indios. Los mismos ojos negrísimos. También cabría establecer analogías a propósito de las frituras, los olores, el barroquismo. Esa cosa tan tercermundista y glotona. Aunque, en general, los andaluces se me antojan más melancólicos y embozados. Más liados.

29 de marzo de 1945
  M. y yo deambulando por un callejón del viejo Cádiz, Domingo de Ramos, día 25. Una chica de buena figura y rostro discutible nos hace señas. Vamos a su casa. 5 duros.

Tengo la impresión de que esta anécdota, redactada con sospechosa elipsis, figura en mi diario por exigencias del guión. Era ya hora de que el protagonista perdiera su virginidad. Pero la misma reseña parca, casi telegráfica, da que pensar. Ya he dicho que mi dietario, en esta época, y sobre estos temas, no es del todo fiable. Me ocurría lo que a tantos adolescentes con pretensiones literarias, lo que Carlos Barral ha denominado «confusión entre texto y vida cotidiana». Porque, efectivamente, en tal simbiótica inmadura confusión discurría mi existencia. Por otra parte, yo estaba tanteando un rol que no cuadraba bien con mi dotación psicofísica, el rol de aventurero.

Lo cual era normal. Los adolescentes suelen fugarse hacia delante, fingir ser lo que no son, tomar carrerilla, neutralizar el vértigo, tomar de prestado alguna máscara o «persona». *Per-sonare*, para que suene. Hablé antes del asunto. La dificultad de conciliar el pensamiento con la acción. Todo se relaciona con lo que los anglosajones llaman *self esteem* y que podríamos traducir por autoestimación, un concepto cargado de problematicidad, o séase de dualidad. La dualidad es obvia: hay un ego biológico que no requiere ninguna autoestimación; hay un ego social que está completamente desvalido si no se siente reconocido y estimado por los demás. Este ego social representa roles y realiza juegos; se asombra de su propia fisura y trata de cubrirla con una auto-imagen, que en lo que tiene de imagen está gravitando hacia la *fantasía*.

Y aquí surge un punto crucial. ¿Puede uno autoestimarse antes de haber sido *realmente* estimado? Es el drama del adolescente, que apenas tiene ego social y que no ha accedido todavía al misterioso *feedbak* del amor: del ser amado en la compleja unidad biosocial de la líbido y la psique, unidas.

Yo me autocaricaturizaba. Apoyándome en una innegable facilidad para jugar el papel de *prima donna* (entre mis amigos), tomaba, como he dicho, carrerilla y me convencía a mí mismo de que, encima, era un tipo audaz y aventurero. Se trataba de una proyección fantasmática a partir de algo que efectivamente era real: el muchacho irresponsable y caradura. Pero en seguida gravitaba la ambivalencia crítica: sólo necesita gloriarse a sí mismo quien también se desprecia a sí mismo. Surgía mi parte desvalida y religiosa. Y en el juego recíproco entre el yo idealizado y el yo desvalido se generaba un atisbo de lucidez: yo no era nada. Mi peculiar religiosidad cubría simbólicamente esta nada.

Desde el punto de vista del trato con las chicas, mi autoestimación era tan virgen como mi carne. Tan inexistente. En el fondo, yo no creía que alguien pudiera realmente quererme. Por esto fanfarroneaba. Y la sorpresa me la fui llevando con los años, sobre todo a partir de mi primera relación con N., cuando descubrí que efectivamente las mujeres podían quererme, y, sobre todo, desearme. En mis primeras correrías extramatrimoniales —que fueron bastante ingenuas— subyacía una necesidad de comprobación empírica: puedo ser amado por diferentes mujeres. O sea: puedo ser amado por mí mismo. Luego me llevó bastante tiempo poner de acuerdo mi comportamiento libidinal con mi proceso de autoestimación. En mis primeras escaramuzas privaba sobre todo el esquema platónico. Había que llenar mis huecos de estimación, los que arrancaban de lo más obscuro de mi adolescencia.

O algo por el estilo.

Naturalmente, la anécdota de la prostituta tenía fundamento. Yo había ido a pasar las vacaciones de Semana Santa a casa de Manolo M., en Cádiz. El viaje se produjo al cabo de una barahúnda de improvisaciones y jaleo, sin dinero y sin billete, aunque con lo que entonces se llamaba *kilométrico*. En el último momento, el portero de la casa donde vivía el representante de mi padre me prestó 20 duros. Viajamos de pie toda la noche, con un grupo de andaluces, coñac en abundancia, cantando coplas. En Cádiz soplaba un fuerte viento de levante. Olor a salitre, bocanadas vegetales y húmedas. El literario añil de la bahía. Los puertos, la luz, la cal y las salinas. Nitrato sódico o potásico, o lo que fuere. Fuimos a Jerez, suciedad y caserones neoclásicos, bodegas, señoritos y caballos; y a Sevilla, jazmín y azahar, esa leyenda de la sensualidad botánica, los Cristos avanzando torpemente, la bullanguera fe de cartón, el paganismo camuflado. Me impresionó muy poco la Semana Santa sevillana. (Salvando las *saetas,* expresión real de un sufrimiento secular.) Demasiada pastelería folklórica. Y nuevamente a Cádiz. Total, doce días. Pues bien, en Cádiz, M. y yo estuvimos efectivamente en un prostíbulo; él se apareó con una y yo me metí en una habitación con otra. Pero juraría que salí del trance tan inmaculado como había entrado. Recuerdo, en cambio, que M. me comentó que al final de su faena, como siempre rápida, había arrojado el condón contra la pared.

Así que mi reseña en el diario era deliberadamente ambigua. Ciertamente, por primera vez me había metido en una habitación con una puta, y supongo que llegué a un acuerdo con ella. Yo estaba allí en acto de cortesía, para mantener la complicidad con un amigo, y había que cubrir las apariencias. Lo curioso es que no sólo le oculté la farsa a mi amigo sino también a mi cuaderno. Lo cual prueba que estaba atravesando una fase de subida confusión imaginaria.

Era una época de fanfarronería y autocomedia.

Y uno piensa hasta qué punto es discutible el concepto de diario íntimo. El caso es que las fantasías del yo social, las exigencias de su sistema de autoestimación, podrán ser menos burdas que las del caso que nos ocupa, pero siempre está en juego un factor «farsante», y sólo cuando uno viene alimentado por cotas suficientes de exasperación y nihilismo se alcanzan resultados tolerablemente válidos. Me parece que ya lo dije. Por otra parte, el gran enemigo de un diario íntimo son las licencias poéticas. ¿Pero se puede escribir sin licencias poéticas? ¿Se puede escribir sin licencias, del tipo que fueren? Incluso el gran extravertido José Pla, cuya obra no es más que un gigantesco dietario, cuando escribe sobre el pan con tomate, lo que hace no es describir sino *construir.*

La cosa es obvia en el diario como género literario *(journal intime)* que tan en boga estuvo durante la época romántica (a veces como materia prima para la novela epistolar: *Nueva Eloísa, Werther,* etc.). Pero también ocurre con los esbozos más asépticos. Todo diario, por «íntimo» que se quiera, está al servicio de alguna intencionalidad. El joven Tolstoi utilizaba el suyo como instrumento de perfeccionamiento moral: básicamente, para anotar sus autorreproches. Con lo cual creaba un efecto de distorsión: daba una imagen desmejorada de sí mismo. Inevitable distorsión porque todo texto se inscribe en un contexto. Los diarios de André Gide o de Anais Nin, pongamos por caso: oblicuos, «literarios». O la *Carta al padre* de Kafka, donde un pobre inofensivo comerciante es convertido en un gigante poderoso que «desde su sillón gobierna el mundo». O incluso las 16.000 páginas del *Diario* de Amiel. Hay un doble factor de incertidumbre: el diseño parcialmente *imaginario* de uno mismo, la construcción inevitablemente *literaria* de lo real.

Sucede que el escritor, por sensorial y extravertido que sea, está condenado a referirse a otros escritos. Nadie puede contar directamente la realidad. La realidad siempre la ha contado previamente otro. Lo cual es válido incluso para Homero, que inevitablemente recogió lo que ya «se decía». ¿Y quién fue el primero en decir algo? Esto nunca se sabe, aunque a veces se producen balbuceos inaugurales, verbigracia, cuando los presocráticos expanden el alcance de la lengua griega. Pero resulta aventurado ponerse a interpretar (como lo hizo Heidegger) esas supuestas experiencias inaugurales. La conciencia es posterior al balbuceo.

Cuestión perenne de la filosofía: ¿qué tiene que ver el lenguaje con la realidad? ¿Y cómo, entonces, hemos acuñado el vocablo realidad? ¿Qué hay de «la cosa en sí»? Lo advertía Merleau-Ponty: «es necesario que el lenguaje signifique alguna cosa y no sea siempre lenguaje sobre lenguaje». Bertrand Russell y el «primer» Wittgenstein pusieron en el origen de la estructura lógica a los «hechos atómicos», los cuales incidirían con «experiencias» sensoriales que, en tanto que experiencias, serían privadas e incomunicables. Lo delicado del caso es que toda experiencia viene ya «construida». Como si dijéramos: toda experiencia es ya comunitaria. Mostrenca. Así que estamos encerrados, pero con una particularidad: *sabemos* que estamos encerrados.

Por consiguiente, en la misma encerrona está la apertura. Formamos parte del mundo, y el mundo sólo responde a nuestras preguntas en la medida en que no fingimos ser unos espectadores angélicos situados «allá afuera». Incluso la ciencia, en sus filigranas más abstractas, descubre (mecánica cuántica) que toda descripción de la realidad implica una elección del aparato de medida. John Archibald Wheeler explica:

> «El universo es un circuito autoexcitado. Según se expande, enfría y desarrolla, da lugar a la participación del observador. A su vez, la participación del observador da lugar a lo que llamamos *realidad tangible,* al Universo».

De manera que tampoco iban tan desencaminadas mis imposturas de adolescencia. Eran primeros tanteos. La única manera de aproximarse a algo es interaccionando. La única manera de saber algo de un átomo es perturbándolo. La única manera de escribir un libro es llenando un papel con palabras: después ya veremos cuáles acciones secundarias, cuáles correcciones de galeradas, serán precisas. La única manera que tiene el adolescente de cobrar consistencia es inventando, provisionalmente, un personaje. El reajuste vendrá luego. (Y el riesgo, claro, es que el reajuste no llegue nunca.)

Somos entes finitos y participantes. Cada nuevo lenguaje abre una compuerta. Por eso importa que los lenguajes se mantengan vivos, transformantes, abiertos a la fornicación con el ruido y el azar.

Escribo/transcribo con música de Miles Davis, «la tierra llena de párpados mojados», metáforas de otras metáforas, nostalgia de lo que todavía no tiene nombre, náufrago en la sopa de signos, tanteando ese lugar concretísimo e indeterminado donde lo real, lo simbólico y lo imaginario juegan su partida.

Decía William Burroughs: lo que llamamos realidad es sólo un patrón de observación provisional.

Los patrones de mi dietario, con el tiempo, se irían haciendo más finos, más fiables; pero el ajuste completo, por definición, es imposible. Porque si fuera posible no habría literatura, no habría religión, no habría arte; ni siquiera habría lenguaje. El lenguaje es una peculiar mentira. El lenguaje, procede, paradójicamente, del mal ajuste entre mente y mundo.

23 de abril de 1945
Hitler defiende Berlín. Hay una patética belleza en la noticia. Como escenografía, no se puede pedir más.
Próximas visitas a Aranjuez y Toledo.

La visita a Aranjuez fue sonada porque yo me hice pasar por príncipe indio. Laureano López Rodó, que estaba en la Residencia preparando unas oposiciones, jugó el papel de secretario-guía y demostró tener un gran instinto de comediante. Era un hombre controlado y muy guasón. (Lo cual quedaría cumplidamente comprobado con el tiempo.) También era un expertísimo mecanógrafo, de esos que teclean velocísimamente, usando todos los dedos de la mano, sin mirar la máquina. El caso es que los funcionarios del palacio de Aranjuez tomaron nuestra representación completamente en serio. Hasta hubo una comida con discursos en inglés, brindis por España, la India y los jardines del lugar. De puro milagro no salieron reseñas en la prensa.

En Toledo, 1945, sólo contaba Guzmán-el-Bueno-General-Moscardó. Y alguna pintura del Greco. Se silenciaba lo más apasionante: que Toledo había sido el enclave de todas las Españas, la musulmana, la cristiana y la judía; que el Cid había sido amigo de uno y otro bando; que tras las murallas árabes hubo catedrales cristianas, pero también iglesias mudéjares, y que el corazón de la ciudad era su judería; y que toda aquella riqueza cultural/racial habría de terminar absurdamente cuando Isabel, mal llamada la «católica», proclamó la pureza de la religión y de la estirpe.

28 de abril de 1945
Grandes titulares en *Informaciones*. Dicen que Hitler

ha muerto defendiendo Berlín. Resulta estremecedor este final, la destrucción de lo que parecía indestructible.

17 de mayo de 1945

Ayer llegué a la Residencia medianamente ebrio, demasiado tarde, y salté por la ventana de Luis Rubio. Ayer hice mi segundo experimento del acto carnal con el otro sexo. Ayer me compré una nueva estilográfica, esa que ahora uso. Ayer no cené, y a medianoche vomité el brebaje que llevaba dentro.

Manzanilla. Era la bebida de las juergas del artista *as a young man*, o, quizá mejor, *as a young dog*, rememorando al alcohólico y astuto Dylan Thomas. Haraganeando de aquí para allá, en aquel Madrid desangelado y restringido, el cachorro fue a parar al *reservado* de un local cercano a la Gran Vía. «Mi segundo experimento del acto carnal con el otro sexo» era una manera complicada y delatante de decir que «aquí no pasó nada». Me remito a lo explicado más arriba. Además, aquellas putas cuasi intemporales, llegadas con la resaca de la trasguerra, me producían mucho recelo y escaso apetito. La curiosidad y la manzanilla no eran suficiente estímulo. La del *reservado* llevaba condones en el bolso y me invitó a practicar el ejercicio antiguo, sentados. Lo intentamos y lo dejamos.

Eso es, al menos, lo que hoy registra mi corteza cerebral. Porque conservo la conciencia de haber exagerado adrede. Como en Cádiz. Porque dejaron muy escasa huella en mí aquellas supuestas experiencias. Porque mi vitalidad era literalmente virgen, reflejada en una euforia de sensaciones, y yo opino que la primera eyaculación provocada (dentro o fuera de una vagina) modifica esencialmente la cadencia sensorial del mundo. La hace más honda, más sombría y más monótona. (Shiva y Parvati jugando a los dados, hartos ya de copular.) Mi sensorialidad era traviesa, atolondrada, alborotada, pero sin artimañas. Inocente. La vida me llenaba el cuerpo, el cuerpo me llenaba la vida, y el proceso era más bien botánico.

Todavía hoy, Madrid en primavera me devuelve automáticamente al año 45, a la primavera del año 45, cuando yo chapoteaba por vez primera en ese complejo vegetal/urbano/mesetario, precisamente «Madrid en primavera», bellísimo e inaugural. Yo tenía 18 años y el sexo se me sublimaba en vaguedades, a veces en el descubrimiento de parcelas no exploradas: algunos olores, el empeine de la mujer (descubrimiento compartido con Alfonso Costafreda), las acacias de la Moncloa, los alcaloides del tabaco inglés, la ya citada manzanilla, el *cante flamenco*.

Lo de Hitler (la alusión a su patético final) se relacionaba con Wagner y con Nietzsche, con una cierta visión teatral del mundo; la fase estética, que hubiera dicho Kierkegaard. Interpretación en clave romántica. Durante el primer tercio de siglo, Cataluña había sido fanáticamente wagneriana. Alemania simbolizaba una energía panteísta, obscura, irracional, caballeresca. Las hazañas del general Rommel, los acordes iniciales de la Quinta Sinfonía de Beethoven/Noticiario UFA. Jamás se nos habló, en España, de campos de concentración ni de hornos crematorios. Influía el tono de la prensa, parcial y prometeico, que nosotros recibíamos sin contraste alguno. La epopeya de Hitler era *El ocaso de los dioses*. Una falta de prudencia política —dadas las circunstancias—, y de pudor, se extendió por los periódicos nacionales al anunciar la muerte de Hitler, «caído en defensa de la Cristiandad». Nosotros no sabíamos muy bien qué se estaba dirimiendo en aquella contienda que acompañó toda nuestra adolescencia; una contienda que había comenzado casi de matute. (Recuerdo los titulares de un periódico local, con letra bastante reducida, diría que en segunda página, cuando Gran Bretaña y Francia declararon la guerra a Alemania, septiembre de 1939.) Vagamente, comprendíamos que la suerte del mundo estaba en juego, pero sin entender muy bien la índole del envite. Fue, aquella guerra, un espectáculo gratuito, un argumento de noticiario cinematográfico, suficientemente alejado, casi una costumbre, que algunos de nosotros seguíamos con atención apasionada, pero como si se tratase de una guerra de las galaxias.

Y a propósito de Hitler, mi padre solía contar una anécdota curiosa, una anécdota a dos tiempos. Se encontraba él, en 1932, en el hall de un hotel de Alemania, leyendo el *Mein Kampf*, cuando se le acercó el gerente del establecimiento. «¿Le interesa a usted ese libro?» «Pues sí». «¿Le gustaría conocer a su autor?» «Naturalmente». «Espere un momento». Y al poco rato regresó acompañado del propio Adolfo Hitler, que se hospedaba allí, creo que clandestinamente. «Ya sé que es usted indio, y por lo tanto, ario», comenzó a decir el futuro *Führer*, y a continuación desarrolló sus ideas sobre el papel de una India independiente en el nuevo concierto mundial. Opinaba mi padre —que siempre fue un anglófilo, y que se pasó la Segunda Guerra Mundial pendiente de la BBC de Londres— que aquel Adolfo Hitler de 1932 era un hombre que no estaba nada loco; un tipo temible y nada desdeñable. Permanecieron horas charlando.

La segunda parte de la anécdota tuvo por escenario la frontera francoalemana, unos meses después, y ya con Hitler en el poder. Por alguna razón, los funcionarios alemanes desconfiaron del pasaporte británico de mi padre, y cortésmente le preguntaron: «¿Conoce usted a alguien en Alemania?» A lo cual mi padre respondió: «Conozco a Adolfo Hitler; pueden telefonear a la Cancillería si lo desean». En España ya se sabe cuál hubiera sido la respuesta. Allí tomaron nota de su declaración con toda seriedad. Nunca supo mi padre qué clase de averiguaciones hicieron, pero el caso fue que, al cabo de un rato, los oficiales del puesto se cuadraron militarmente y, con grandes deferencias, le acompañaron hasta el tren.

25 de mayo de 1945

Casi un cuarto de hora ha estado Bousoño con la cabeza paralela a la mesa, escuchando a Botas, como si Botas dijera algo interesantísimo. Está graciosamente loco Bousoño. Costafreda propone visitar la Granja. Bernardo cuenta chistes. Gregorio Ortega no para de fumar. Yo me amo a mí mismo. Yo soy un intruso acostumbrado al éxito. Un salmista sin oficio. El contacto con esos prójimos me salva de no sé qué.

Alfonso Costafreda era de Tárrega y tenía un cierto aire proustiano. En aquella residencia, y gracias a Bousoño, comenzó él a enterarse de que existía un género literario, o lo que fuere, que llaman poesía. Alfonso Costafreda no se parecía en nada al escritor maldito que después pasaría a la leyenda. Era un chico de la periferia, atónito y sonriente, un poco testarudo, que a veces salía a la calle en alpargatas. Tenía, eso sí, un cierto toque romántico de poeta decimonónico que fuma opio. Despejada la frente, virgen como un provinciano, o provinciano como un virgen, se reía benditamente por el impacto de determinadas palabras. Juraría que su aproximación a la poesía le llegó por ese flanco, por el flanco del asombro fónico.

Carlos Bousoño, me parece que ya lo he dicho, tenía los ojos oblicuos y la gran nariz de un dibujo de Picasso; dormía únicamente con la chaqueta del pijama —lo cual trascendió porque lo contaba él mismo—. Al principio, creo, le caí muy bien; incluso pensó que yo podía ser poeta. Me regaló sus dos primeros libros de poemas, *Clamores de cielo y tierra* y *Subida al amor*. En uno de ellos escribió: «A mi buen amigo Salvador Pániker, inglés, español e indio, de ese español y mejicano». Bousoño era, efectivamente, medio mejicano, sobrino de Prieto. Le perdí de vista, y, al cabo de los años, volví a encontrarle en Ibiza, donde retomamos el hilo de una vieja amistad e incluso (al menos por mi parte) de una cierta fascinación. Bousoño parecía muy delgado, pero en bañador se le veía atlético. Su conversación era brillante y erudita, cáustica. Cuando se ponía irónico, se convertía en un innovador de lenguaje. Con los años, ha conservado el gracejo, la respuesta rápida y jocosa, el estilo de residente de colegio mayor madrileño.

Gregorio Ortega era nervioso, guapo, eufórico, sutil. Una vez vino mi hermano de visita a la Residencia, y él le recibió con un irrebatible: «hola, suave, pío y deleitoso indio».

Bernardo, alias «del Carpio», había fundado conmigo un trío musical, cuyo tercer componente era Jesús Urteaga.

Manolo Botas tenía un gran encanto y acabó haciéndose cura. (En aquella residencia muchos acabaron haciéndose curas, curas del Opus.)

23 de junio de 1945
¿Qué dosis mínima de ascetismo hace falta para sobrevivir? Me intriga un viejo tema: el empuje heroico. Sólo los héroes pueden ser cínicos, sólo los cínicos pueden ser héroes.

7 de julio de 1945
Sábado, 7 de la mañana. Adiós Madrid. Me acuerdo de la repugnancia con que vine a esta ciudad. Hoy me siento satisfecho de la experiencia. El tren sale a las ocho.

V

Naturalmente, había suspendido los exámenes. Pero aquel año, excepcionalmente, y por cambio de plan de estudios, pusieron una convocatoria extraordinaria para septiembre. Fui a Barcelona con ánimo de aprovechar la última oportunidad y la aproveché. Sólo que aquel verano, en Barcelona, algo nuevo acontece: repentinamente, el sexo se hace activo. Por razones que estimo más endocrinas que morales se produce una inflexión en la curva de mi vida. Desaparece la inocente chulería, la pompa literaria del curso pasado en Madrid; se acentúa la pesadilla de la disociación: de un lado las hembras, de otro lado las niñas. Se deteriora mi proceso de rebeldía. Hace su aparición un realismo de nuevo cuño, la resaca del deseo satisfecho.

Barcelona, 17 de julio de 1945

Estoy algo desconcertado. Llegué a casa y fui muy diplomático con todos, y todos parecían contentos conmigo. Me poseía esa suave suficiencia, ese plus de perspectiva, esa distendida superioridad del que regresa de una ausencia larga. Decidí irme a confesar. Al cabo de un año de no hacerlo, resultó entretenido contarle al cura todo lo que llevaba dentro. Esta mañana he comulgado, y, tres horas después, he ido con una prostituta, una mujer de aspecto agitanado que me llamó desde un portal y me dejó que le palpara los pechos, que los tenía espléndidos, cubiertos con un sostén de mallas. Subimos al primer piso y lo hicimos sentados en dos sillas. «Así da más gusto», dijo ella.

Juraría que a la tercera va la vencida; quiero decir, que a la tercera anécdota va la verdad; que, efectivamente, en un entresuelo destartalado, no precisamente un *boudoir*, de una casa del Barrio Chino de Barcelona, me ejercité por vez primera en eso que no deja de tener su importancia.

Sucesivamente, había ido a confesarme, a comulgar y a joder. Era lógico que estuviera desconcertado. Había decidido una tímida aproximación a la religión de cara a mis exámenes de septiembre. El viejo tótem no estaba ni mucho menos muerto. Pero me pillaron por sorpresa y se produjo un galimatías que habría de durar algún tiempo: la lujuria, la moral y el cristianismo, todo metido en un complejo cesto de feedbacks, reforzando el inmenso pesimismo de la teología católica, el hombre «naturalmente malo» de San Agustín, pero también de Maquiavelo, Hobbes y Lutero. Asociación del sexo con la culpa.

Volveré más abajo a todo esto.

7 de agosto de 1945
La bomba atómica. Veremos.

15 de agosto de 1945
Muchas semanas durmiendo poco, divirtiéndome mucho. Algunos días en Llafranch, y también mucho ajetreo, mucho tabaco, mucha mar, mucho cognac, mucha niña mona y algo de P. Pero estoy contento porque, al menos, he sido permanentemente *el mismo*.

P. era Pilín, y a ella sucedería su hermana Rat; deliciosas ambas, inexperto yo. Llafranch me proporcionó sonados éxitos sociales, sobre todo en escena, con mi amigo Felipe, improvisando números de risa para funciones benéficas. Nuria Quijano tocaba la guitarra. Llafranch era un despropósito, una geografía, una comparsa, las hermanas Capdevila, las hermanas Saval (Maruja y Merche, mimadísimas por su madre, que cambiaban de traje constantemente), Juanita Cabré, los Vilá, Dani Güell, los Plana Torras (papeleros de Olot), Monique y Monette Renaud, Lita Cunill, Nuria Serramalera, los Omedes, el balandro de Juan Antonio Sapera, la atractiva faz pecosa de María Teresa Rosa, las carcajadas de Jorge de Miquel (padre), la travesía a nado de la bahía, el *cremat*, los baños nocturnos, León el marinero (antiguo contrabandista que contaba historias de Juan March), la *Paulina* (que era una barca), etc.

20 de agosto de 1945
Ayer, domingo, salí después de cenar con 60 pts. en el bolsillo y un poco de dolor en la garganta. 3 cognacs consecutivos me aliviaron el dolor. Un café exprés, en la medianoche, me puso a punto. A la 1 había visitado ya cinco casas de prostitución, sin quedarme en ninguna. A la 1,30 me metí en *La Bohemia*. En la plataforma, debajo de la estatuilla del Buda, un tipo tocaba la guitarra, una mujer cantaba. El público coreaba. Cuando ellos terminaron subí yo. Me imaginé que estaba en el Pabellón de la Residencia de Madrid e improvisé un ritmo al piano, pero me salió mal. No era mi terreno de juego. Después fui a *Bolero* donde gasté lo que me quedaba invitando a cognac y tabaco a una tal Marita, muy rubia, muy lista, muy mona, inesperadamente fina. A las 3,15 de la madrugada la dejé en su casa, Muntaner, 86. Me quedaban 60 céntimos en el bolsillo. A esa hora no había tranvías y tuve que volver andando a casa, cuesta arriba. Cada dos esquinas me paraba a conversar con los serenos. En el último tramo intenté rezar el rosario, perdí la cuenta de las avemarías y lo dejé correr. Cuando llegué a casa me metí en el lavabo y con ayuda del cepillo de dientes conseguí vomitar.

La travesía de la noche podía ser más amena; dependía de la comparsa y del azar. En líneas generales, yo era, sigo siendo, más peripatético que curioso; quiero decir, más filósofo que visual. Nunca estuve en Los Encantes, y mi interés por los museos es prudente. El hilo conductor de mi aventura era yo mismo. Con una imaginaria música de fondo, deambulaba Ramblas abajo, entre las flores y los pájaros, para entrar por el Arco de Teatro al Barrio Chino, o a la Plaza Real, donde el protagonista hipotético de una novela no menos hipotética vivía su rebelión, su deseo lujurioso de anonimato. El encanto de las Ramblas era humano, no precisamente tectónico: aquellos destartalados hoteles de principios de siglo, aquellas pensiones roñosas. Todo poblado catalán costero exige unas ramblas, un canal primitivo y populoso, tercermundista, alegre, desembocando al mar. Posibilidad de comprar una pluma estilográfica o una tortuga. Mi lugar predilecto era la Plaza Real, entonces sin pavimentar. (Desde que la pavimentaron, parece una plaza italiana; lo cual está bien.) Alguna vez, como la aquí reseñada, salía solo. La juventud era un salvoconducto, la compañía se improvisaba fácil. En la *Bodega Bohemia* la atmósfera era suelta, folklórica y tribal, llena de humo. No recuerdo al Gran Gilbert, pero la nostalgia era ya obligada. Treinta años más tarde llevé allí a Edgar Morin y a Umberto Eco. Morin echó un discurso con mucha mímica, referente a *l'accouplement des baleines*. Otro circuito era el del póker clandestino. En la calle París había una especie de bar/sarcófago donde podía uno jugarse los cuartos con desconocidos. Estuve allí alguna vez con mi amigo Felipe, y siempre gané; pero descubrí que yo *no era* un jugador. Ramblas abajo, por el famoso Distrito Quinto, la noche se poblaba de figuras extraviadas, residuos humanos de hígado castigado, hipotéticas artistas de teatro, asiduos del Frontón y, la verdad sea dicha, pocos policías. No había mucho que rascar. Sexo y alcohol, calidad baja, pago al contado.

Aquellos diseños de farándula controlada, tantas veces ensayados en mi adolescencia (particularmente cuando me quedaba solo en casa), se quebraron siempre por el lado del cuerpo. El cuerpo que no daba de sí lo que mi mente le exigía, el cuerpo que no aguantaba el coñac (yo escribía *cognac*) ni los excesos hormonales. Me lo había diagnosticado Alfonso Balcells: «Tú formas parte de lo que los ingleses llaman *small laboratory people,* y con eso tendrás que apechugar toda tu vida». Balcells recomendó tomar comidas saladas, vitamina B, fósforo, tener un hobby además de un trabajo. Balcells era un médico joven, amigo de mi hermano, exquisitamente convencional, lleno de encanto. Estaba en el Opus Dei como un pez en el agua.

Su diagnóstico era correcto, pero yo no lo asumí hasta mucho más tarde. No asumí los límites de mi constitución hasta que me alcanzó el *breakdown* de 1962. Hubiese podido realizarlo mucho antes, ya en Madrid, a los 17 años, cuando el tabaco me ponía a 120 pulsaciones por minuto; o en Barcelona, a los 19 años, cuando frecuentaba aquel piso del Ensanche donde una despiadada hetaira joven exigía, como mínimo, dos coitos sucesivos, «porque también yo quiero gozar»; o en Londres 1950, cuando adelgacé unos irreversibles kilos vencido por la humedad y la vida austera. Lo que ocurre es que mientras somos jóvenes carecemos del sentido de los límites, que es el sentido crítico; pensamos que lo que otros hacen también podemos hacerlo nosotros, y así nos va.

Yo era un alérgico, un distónico, un vegetativo, un espasmódico. Mi vieja amiga la nada dejaba su tarjeta de visita después de cada eyaculación. Me enzarzaba, entonces, en explicaciones teológicas, cuando todo era una cuestión endocrina, neuronal, psicosomática.

29 de agosto de 1945

Llegaba contento de jugar al frontón, y de casa Arana, cuando me dieron la noticia: mi primo Salvador ha muerto. Fui a su casa y me extrañó ver a sus padres y a su hermano cenando. Entonces me enteré de lo ocurrido: Salvador se había pegado un tiro hacia las 4 de la tarde. El cadáver había sido evacuado para ciertas diligencias.

Pienso ahora en aquello que llaman «ir por el mal camino» y en mis chulerías de hombre cínico y mundano. Nada de esto se aguanta. Por primera vez en mi vida se me ha ocurrido hacerle un bien a la humanidad.

Mi primo Salvador tenía 29 años cuando se quitó la vida. Desde hacía tiempo era un morfinómano, y se conoce que no aguantó un fallo de suministro. Era hijo de una hermana de mi madre y nieto de Narcís Oller, el novelista. Había sido uno de los héroes de mi infancia: por su fama de aventurero, porque practicaba el boxeo y tenía unos buenos bíceps, porque cantaba unas canciones inventadas por él mismo que me hacían mucha gracia. La adicción a la droga debió venirle con la guerra, o quizá con la trasguerra. Una cosa está fuera de discusión: nadie, absolutamente nadie, se acuerda hoy de mi primo Salvador. Fue uno de tantos. Pasó por ahí y se esfumó. Con una particularidad: se esfumó con limpieza. Cuando descubrió que la vida le vencía, supo quitársela con limpieza.

Siempre me ha fascinado este asunto del suicidio. Siempre he creído que tan importante como el derecho a vivir es el derecho a morir. En lo cual debe haber influido mi temprana relativización del código comunitario. Y la configuración de mi sistema vegetativo. Cuando yo tenía 5 años, después de orinar, sentía la vivencia de la nada. Caídas de tensión sanguínea. Luego, incluso en la época del auge marxista/estructuralista, siempre fui reacio a identificar la realidad con la realidad social/comunicacional. Influyen, además, mis frecuentes baches enfermizos, mi horror a la decrepitud. Lo tengo escrito en otra parte y lo voy a reproducir aquí.

Bien mirado, toda mi vida he estado enfermo, encerrado entre barrotes neurológicos. Al menos desde Londres 1950. Lo que ocurre es que, por añadidura, ahora soy viejo, y ser viejo, convencionalmente, es cosa incómoda. Metschnikoff, el científico, relacionó el envejecimiento con un estado de intoxicación intestinal progresivo. Metschnikoff se había enamorado de una joven discípula suya, e impresionado por la notable longevidad de los pastores búlgaros, que se alimentaban casi exclusivamente de leche ácida, recomendó el yoghourt. Metschnikoff —así es la vida— murió al poco tiempo de haber iniciado sus investigaciones.

Ya más recientemente el profesor Orgel ha sostenido que el envejecimiento es el resultado de errores acumulados en el mecanismo de producción de las proteínas, y muy especialmente de las proteínas enzimáticas. El doctor Laborit ha objetado que nadie ha probado que el citoplasma de las células envejecidas contenga más proteínas anormales que el de las células jóvenes. Otra hipótesis es la de la oxidación: la intensidad del tiempo fisiológico, la actividad metabólica, la rapidez de los procesos enzimáticos, todo eso supone un elevado consumo de oxígeno; disminuyendo la intensidad de los procesos oxidativos la vida podría prolongarse. Esa sería la base teórica de la hibernación y del empleo de agentes reductores y antioxidantes. «Il ne semble pas illogique de penser que le viellissement et la mort sont des imperfections non définitives, non implacables, de l'évolution», concluye el osado Laborit, que por cierto se tiñe el pelo.

En el entretanto, algunos prefieren matarse.

Hemingway, el americano, se mató con una escopeta. George Sanders, actor, utilizó los barbitúricos. Gabriel Ferrater, poeta, metió la cabeza en un saquito de plástico. El japonés Mishima eligió naturalmente el *harakiri*. Virginia Woolf se arrojó al río. Procedimientos diversos utilizaron Drieu de la Rochelle, Césare Pavese, Henry de Montherlant y Jean Louis Bory. Paul Lafargue, Stephan Zweig y Arthur Koestler se llevaron consigo a sus esposas. (Lafargue era yerno de Marx.) Dicen que Larra se miró al espejo segundos antes de pegarse el pistoletazo. Existen ya manuales para uso de suicidas. A dying man needs to die, as a sleepy man needs to sleep, escribía Stewart Alsop moribundo. And there comes a time when it is wrong, as well as useless, to resist. El escritor peruano José María Arguedas, la víspera de dispararse un tiro en la sien, lo planteó del siguiente modo: «Me retiro ahora porque siento, he comprobado, que no tengo energía e iluminación para seguir trabajando, es decir, para justificar la vida». Según datos de la OMS, diez mil personas intentan suicidarse diariamente. Más de mil alcanzan su objetivo. El porcentaje de suicidios aumenta con la edad. Los divorciados se suicidan tres veces más que los casados. Senectud, alcoholismo, homosexualidad y vida solitaria son factores condicionantes. Las tentativas de suicidio alcanzan su cresta en primavera. Durkheim enseñó que el suicidio es proporcional a la anomia; pero descuidó el factor urbano. Camús consideraba que sólo la rebelión elude el suicidio. Los romanos y los estoicos habían abonado el terreno. Escipión, Catón, Bruto, Casio, Antonio, Nerón y Otón utilizaron el hierro. Séneca y Petronio se cortaron las venas: *promptissima mortis via*, según Tácito. La cicuta no era siempre de fiar. De acuerdo con míster Álvarez *(The Savage God)* el asunto de matarse guarda secretas afinidades con el asunto de expresarse. De acuerdo con Norman Mailer, the private terror of the liberal spirit is suicide, not murder. De acuerdo con los movimientos para la eutanasia voluntaria, ya es hora de legalizar la libre disposición del propio cuerpo y escapar a la tiranía de los tecnócratas que prolongan la vida entre tubos y máscaras de oxígeno.

Personalmente pienso que hay que tener bastante energía para suicidarse, y si se tiene bastante energía, ¿para qué suicidarse? Cavilo también que hay dos clases de suicidio: el que uno dedica a los demás (llamémosle suicidio social) y el que uno no dedica a nadie (llamémosle suicidio absoluto). Yo sólo sería capaz de eso último. Aunque pensándolo bien, lo cortés no quita lo valiente: cabe el suicidio mixto, que en el fondo es el suicidio de todos los días, donde siempre mezclamos lo absoluto y lo social. Yo mismo tengo una carpeta de instrucciones administrativas para el caso de brusca desaparición. Es lo mínimo que uno puede hacer: cortarle el paso a la entropía hasta el último minuto. Pensar en los que *siguen*. (Pero qué cosa tan patética: «seguir».)

El caso, digo, es que siempre me ha fascinado el tema del suicidio, su precisión, su esquematismo, su limpieza, su pureza, su meollo. Hay que hacer algo con la muerte, convertirla en expresividad suprema. Los románticos combinaron la muerte con el Eros. Hoy, como mínimo, deberíamos alcanzar el derecho a la eutanasia, el derecho a atajar la decrepitud, que es un derecho humano muy elemental.

Mi reacción ante la muerte de mi primo se inscribía en el marco general de mi sistema oscilatorio. Me percato hoy de que toda mi vida he ido oscilando entre la rebeldía y la sumisión, o séase, entre la salud y la enfermedad. He corrido a acurrucarme bajo el ala de algún mito cada vez que me he sentido débil o amenazado, y he jugado a ser aventurero cada vez que me he sentido prepotente. Me pregunto si se puede elevar la anécdota a categoría general de comportamiento humano, y pienso que no es seguro. Pero mi caso se me antoja claro. Mi caso es la historia de una insuficiente rebeldía. O de una rebeldía mal llevada —con su correspondiente secuela: socialización deforme—. Porque la madurez no consiste en adaptarse a las normas de la sociedad de los adultos. La madurez es el resultado de una socialización en libertad, sin tolerar que nos secuestren la experiencia, llevando la rebeldía adolescente hasta el punto de diseñar un nuevo marco de referencia, a la vez propio y comunitario.

7 de septiembre de 1945
Esta noche he ido al cine con Linati: *La apuesta era su hijo*, con el extraordinario Adolphe Menjou. Luego hemos estado recordando nuestros tiempos de colegio, esos seis años, del 39 al 45, tan rápidos: guerras de piedras (en el barranco que está cerca de casa), partidos de fútbol y de frontón, peleas, en fin, normalidades. Pienso que he sido el único en mi familia que ha ido comportándose de acuerdo con la edad. Linati odia a los jesuitas; yo no. A él todo le iba mal; a mí todo me iba bien.

En un principio Dios era, y era solo. ¿Cómo se explica ese estrambótico y fastidioso mundo que ha venido luego? ¿Y qué es eso de «luego» aplicado a Dios? Vemos la realidad con el concurso de una lógica. Yo pregunto: ¿es la única lógica posible?

Mi déficit crítico, como puede advertirse, era importante. Nadie me había explicado la esencia del empirismo, la que recoge Marx: que no es el mundo función de las ideas sino las ideas función del mundo. (Aunque, naturalmente, también el mundo es una idea; o sea que hay un círculo empírico-lógico imposible de romper.) Toda mi juventud discurrió dentro del sueño dogmático; eso sí: esbozando piruetas para asomarme al exterior.

También resulta curioso que Linati, que tantas pestes echaba de los jesuitas, hoy los deje relativamente bien parados. A mí me ha ocurrido exactamente lo contrario.

8 de septiembre de 1945
Teoría del «juerguista», Pérez Bufill aullando en *El Molino*, la resaca y la melancolía. Los poetas del XIX. La muerte al fondo. El riesgo de la enfermdad. El póker clandestino, eso que llaman «la disipación», la libertad del mal.

He leído, de un tirón y en pocas horas, un libro de Unamuno. No me gusta ese señor.

Me faltan recursos musicales para expresar lo que llevo dentro. Dudo entre seguir con el piano o ponerme a estudiar. O escribir, o salir con José A., o ir al Paralelo. Estoy como dividido. Me arrodillo y pido gracia.

Ahora estoy harto, sin siquiera gana de fingirme desesperado. Me siento como si fuera un campo de batalla chamuscado. Perdí las ganas de suplicar. Esos combates que parecen de folletín.

La trama de «esos combates que parecen de folletín» era la llamada pureza, el sexto mandamiento, y en mi libreta abundan referencias a las luchas, las plegarias, las victorias, las derrotas, la esperanza, la desesperanza. Acabé dándole una desmesurada importancia al asunto. Los curas nos habían inculcado la extraña relación sexo/culpa, con el añadido de que «sin la gracia de Dios era imposible vencer la tentación». La lujuria («apetito desordenado de carnales deleites») era siempre pecado mortal.

Significativamente, yo pedía «un amor, un amor puro y humano». Un amor como terapia. Un amor para vencer al sexo: ya estaba paradójica la cosa. Por la mañana iba a misa, y a veces, a continuación, a los barrios bajos; después volvía a la iglesia y dejaba constancia de mi perplejidad. Me arrodillaba frente al cura.

—¿Cuánto tiempo desde la última confesión?
—Dos horas.

Se enojaba con irreprochable lógica el presbítero. «Usted no tiene ningún propósito de enmienda: no puedo darle la absolución». Pero acababa dándomela. En latín. Y yo me sentaba luego en un banco de la Plaza de Sarriá, a aspirar el humo recapitulador de un cigarrillo, generalmente un *Craven A*.

Era la esquizofrenia. El sacramento de la confesión era la esquizofrenia institucionalizada. Había un aspecto nefasto en esa institucionalización del pecado y de la penitencia, y era que se nos acostumbraba al divorcio entre comportamiento y código moral. Se daba por supuesto que el código moral, periódicamente, iba a ser transgredido, o sea, que todos éramos unos delincuentes reincidentes. Ese hábito, esa institucionalización de la culpa y la mentira, era oficialmente asumido, bendecido, tolerado, fomentado incluso por la Iglesia. Lo cual tenía su mecánica: al sentirse uno culpable sentía uno desprecio de sí mismo, se consideraba menor de edad, autodividido, y, por consiguiente, propenso a la obediencia ciega.

Culpabilidad/contradicción de hacer lo que no se quería hacer. No era una culpabilidad profunda, no era una culpabilidad inconsciente ligada a un síntoma. Era, más bien, una culpabilidad de doble filo: de un lado expresaba una desaprobación, de otro lado, al vincular culpabilidad y pecado, le daba un sentido a la contradicción. Poner nombres tranquiliza. Eso lo sabe muy bien la sociedad. La culpabilidad/pecado era portadora de significación en la medida en que mantenía el Sistema. El Sistema era la red moral/institucional nacida de la demarcación entre lo bueno y lo malo. La agresividad nacida del yo-narciso que no tolera interferencia se volvía en contra de uno mismo; era la culpa, la autolimitación, la adaptación indirecta a la existencia de *lo otro*. No hay que matar al Padre para sentirse culpable. La culpabilidad es, meramente, la contrapartida de la finitud (fisura entre el ego y el superego) desde un subsuelo narcisista.

Narciso pactaba. Un recurso semiótico/defensivo. Narciso se *autolimitaba*, acotaba el territorio, atajaba la «locura» de la ilimitación. Hay unas reglas de juego y una suma cero, de suerte que el sistema se mantenga estable y los actos humanos posean significación. La culpabilidad daba sentido a mis actos, mantenía la referencia al «yo ideal», y, a través de la expiación, a lo «sagrado», el tótem y el tabú. El límite, el orden.

Hubo un tiempo en que yo definía la madurez como asunción de la propia finitud. No era una mala definición. Suele relacionarse la angustia con la finitud y la finitud con la muerte. El deseo supone la muerte, dicen los lacanianos. Bien; yo relacionaba, inconscientemente, la ansiedad con la frustrada infinitud, con el trasfondo narcisista. La madurez es un proceso de diseño y de superación del narcisismo, que comienza a partir del momento en que el deseo toma un rostro, el rostro de *otro*. En este contexto, siempre me ha parecido tanto o más regresiva la masturbación que la prostitución. La prostitución es una relación degradante e inmoral, pero no está del todo cerrada a una cierta comunicación. La puta tiene rostro.

En todo caso, una sociedad que conduce a los adolescentes a tener que optar entre masturbación o prostitución está evidentemente mal diseñada. Con todos los riesgos concomitantes, me parece preferible la pronta liberación de las costumbres, la emancipación de ambos sexos. Que el deseo, al menos, vaya diseñando un rostro; que el otro, en tanto que otro, se vaya haciendo real; que la existencia se reafirme en el *feedback* más o menos especular que procede del exterior. En toda relación de pareja lo que se pone en juego es nada menos que la propia identidad. Es un riesgo bueno y bello, real y creador.

Y siempre venimos a parar en lo mismo: la adolescencia es un trámite ligado a un desafortunado concepto de la escolaridad, un período de virginidad social innecesario, en suma, un invento que conviene liquidar. Un invento que, como el trabajo en cadena de las fábricas, corresponde a un período histórico ya clausurado, el de las sociedades industriales. A mi juicio, la virginidad social no debe prolongarse más allá de la virginidad sexual. Y suficientes recursos cerebrales tiene el púber para poder entrar con la debida preparación en una sociedad nueva donde no anden disociados el estudio y el trabajo.

Culpabilidad, falacia del tiempo, ilusión del yo, limbo de la adolescencia. Todo arrancaba de un mal contrato social, de una insuficiente antropología y de una metafísica ingenua. Falacia del tiempo: ponerse en contradicción con uno mismo por la vía de la dualidad «antes-después». Uno descubre o cree descubrir (a posteriori) que hizo lo que no debiera haber hecho. Es la esencia de la culpa, ya lo he dicho, el reconocimiento de una transitoria alienación, la dualidad entre el ser y el deber ser. Todavía hoy, con muchísimos años cumplidos, tiendo a acusarme de mi comportamiento de la víspera. Lo que ocurre es que en seguida me revuelvo. Frente a la supuesta culpa o alienación, el ecosistema asume su conducta.

No hay nada de que arrepentirse, todo lo hicimos entre todos.

Mi identidad no es la que el sentido común prescribe. Yo *soy* también ese cuerpo improvisador y desquiciado, ebrio de té y optalidones, que actúa en contra de sus supuestos principios, saltándose la premeditación y la cordura. «Haber hecho lo que uno no quería hacer»: eso es falso. Siempre se hace lo que se quiere hacer, incluso cuando parece (después) que no se quiso hacer, o cuando los *dobles vínculos* le tienen a uno agarrotado. Mientras uno hace lo que hace, *algo* quiere hacerlo. Porque sólo el presente es real. Si luego, en otro presente, uno (o algo) desearía no haber hecho lo que hizo, esa es otra cuestión. Pero no hay por qué privilegiar un momento sobre otro sólo porque haya posterioridad en el eje simbólico del tiempo. Todos los momentos son válidos y, en el mejor de los casos, se dialectizan.

La versión freudiana de la culpa y la fisura, el hallazgo genial del inconsciente, nos da una mejor pista. Uno hace lo que aparentemente no quiere hacer porque el psiquismo no es reducible únicamente a lo consciente, porque «somos poseídos por fuerzas desconocidas e indomables», porque hay un conflicto de pulsiones, y el ego es, ante todo, un aparato defensivo. Lo cual corrobora que uno no es el sujeto último de sus propios actos. Los actos se inscriben en ecosistemas, y uno no controla jamás su propia conducta. Uno, a lo sumo, puede diseñar provisionales estrategias.

> Una buena pregunta «ética» sería: «¿qué es *lo más real* que puedo hacer *ahora*?» Substituir la vieja mitología de *lo bueno* por la aproximación a *lo real*. Reconocer ese *algo* a la vez propio y transpersonal que me empuja hacia la libertad indagatoria. Un acto éticamente valioso es un acto creativo. O séase, transpersonal. No disociado.

Pero ya he dicho que en aquel tiempo yo era insuficientemente transgresivo, lingüísticamente ingenuo, vegetativamente frágil. Tenía que irme a confesar inmediatamente después de cada pecado grave. ¿Por qué tanta urgencia y desazón? ¿El miedo a una muerte repentina con la perspectiva inquietante del infierno? No era únicamente eso. Al adolescente que procedía de una omnipotencia preedípica, al *enfant gâté*, le resultaba literalmente intolerable cualquier comportamiento o situación incontrolable. Bien; los pecados de la carne (que eran los únicos pecados de sencilla verificación empírica) eran el paradigma del comportamiento incontrolable. Uno hacía propósito de enmienda y, sin embargo, reincidía. Aquello era un esquizo interno.

En rigor, se trataba de la alienación fundamental de los animales culturalizados por la vía de los símbolos abstractos. Uno se identifica con un concepto mental de sí mismo, una autoimagen, y deja fuera, como territorio extraño, a su propio cuerpo, a su inconsciente, a su entorno, a su dintorno.

Pero, claro está, esas zonas negadas reclaman sus derechos, y el lío es exclusivamente mental. El sentimiento de culpa es el síntoma de esa inútil disociación, de esa negación de una identidad mucho más amplia, cómplice real de cuanto ocurre.

Yo fui sensible al sexo por razones endocrinas, y juntaba el malestar con el sentimiento de culpa. Así llegó el inesperado autodesprecio, el resultado de identificarme únicamente con una imagen de mí mismo. Fue la novedad del verano de 1945, la que me recondujo bruscamente al cristianismo, la que me hizo un asiduo del confesionario.

En su *Autobiografía* escribió Chesterton: «Cuando la gente me pregunta por qué he ingresado en la Iglesia de Roma, la primera respuesta es: para desembarazarme de mis pecados. Pues no existe ningún otro sistema religioso que haga, *realmente*, desaparecer los pecados de las personas». Añadiendo que ello le retrotraía a «la seguridad indestructible de los primeros años de inocencia». En efecto. Ahí estaba toda la artificiosidad del esquema católico de la confesión, su manera de mantener la minoría de edad de los feligreses. La Iglesia fomentaba el sin sentido: acusarse de haber hecho lo que uno no quería hacer, y organizaba el conocido tinglado de tentaciones, tentadores y pecados originales para racionalizar el sin sentido. La Iglesia nos sometía con un ardid muy eficaz: «el chivo expiatorio de tus males eres tú mismo».

Debajo de lo cual subyacía un paradigma, un paradójico síndrome de *irrealidad*. Querer ser perfectos es reducir la realidad a un *modelo*. Cada vez que íbamos a confesarnos lo que literalmente hacíamos era magnificar el modelo y matar la vida, pues la vida, además de autorregulación, es suciedad, ruido y furia, fluctuación y azar. Y la confesión aniquilaba todo esto. La confesión, que aspiraba a darnos la vida eterna, nos convertía en muñecos.

Ha habido una nefasta tradición, incluso secularizada: se supone (y la cosa arranca del monacato cristiano, pero también del hindú) que una persona autorrealizada ha de ser una persona tranquila, dulce, espiritual, ascética, aburrida, asexuada, virtuosa, unificada. Lo cual es perfectamente falso. Una persona autorrealizada lo que hace es no empobrecer su identidad hasta reducirla a un modelo estándar fabricado por la sociedad. La conciencia puede expandirse hasta lo transpersonal; pero ello no significa que uno tenga que convertirse en esa cosa mineral y estéril que acabo de describir. Uno sigue amando, sufriendo, riendo, llorando, acertando, equivocándose; uno ensancha su expresividad y no incurre en la peligrosa hipocresía de la «perfección», del «prototipo», del orden sin desorden.

> Entiéndase bien. No rechazo la necesidad de las normas para el buen funcionamiento de la colectividad. Sólo rechazo el esquema de la culpabilidad judeocristiana como mecanismo de cohesión social. En contrapartida, está surgiendo hoy un nuevo paradigma científico afín al taoísmo, la tradición china del mundo autoorganizándose espontáneamente.

Bien; yo era un niño mimado y tenía que ser perfecto, es decir, estable. Mineral. No sabía que un hombre no se hace realmente hombre hasta que incorpora el desorden y el azar al edificio de su complejidad y de su autoorganización; hasta que asume el riesgo real, la amenaza real, la incertidumbre real. Yo me amparaba en el mito de la perfección, que era el mito de Dios, que era el mito del orden sin parásitos.

Yo no sabía que yo *era* también mi propio cuerpo. Nos habían educado (y es un decir) en la enajenación del cuerpo —aparte otras enajenaciones proyectadas hacia el inconsciente—. Ahora bien, como en todos los fenómenos de *proyección*, el cuerpo supuestamente exterior nos sujetaba con tanta más fuerza cuanto más lo hubiéramos enajenado. A los dieciocho años uno no puede vivir enajenado de su cuerpo: uno tiene que prolongarse en él, vivir desde él, integrarse con él. Y el cuerpo, claro está, incluye muy especialmente al sexo.

Todo lo cual testimoniaba esa aberración cultural, el estado de abstinencia forzada, la separación de las parejas, la demora de la maduración relacional, el mito de la castidad juvenil, el invento inútil de la adolescencia. Y todo lo cual, digo, se exarcerbó —volviendo a nuestra historia— después de aquel verano, cuando empecé a sentirme atrapado por el mecanismo de la proyección, la sexualidad abstracta.

Me viene ahora a la memoria un fugacísimo episodio.

Ha escrito José Pla que, a poco de terminada la guerra civil, sólo había en España tres cosas que funcionasen: los cinematógrafos, las peluquerías de señoras y el baile. El baile se practicaba en reuniones privadas. Pues bien; yo era un bailarín muy mediocre —lo cual sorprendía mucho a los amigos, dada mi facilidad para improvisar ritmos al piano—, y me matriculé en una especie de academia que llevaban tres hermanas en un piso de la calle Córcega. Una de ellas, la más joven, no muy alta, bastante guapa, y más bien llenita, se aplicó a enseñarme el tango. Tenía los ojos oblicuos y emanaba de ella una dulzura enérgica, un inquietante efluvio sexual. Me hubiese gustado (lo deduzco ahora) bailar más apretadamente con ella. En alguna ocasión, nuestras mejillas se rozaron, y la fuerza electromagnética subió un punto, y a mí me alcanzó una sensación remota que no atiné a desarrollar. Mi mente era inexperta. Mi carne era poco inteligente. La gloria y el placer y la hondura y el enigma del verdadero erotismo, todo esto me era ajeno. Y, sin embargo, todo esto estaba allí, agazapado en aquel levísimo tacto, o contacto, que me llegaba del fondo de las genealogías.

No ocurrió nada. Quedó sin explorar el hondo territorio de los sexos. Tampoco aprendí a bailar. Años después volví a conectar con el mismo hilo y aprendí realmente a bailar, con el concurso de una mujer ya de mi misma clase social, la que habría de convertirse en la madre de mis hijos. Pero tampoco fue una historia fácil.

Lo más notable era que el erotismo bueno, la antítesis del placer mercenario, la misteriosa atracción de dos cuerpos jóvenes, cargada de curiosidad y de inmanencia, venía severamente condenada por las autoridades. Eran los tiempos (me parece) en que el cardenal Segura prohibía el baile agarrado, y el baile a secas, en tanto los gobernadores civiles se ocupaban del cumplimiento de las *Normas de Decencia Cristiana* que los obispos habían promulgado. El padre Jeremías de las Sagradas Espinas, tras veintitrés años estudiando el tema, había llegado a la conclusión de que todo baile agarrado era pecado mortal. El nervio de su argumentación venía expuesto con impecable precisión: «Un acto puede ser torpe *ex se* por doble motivo: *sive ex obiecto sive ex modo tangendi*». («Ya por el objeto, ya por el modo de tocar»). Ahora bien; «son torpes *ex obiecto* los contactos con las partes torpes, genitales y próximas a ellas, incluso el vientre», y «son torpes *ex modo tangendi* los contactos que se realizan en las demás partes del cuerpo».

No había escapatoria.

Ciertamente, la inquina de la Iglesia no era cosa de cuatro días. Ya Tertuliano comparaba los lugares dedicados al baile a un templo de Venus y a una cloaca impura. San Juan Crisóstomo relacionaba las danzas con una escuela de pasiones nefandas. Algunos concilios prohibieron los bailes públicos bajo pena de excomunión. San Carlos Borromeo decía que «la danza mundana es como un círculo cuyo centro es el demonio y sus esclavos la circunferencia». San Francisco de Sales afirmaba que los bailes atraen la pestilencia. En fin, nuestro famoso Padre Claret clamaba desde el púlpito:

«Jóvenes que estáis bailando
al infierno vais saltando».

Curiosamente, significativamente, estaban tolerados los burdeles. No había chinos en el barrio chino barcelonés, pero había permanente mercado de sexo, la famosa calle de las Tapias, los escaparates de hembras, las casas más tiradas, siempre llenas de mirones.

—¿Subes arriba, chato?

Por supuesto que no. Pero le iba bien al paradigma cristiano lo mal que olía aquella zona de la ciudad, el tufo a humedad y porquería. Así se mantenía el sofisma que relacionaba placer, pecado y suciedad.

Mi gran amor terapéutico no llegaba. En contrapartida, me había iniciado (me habían iniciado) en otras sabidurías. Fue precisamente en un prostíbulo abigarrado y barato, que se llamaba *El jardín*, y al que sólo se iba de tránsito, donde una chica muy tirada, para reforzar sus argumentos, me puso la mano encima del pantalón, haciéndome sentir por vez primera la sorpresa del placer manipulado. Fue todo un descubrimiento. A mí nunca se me hubiese ocurrido.

No consigo localizar las fechas. Lo único seguro es que esas experiencias me dejaban deprimido. *La chair est triste, hélas* —escribió Verlaine. (O, quizá, Mallarmé.) Sobre la tristeza de la carne hay una larga tradición, que va del *Eclesiastés* a Schopenhauer. Una larga tradición de leptosomáticos. *Post coitum triste*, decían los clásicos, porque hacer el amor produce una bajada de tensión, y a la luz de la debilidad se alcanza rápido la nada. Bien es cierto que no todo el mundo tiene las mismas reacciones. Arthur Koestler ha escrito: «a los quince años me iniciaron en las prácticas autoeróticas, que me parecieron deliciosas» (*Flecha en el Azul*). Mi amigo Cirici Pellicer explicaba en uno de sus libros autobiográficos (*El temps barrat*) que su descubrimiento de la sexualidad activa fue gozoso y espontáneo, sin ninguna relación con aquello que los curas llamaban «acciones impuras», sin siquiera conciencia de pecado, ya que él seguía comulgando diariamente. Cabrera Infante *(La Habana para un infante difunto)* entona un gozoso cántico a la masturbación. Mi caso era distinto. A pesar de mis desplantes, yo había asumido literalmente el sistema y mitología de la Iglesia, sus tabús, sus obsesiones. Corría la voz entre los chicos de que cada eyaculación equivalía a la pérdida de un litro de sangre. En mí confluían factores endocrinos ya incipientes: las eyaculaciones nunca me pacificaron, ni siquiera cuando fueron legales. De otra parte, los adolescentes de la España-primera-década-del-imperio sólo podíamos follar con prostitutas, y el temor al contagio era un freno bastante eficaz. A pesar de los condones y de los lavajes. Así que yo fui muy comedido en lo que hace a burdeles. Pero el tono de mi dietario fue cambiando.

Prevaleció la exigencia de seguridad como respuesta a un síntoma de ansiedad. Freud distinguía entre ansiedad objetiva y ansiedad neurótica, según que la amenaza viniera del mundo exterior o de los impulsos interiores. A mi juicio, tan construida es una como otra amenaza. Lo que yo temía (inconscientemente) eran mis tendencias autodestructivas, las que dimanaban de mi narcisismo y de mi distonía. Lo que yo temía era no ser capaz de conducir mi rebeldía hasta saltar a *otro* marco de referencia, más amplio, más propio y asumido. Así que me acurruqué bajo el ala religiosa, acepté ser mi propio chivo expiatorio, permitiéndome, de vez en vez, el lujo de algún desplante.

Desmotivado y sin alternativas, bloqueadas la curiosidad y la rebeldía (y toda curiosidad es rebeldía), me agarré al cristianismo, y algún resultado obtuve dentro del círculo vicioso. Porque el mismo cristianismo que neutralizaba mi vitalidad me servía para remediar mi sentimiento de inseguridad y de vacío; me servía de aparato socializador.

Neutralizar el sexo abstracto, aprobar el examen de ingreso en la Escuela de Ingenieros, encontrar un gran amor: tales eran las casillas de la ruleta a las que decidí apostar. Con Dios como garante, tenía que ganar. Comenzaba un largo ciclo totémico, el cual curiosamente funcionó. Es un tema sobre el que tendré que volver una y otra vez: mis apuestas totémicas salieron siempre bien. Incluso llegué a provocar ciertos milagros.

* * *

22 de septiembre de 1945

A mi manera, gano puntos. Aquellos «respetos humanos» que tanto me preocupaban hace años, ya no existen. Una cierta agresividad fabricada ha podido con ellos. Tampoco soy tan golfo como prometía ser. Cuando terminé el bachillerato, mis asiduos eran Vives, Correa y Mercader. Vives proporcionaba el local para jugar al póker; Correa era simpático —siempre me llamaba «Felipe»—, pero se le veía podrirse por momentos; Mercader era un gran bohemio.

De todos ellos, el más amigo era Correa, Fernando Correa Ruiz para más señas. Tenía una belleza cetrina, un espíritu entre tierno, púdico y cínico; suficiente labia. Solía contar anécdotas comenzando: «me encontraba yo el otro día, caramba, carambita, carambola...» Eramos propensos a descalabrar los fonemas. Ya se sabe que las tribus juveniles buscan la autodemarcación, tienen claves propias, exigencias de puntuación y de eufonía, complicidades guturales, ritmos, jergas. Sólo que nuestras transgresiones eran inocentes y nuestras metáforas obvias. Nosotros, anteriores al rock y a la electrónica, nos quedábamos en un cierto humor *codornicesco*, algún atisbo surrealista. A Correa, con los años, le perdí de vista; se fue a vivir a Filipinas, y dicen que ha muerto, cosa que lamento: me hubiera gustado contarle entre el grupillo de escogidos con quienes algún día intentar reinventar la fiesta. Reinventar la fiesta o recapitular el mundo, ya lo dije, con champán francés y vestuario libre, a la luz de unos lujosos candelabros, en mi castillo todavía inexistente, los contemporáneos que algún día nos amamos, brindis por la arbitrariedad del mundo.

En cuanto a Mercader, hijo de pintor que acabaría también en pintor *(Jordi)*, era efectivamente un gran bohemio, un tipo aparentemente muy hastiado, pero también un imperturbable apasionado, sorprendente romántico. Jugaba al póker con audacia y con sosiego. Entre nosotros se estableció un curioso ligamen. Él veía en mí al chico listo y caradura; yo apreciaba en él su falta de escrúpulos, su desvergüenza nítida. Nada que ver con los remilgos del jesuitismo. Su concepto del éxtasis era preciso, aunque curiosamente mercantil: «tres días seguidos corriéndome con Alicia K. y luego morir».

> Lo mercantil/transaccional/judeocristiano era ese pago al contado: «y luego morir». Catalán al fin, Mercader no concebía una ganancia sin su correspondiente coste. Por otra parte, su propuesta era incluso comedida, sobre todo si la comparamos con la mitología hindú del esperma: Shiva y Parvati copulando durante mil años seguidos.

Mercader era un contrapunto, una puerta abierta hacia la «praxis cínica», como la llamaba yo entonces con dudosa precisión. Llegamos a planear una sociedad para estafar al prójimo. No importaba el procedimiento: la cuestión era estafar, situarse más allá del bien y del mal, romper el código, a la manera de Raskolnikov o de Ivan Karamazov, personajes que sólo conocíamos de oídas. La cuestión era vomitar la cultura, la sombra totémica del Padre, la prohibición que generaba la fisura y la culpa. Siempre he comprendido muy bien que las tribus terroristas prosperen entre adolescentes. La delincuencia y la transgresión son el resultado inevitable de una educación que se centra exclusivamente en la socialización/inhibición de la conducta, descuidando el fomento de la espontaneidad creadora. Entonces, esa zona reprimida, esa locura indispensable a la vida, se abre paso como puede, a menudo arrogándose el prestigio de la clandestinidad antisocial. El mecanismo es añejo. Presión pre-Edípica, rebelión contra una cultura presidida por la abyecta culpabilidad. Todo terrorista es un místico que toma una vía equivocada. Todo delincuente es un explorador frustrado.

Mercader fue una estrella fugaz (jamás he vuelto a verle) que asomó en uno de los intervalos de mi oscilación, y que sintonizaba con mi deseo de sacudirme la estrechez del código, de hacer explosionar la contradicción de la moral burguesa. Supongo que fue para cortar con semejante clima que mis padres me enviaron a Madrid, a una Residencia del Opus.

28 de septiembre de 1945
   Siempre que adopto *una postura* —eso que todo el mundo hace para ocultar no se sabe qué— la providencia se encarga, irónicamente, de descabalgarme.

Amago de lucidez crítica, aunque echando mano del *deus ex machina* de la providencia. Comprobación indirecta de que la vida contradice a los modelos, y que la realidad tiene más que ver con la suciedad irreversible que con la tautología inteligible.

27 de octubre de 1945
Sigo mejorando. Con altibajos, pero mejorando, y he comprendido que la partida va a durar toda la vida. Sé que, definitivamente, he escogido mi camino. Lunes, día 29, a las 9 de la mañana, comienzan los exámenes. Pienso ir en estos exámenes con suma tranquilidad y bastante confianza en mí mismo.

Esta vez me había preparado de verdad, al menos durante las últimas semanas. Además, había apostado por el cristianismo, como he contado ya, y el examen de ingreso en la Escuela de Ingenieros iba a ser mi primer test totémico.
Naturalmente, aprobé.
Y no fue una prueba fácil. De los ciento y pico que nos presentábamos sólo pasamos veinte.

10 de noviembre de 1945
Escuchaba Radio América, sonaba un jazz enervante y formidable, me he servido una ginebra y me ha venido a la cabeza un enjambre de reminiscencias y desideratums, aquellos cabarets vistos en cine, escenarios no vividos, algo muy concreto y muy difuso, las mujeres y el deseo de aventura. Me han entrado unas enormes ganas de fumar. (Había hecho la promesa de no fumar hasta Navidad, tanto si me aprobaban como si no.) He pensado en Jesucristo y en Chon.

Aparentemente, el enredo de siempre, la disociación y el maniqueísmo, Jesucristo y Chon versus el jazz y el cabaret. Lo que ocurre es que todo tiene sus pros y sus contras, como decía Lao-tsé. Aquellas dualidades platónicas podían generar alientos muy poderosos, emociones muy cerebralizadas, lujurias muy castas.
Primera alusión a Chon en este dietario. Chon (diminutivo de Asunción) era algo más que la *niña* de turno. Era alguien de mi edad que parecía comprenderme. Nos encontrábamos frecuentemente en misa, por las mañanas. Un día le escribí una larga carta que a ella le entusiasmó. Era un recurso que comencé a practicar entonces, y que me duró

unos años: cuando topaba con alguien que me parecía consistente, yo ponía los naipes boca arriba y por escrito. Los naipes eran mi perplejidad y mi visión del mundo, mi manera de entender el cristianismo, mi exigencia de empujar el pensamiento hasta su límite. Era un modo indirecto, y no desatinado, de ponerme en cueros. Ya digo que no vale ser reduccionista: hay diferentes modos de ponerse en cueros, y ninguno es más literal que otro.

Chon era menuda, tímida y codificada. A veces íbamos al *Salón Rosa,* que era un lugar para parejas decentes que querían tomar el té. O el chocolate. Escribí: «Supongo que para ella el asunto debe de tener el encanto del *Anfang,* sus primeros tratos con el amor. Es deliciosamente inexperta».

Como si yo fuera un veterano.

Más aproximado hubiera sido decir que yo no era nada, que yo seguía siendo un adolescente, con el correspondiente deseo de infinito y el correspondiente déficit de identidad. La indefensión. Me gustaba la sonrisa de Chon, su anatomía reposada, su prometedora inteligencia. Desde mi hambre de comunicación hubiera tenido que decir:

—Vengo a ti, Chon, para ver si entre los dos componemos algo, porque yo no soy nadie: únicamente un flujo que oscila entre el autobombo y el autodesprecio.

Con sus correspondientes proyecciones *ad extra.* Así, un poco más abajo, en mi diario, anotaba: «la inmensa mayoría de mis semejantes no son otra cosa que *inercia».* Y, a continuación, volvía a mi propósito de hacer «un pacto con Dios». Uno más en la iniciada serie bíblica. Pues Dios era un recurso, ya lo he dicho. Dios era el mantenimiento indefinido de la infancia. Dios era la seguridad afectiva, el confidente absoluto, el símbolo del orden sin desorden, la proyección de un deseo de omnipotencia. De entre todos los animales, sólo el hombre desea la omnipotencia, y, por esto, sólo el hombre es asesino, narciso, demente, teólogo, sabio *in extremis.* Pues, efectivamente, ¿cómo podría haber algo que no fuera Dios?

Se lo explicaba sosegadamente Uddalaka Aruni a su hijo Shvetaketu, y nos lo cuenta la *Chandogya Upanishad:* «Tú eres esto», *Tat tvuam asi*. «Esto» es Atman, el único Sí-mismo.

Bajo infinitos disfraces.

Yo soy un disfraz de Atman, usted es un disfraz de Atman, y la vida es un baile de máscaras. Este dietario con intercalados póstumos también es un baile, un juego, una elíptica respuesta frente a no se sabe qué.

Naturalmente, en aquel tiempo, yo no sabía una palabra de filosofía hindú y me las apañaba como podía. A falta de mejores recursos, me enamoraba. De modo que mis enamoramientos eran fenómenos más religiosos que sexuales. Yo pertenecía a una ralea de animales sedientos, y era una presa relativamente fácil. Funcionaba una euforia fantasmática. La niña candidata-a-ser-amada se convertía en la hierofanía que iba a hacer posible la felicidad en esta tierra, en el *jardín* de esta tierra, en el Paraíso (del sánscrito *Paradesha*). Un magnífico proyecto interrumpido por la llegada de Alcibíades borracho. Y desplazado al fin por la apetencia más modesta de momentos gratuitos de mero bienestar vegetativo. Lo expuse algo más tarde:

> Que me dejen en paz
> Con el whisky y con el jazz.

Era un decir. Había comenzado a leer *Los que vivimos* («Petrogrado olía a ácido fénico»), de Ayn Rand; pero mi apetito de vivir no atinaba a concentrarse, no encontraba forma expresiva. Le escribí la mencionada carta a Chon. Debió ser un tanteo. Mi vida era una colección de minúsculas ordalías: el juicio de las cosas cotidianas. Cualquier minucia era un signo.

Fuimos con Chon al Tibidabo.

El Tibidabo era ya ese conjunto kitsch que todo el mundo sabe: la atalaya, el parque de atracciones, el espantoso templo y el Sagrado Corazón enano; todo como de mentirijillas. En compensación, disponía de la gran panorámica de la ciudad. Comentaba una vez el pintor Françesc Artigau que Barcelona, cuando hace buen tiempo, y a vista de pájaro, es rosa. Bueno: a mí Barcelona siempre me pareció gris. Quiero decir, parda. Y fea. Claustrofóbica: por falta de verde, por darle la espalda al mar, por la viciada atmósfera, por la pusilanimidad de los catalanes: ¿qué fue de aquellas manzanas abiertas que proyectó Cerdá? Hasta las palomas tomaron el color de los adoquines.

Y sin embargo, subir al Tibidabo tenía suficiente encanto. Nosotros queríamos mirar las diminutas colinas, contemplar la puesta de sol, releer mi carta. No pudimos hacer ninguna de esas cosas. A las 5,30 de la tarde, cuando llegamos a la cumbre, había oscurecido ya. Hacía frío. El bar estaba cerrado, la iglesia estaba cerrada, el restaurante estaba cerrado. Nos sentamos en un banco.

—Nuestra situación es rara.

—Sí.

Se escapó el funicular de las 8 y decidimos bajar a pie. Perdimos el camino y tuvimos que descender por la montaña, a la buena de Dios, cogidos de la mano.

Pues bien; fue una de las experiencias más inolvidables de mi adolescencia, y lo fue por aquel contacto inaugural de las manos, por aquella complicidad larga e inocente, compleja en su inocencia, inocente en su complejidad, entregada, simbólica y sólo remotamente sexual. Era como un tacto con lo absoluto. Era el clímax de una relación hecha de menudencias. (El roce de los hombros, en otra ocasión, dentro del coche de un amigo.) Ya dije que el platonismo puede generar fuerzas muy hondas. He olvidado apasionados coitos pero recuerdo perfectamente aquel descenso de la montaña, dos adolescentes tomados de la mano, silenciosos y asombrados.

7 de diciembre de 1945
   Pienso en el léxico trillado de los enamorados, y decido que no importa que sea trillado. El amor es una cosa muy silvestre.

Tan silvestre que ni siquiera existe. Esa es la opinión, al menos, de monsieur Baudrillard:

«Volvemos siempre a ello: el amor no existe. Debería poder existir, pero no existe. Los más exaltados amantes de la época romántica no tuvieron otra solución que suicidarse juntos, pues sólo esta eliminación violenta puede absolutizar un intercambio imposible, sólo el desafío a la muerte puede dar alguna realidad a un sentimiento por lo demás irrealizable. Lo sublime del amor radica en la anticipación de su propia muerte.»

Baudrillard contrapone el amor a la seducción. Mi opinión la daré más abajo, si viene a cuento, que me parece que vendrá.

8 de diciembre de 1945
Más de una vez he pensado en el contrasentido de ser un «hombre reservado» y «no tener fe». El ser humano, en su misma esencia, viene estructurado *ad extra.* Es como si estuviese siempre en un teatro. En cuyo caso, y salvo que se admita *otra dimensión,* carece de sentido la frase: «se lo guarda para sí mismo». El ser humano está siempre en escena, e incluso la postura de «guardárselo para uno mismo» pertenece al juego escénico. El ser humano carece de interior. Es decir: su interior es Dios. Sólo el que tiene fe tiene interior. Sólo el que tiene fe puede «guardarse algo para sí mismo».

Alguna vez he intentado desnudarme de mí mismo y, luego, desnudarme también de Dios. Lo primero ha sido posible, lo segundo no. Dios está más en mí que yo mismo.

Había en esa reflexión dos premoniciones que todavía juzgo relevantes. La primera estaría en la línea de la Teoría de la Comunicación de Paul Watzlawick y compañía, Escuela de Palo Alto. «Lo que llamamos realidad es el resultado de la comunicación». «Es imposible no comunicar». La segunda iría por el camino de la mística. Sólo los místicos pueden tener una interioridad real; sólo los místicos son autosuficientes. Sólo los místicos escapan a la trampa de la conciencia colectiva. Ya dijo Nietzsche *(La gaya ciencia)* que «sólo en cuanto animal social aprende el hombre a hacerse consciente de sí mismo». Y añadía que la conciencia «no forma parte de la existencia individual del hombre, sino de lo que hay en él de comunitario y de rebaño».

Maticemos. La conciencia (colectiva) se proyecta en el lenguaje, pero la cuestión es delicada. Lo tengo escrito en otro lugar:

> «Cabe distinguir entre el lenguaje como aproximación a la realidad y el lenguaje como sistema comunicativo. El problema está en que el lenguaje sólo es *lógico* en la medida en que es intersubjetivo, y sólo es *real* en la medida en que remite a una experiencia propia e incomunicable.»

El caso es que releyendo éstas y otras notas de la época llego a la conclusión de que uno se pasa la vida balbuceando un mismo atisbo (o contraatisbo) bajo formas lingüísticas diferentes. Había un leitmotiv en mis cavilaciones de aquel tiempo: la *arbitrariedad* de cualquier rol humano, el vacío ontológico del yo.

Lo cual contenía un germen crítico. El hecho de la finitud, la muerte, la sorpresa del dolor, la extravagancia de lo plural (¿por qué el mundo es como es y no, más bien, de otra manera?), las algas, las galaxias, los mamíferos, todo eso descalifica de una vez y para siempre el mito de la Unidad, la Perfección, el Ser Supremo; o séase, la metafísica precrítica. Se trata de *otra cosa.*

10 de diciembre de 1945

Hang over, resaca, especie de calma desértica, todavía ionizada. Dicen que es de fe que Dios concede a cada individuo la gracia necesaria para salvarse. En tal hipótesis, yo estoy agotando las reservas. También dicen (los teólogos) que la fe es únicamente «razonable». Bueno. Yo he perdido la fe ingenua, la que no se discute.

No era verdad que hubiera perdido la fe ingenua; o no era

del todo verdad. La fe era un factor esencial dentro de mi sistema general de seguridad. No necesitaba la fe para dar un sentido al mundo: de algún modo comprendía que el mundo era demasiado absoluto para tener sentido. Necesitaba la fe como defensa. Yo sabía, sigo sabiendo, que algunas desgracias me quebrantarían por completo: mi fe era un amuleto, un instrumento de control frente al azar salvaje. Mi fe era también un catalizador y una reserva de energía. Y aquello funcionó, me dio *maná,* infalibilidad, seguridad ontológica. Y sospecho que he seguido manteniendo aquella fe, incluso después de haberme dado de baja de toda creencia. Pues lo que menos importa de la fe son las creencias. Lo eficaz es la falta de fisura, la inmanencia, la citada seguridad ontológica. Lo cual explica, dicho sea de paso, por qué algunas personas inteligentes se mantienen dentro de un sistema mágico/ideológico, y parecen dispuestas incluso a morir por ello: no defienden las creencias sino la fe, la falta de fisura, la seguridad.

23 de diciembre de 1945

Sobre los artículos de Rai. Tienen unos espléndidos «planteamientos de la cuestión». A continuación se pone abusivo explicando «lo que no va a decir», lo que «no es el problema», lo que «no pretende demostrar», etc. Usando uno de sus términos favoritos, en eso es «exhaustivo». Y, a mi juicio, innecesario. Finalmente, el desenlace suele ser apresurado.

Efectivamente, la formación escolástica de mi hermano y su falta de instinto literario le hacían abusar de las autojustificaciones y las pretericiones. El indiscutible carisma que tenía Raimundo hablando lo perdía escribiendo. Se evaporaba el gesto, la insolencia, el humor, la elipsis. De aquel tiempo recuerdo, ante todo, su artículo inaugural de la revista *Arbor,* órgano del Consejo Superior de Investigaciones Científicas. El artículo se llamaba *Síntesis* y tenía una pretensión *totalizadora* muy a tono con la hora. Había que volver a la metafísica (por supuesto, escolástico-tomista) como asentamiento para la síntesis teórica del saber humano.

Otros artículos que me vienen a la memoria son: *La entropía y el fin del mundo*, «*De Deo, abscóndito*», *El átomo del tiempo*, *El cristianismo no es un humanismo*, *El indeterminismo científico*. Este último me interesó sobremanera porque fue mi primera noticia sobre mecánica cuántica y relaciones de inexactitud de Heisenberg. Lo tenía muy subrayado. Recuerdo el énfasis en distinguir entre «indeterminación» e «indeterminabilidad», lo cual equivalía a ponerse del lado de Einstein y no de Bohr. Hoy los científicos, casi unánimemente, se han puesto del lado de Bohr: la famosa Interpretación de Copenhague, limitarse al probabilismo y a lo observable.

Bien es cierto que la no resuelta síntesis entre Relatividad y Mecánica Cuántica puede conducir a consideraciones menos positivistas. Citemos a Wheeler, Salam, Bohm, Finkelstein, Charon, Wigner, Sarfatti, entre otros. Pero los experimentos de Alain Aspect parecen reforzar la Interpretación de Copenhague. El carácter probabilista de la Mecánica Cuántica refleja la realidad del mundo subatómico y no es una mera consecuencia de nuestra ignorancia, como pretende la Teoría de las Variables Ocultas.

Raimundo distinguía entre sentido fisicomatemático, sentido físico, sentido cosmológico y sentido metafísico. Lo sorprendente era que en esa pirámide se iba desde la sofisticada renuncia a la intuición en fisicomatemática hasta el realismo cuasi ingenuo de la metafísica aristotelicotomista. No negaba a Raimundo la posible indeterminación de la partícula subatómica, pero la consideraba como una «espontaneidad» de su propia «naturaleza» material.

Raimundo seguía la doctrina tomista/maritainiana de los tres grados de abstracción. *Abstractio formalis,* no *totalis,* extracción de «lo inteligible» separando los datos contingentes y materiales. La fisicomatemática era una ciencia materialmente física y formalmente matemática, una *scientia media*. Las cosas materiales son sensibles en acto e inteligibles en potencia. Todo el proceso del conocimiento humano consiste en alcanzar la inteligibilidad en acto (en la *species intelligibilis impressa*) y, como remate, la intelección en acto, el verbo mental.

Un formidable anacronismo puesto al día.

Pero no quisiera desvalorizar completamente a aquella Weltanschauung. Uno de sus axiomas sería que el hombre es un ser naturalmente metafísico, o séase, que aboca siempre a la cuestión de lo *último*. Lo que ocurre —pensamos hoy— es que lo último, por definición, se escapa siempre. Toda observación del mundo tiene algo de alucinación y algo de construcción. En 1927, Werner Heisenberg inició un debate que está lejos de haber terminado. ¿Qué papel juega la conciencia en la construcción del mundo? La mecánica cuántica aniquila el concepto de un mundo exterior independiente del observador. Se produce una cierta revolución anti-copernicana. John Wheeler, célebre físico en Princeton, conduce hasta un extremo la interpretación del Principio de Heisenberg y de las ecuaciones de Schrödinger:

> «¿Pudiera ser que el universo, en cierto extraño sentido, sea conducido a *ser* por la participación de quienes en él participan?»

Otros van todavía más lejos. «In my opinion —escribe J. Sarfatti— the quantum principle involves *mind* in an essential way... Mind creates matter.»

Son maneras provisionales de hablar. El caso es que siempre que interrogamos a fondo a la realidad, ésta responde con una paradoja. Y no puede ser más que así: porque nosotros también *somos* la realidad. Y la paradoja surge justo en el momento en que interviene la conciencia humana.

Debo añadir que en aquel tiempo, aunque vagamente, me hubiese gustado estudiar a fondo matemáticas, para enfrentarme con todo esto. Resultaba fascinante enterarse de que un joven de 25 años, Heisenberg, había echado mano de una herramienta casi barroca —las matrices de Hamilton—

para iniciar una verdadera revolución en el mundo físico. Pero yo no estudiaba ciencias exactas sino ingeniería; mi destino no era la Universidad sino la fábrica; mi microuniverso no era el laboratorio de investigación sino los salones de la burguesía local; mi paradigma no era científico sino teológico.

Así que perdí el tren de la ciencia, y ahora compongo un testamento para ralentizar tanta entropía.

1 de enero de 1946
   La nochevieja la pasé en la Catedral, solo, declinando una invitación para ir a un *réveillon*. Anteayer por la tarde, domingo, fuimos a la Parrilla del Ritz con Felipe, Inés Sagnier y Marta Gil de Biedma. Ayer estuve con Chon: le dije cosas muy bien dichas. Ahora pienso en lo poco coherente que es mi vida.
   Siempre esa limitación en la novedad, esa relatividad, lo desconocido reducible a lo conocido. Todo viene metido en esa dimensión única a la que yo llamo *antropocosmos,* nuestro orden lógico-ontológico, el *único* que para nosotros existe. Y sin embargo, en un plano más absoluto, cabe pensar en la existencia de una infinidad de órdenes diferentes. Tiene que haber un conjunto ilimitado de limitaciones particularísimas. Tiene que haber un verbo que sobrepase al verbo ser. Y así hasta nunca terminar. Lo que nosotros llamamos *ser* debe distenderse en infinitos ámbitos equívocos. Y no me importa que al decirlo sea «contradictorio». No me importa pensar (con el ser) en lo que cae *fuera* del ser. Utilizar la *analogía entis* para hacerla explosionar.

Resultaba, efectivamente «poco coherente» ponerse a especular sobre la indefinida dilatación de la realidad en el marco de las salidas del Liceo, la Parrilla del Ritz y el violín de Bernard Hilda. Pensándolo bien, mi vida siempre ha adolecido de una falta de definición sintáctica. Particularmente, en aquel tiempo, yo tenía una avidez deformante, quería estar «en todas partes».

12 de enero de 1946
Fiesta organizada por Roberto en casa *Llibre y Serra*. Baile en la terraza, unas 300 personas. He cantado un par de canciones acompañándome al piano. Felipe a la batería. Manolito Sierra me ha dicho: «eres un buen pianista, pero un mal cantante». Muchos dientes al aire, mucha energía malgastada. Regreso exhausto de esas funciones, y todo por mi manía de ser protagonista y ser brillante.

Manolito Sierra nos había enseñado a bailar el *boogie*. Era un gran experto porque acababa de llegar de los Estados Unidos. Treinta años más tarde, siendo ya Marqués de Urquijo, le asesinaron en la cama. Hubo un juicio muy sonado.

1 de febrero de 1946
Chon: nadie consigue ponerse de acuerdo consigo mismo. Me gustaría escribirte una carta sin escrúpulo y sin pudor. La radio de Londres trae jazz. Aquí lo único sorprendente es estar vivos. Y todo es *raro* porque todo podría ser de otro modo. Ya conoces mi Teoría de las Realidades Específicas. No sólo el ser «se dice de muchas maneras», sino que el ser no es lo último. Hay que aprehender eso negativamente y con intuiciones metafóricas.

Yo venía a decir que tiene que haber un número infinito de mundos *absolutamente* distintos. Yo quería terminar con el monopolio de la lógica y del ser. Se lo expliqué a un amigo filósofo, Ricardo Boixeda, y su comentario fue que todo aquello le parecía muy oriental. Tenía razón. El hinduismo se ha resistido siempre a identificar el Ser con lo Absoluto. Sólo que yo no lo sabía, y echaba mano de una jerga improvisada —como eso de las «realidades específicas»—, alquilada a la misma filosofía escolástica, para dar franquía a mis intuiciones/perplejidades.

9 de marzo de 1946
Martes, día 5, José Arana, Rómulo Zaragoza, Felipe y yo, disfrazados todos con chaqué, peluca, bigote, barba,

chistera, guante blanco y bastón, íbamos a dos *asaltos*. Mi padre me había prestado el coche. Hacia las 8 de la noche, por el Paseo de la Bonanova, al pasar frente a la casa de Chon se me ocurrió detenerme para verla un momento. El suelo estaba mojado, frené en seco, cometí el incomprensible error de desembragar, y, naturalmente, perdí el control del vehículo que se lanzó, derrapando sobre dos ruedas, por encima de la acera hasta embestir contra uno de los grandes plátanos de la avenida. Fue todo tan rápido que no tuve ni tiempo de asustarme. Me dí cuenta de que habíamos estado a un pelo de la catástrofe cuando Rómulo Zaragoza se puso a dar gracias a Dios, muy nerviosamente y en voz alta.

En aquella Barcelona parda llena de *botiguetes*, el Paseo de la Bonanova era entonces una avenida bastante plausible: mansiones señoriales rodeadas de viejos jardines románticos, es decir, poco cuidados.

La moda y la teoría de los *asaltos* era la de presentarse por «sorpresa» en una casa para improvisar una fiestecilla. Los dueños de la casa, los asaltados, estaban tan sorprendidos que tenían preparado ya el champán y las croquetas.

En los años cuarenta tuve dos accidentes de automóvil, mis dos únicos accidentes de automóvil (tocando madera). Hubo uno que pudo ser muy grave, con el *Vauxhall*. Ahora cavilo en el inmenso papel que juega el azar en las vidas de los hombres. Mi biografía contiene suficientes acontecimientos relevantes que han pendido de un hilo. Por una fracción de segundo, no me rompí la crisma en mi segundo accidente de automóvil. Una llamada telefónica a deshora hipotecó ocho años de mi vida. Y así por el estilo. ¿No merecen un gran respeto los hombres y mujeres curtidos por el azar? Nunca me dejé embaucar por el mito de la inocencia de los niños. A mi juicio, quienes merecen afecto, consideración, respeto, simpatía, admiración, ternura, conmiseración, son los adultos, los apaleados adultos. Los niños son sólo unos moluscos despóticos hinchados de narcisismo. Los niños apenas merecen un interés distante y pedagógico.

Lo cual no obsta para que la mayoría de los adultos se

comporte casi siempre con falsedad, o séase neuróticamente, interponiendo defensas. Pero esa es otra triste historia.

Naturalmente, hay quien piensa que el azar no existe; hay quien propone, incluso, un karma retroactivo: tal vez lo que haya de ocurrir (en el futuro) influye sobre lo que ha ocurrido ya (en el pasado). Tal vez no me rompí la crisma en un accidente de automóvil porque había entrado en sintonía con el *campo* de un futuro peculiar; por ejemplo: poder, algún día, componer el párrafo que acabo de escribir. Tal vez la premonición tenga algún fundamento físico.

Richard Feynman recibió el Premio Nobel, entre otras razones, por sugerir que un positrón no es otra cosa que un electrón que se mueve hacia atrás en el tiempo. El espacio-tiempo de Einstein puede implicar la indivisibilidad entre futuro y pasado. Etcétera. Lo cual, a mi juicio, no invalida el azar, la brecha para acontecimientos inesperados y espontáneos, la indeterminación esencial de cada *presente*.

VI

Repentinamente me da una enorme pereza seguir con esos cuadernos, entretenerme en sus minucias, intercalar comentarios, demorar los testimonios más recientes. Sólo por exigencias esquemáticas mantendré el hilo de ese cuento, con un criterio digamos musical, justo lo preciso para que el lector se vaya familiarizando con la partitura, historia de una perplejidad y de una insuficiente rebeldía.

De modo que pasaré por encima la libreta X, 1946, de cuando aprobé el Segundo Grupo de Ingreso a Ingenieros, de cuando mi padre se puso gravemente enfermo y yo seguí con mi contabilidad sobrenatural, mi escolástica y mi forcejeo. Un día anoté: «Esa va a ser la despedida de mi diario porque he decidido hacer literatura con todo». Prueba de que seguía sin saber cuál era mi propio violín. Mis libretas se hicieron efectivamente más confusas. De cuando en cuando un dato:

«Que un día u otro seré feliz, eso es algo de lo cual nunca he dudado. Tampoco se me ha pasado por la cabeza la idea de que yo no pueda acertar en la elección de esposa».

Mi padre cayó fulminado por la apoplejía el 18 de marzo de 1946. Después se produjeron los debates ya mencionados entre mi hermano Raimundo y la familia. Comencé a trabajar en la empresa familiar, un poco a la tun tun, sin nadie que me enseñara la asignatura. Ha sido una constante de mi vida: en ninguna de mis actividades profesionales he tenido maestros.

En el entretanto, los españoles cantaban *Tengo una vaca lechera*. Había regresado clamorosamente don José Ortega y Gasset. (Aunque, todo hay que decirlo, el filósofo se negó a ocupar su cátedra o a escribir en la prensa; incluso mantuvo su residencia oficial en Portugal). El régimen sufría el acoso del maquis y el acoso del mundo. Dentro del país, trescientos mil ciudadanos sospechosos estaban en régimen de *libertad vigilada*; el resto permanecíamos en babia. Con una información severamente controlada, y al cabo de seis años de famélica postguerra, lo importante era sobrevivir. 1945 había sido un año agrícolamente catastrófico. 1946 fue mejor. Naturalmente, la situación política era delicada. A punto ya de terminar la guerra mundial, don Juan de Borbón, aconsejado por Gil Robles, Vegas Latapie y Sainz Rodríguez, había difundido un *Manifiesto* desde Lausana, un documento que no se iba por las ramas:

> Pedimos al general Franco que «reconociendo el fracaso de su concepción totalitaria del Estado, abandone el poder y dé libre paso a la restauración del régimen tradicional de España, único capaz de garantizar la religión, el orden y la libertad».

Poco después moría Roosevelt, fusilaban a Mussolini, se suicidaba Hitler, Alemania se rendía incondicionalmente, comenzaba el juicio de Nuremberg. Los vencedores de la guerra condenaban al régimen de Franco en Postdam. El gobierno francés cerró las fronteras con España y fomentó las acciones de los maquis y la propaganda radiofónica antifranquista. Llegó la condena oficial de la ONU y el boicot diplomático. En Madrid sólo quedaron los embajadores de la Santa Sede, Argentina y Portugal. En el extranjero se daba por segura la caída del dictador. Las condiciones, aparentemente, existían: Franco era un anacronismo, la situación económica de España era pésima, el mundo entero —norteamericanos incluidos— estaba en contra.

¿Cómo fue que aguantó Franco?

La cosa podría esquematizarse del siguiente modo. En primer lugar, la muerte de Roosevelt, que tenía un empeño personal en acabar con el régimen de Franco, influyó en el rumbo de los acontecimientos. El gobierno británico, tanto el de Churchill como el de Atlee, consideraba poco oportuna una desestabilización en la península ibérica. La condena de la ONU fue más formal que material. Se esperaba un *ultimatum* y sólo hubo consideraciones y recomendaciones. «Si en un plazo de tiempo razonable no se ha restablecido (en España) un gobierno cuya autoridad emane del consentimiento de los gobernados... el Consejo de Seguridad estudiará las medidas necesarias para remediar la situación». ¿Qué era «un plazo de tiempo razonable»? Por lo visto treinta años. En segundo lugar, la oposición al franquismo estaba decapitada en el interior (se calcula que unos cien mil *rojos* fueron ejecutados en el período 1939/1945) y diluida en el exterior. No hubo estrategia unificada. Prieto, tras el fracaso de sus conversaciones con Gil Robles, era ya un hombre acabado. En tercer lugar, la guerra fría. En marzo de 1946, Winston Churchill pronunció el famoso discurso en que quedaba acuñada la expresión «telón de acero». Eso sí lo trajeron los periódicos españoles con grandes titulares. Recuerdo uno de ellos: «Churchill lanza una bomba en Fulton». Un año después, Truman decidía ayudar a Grecia y a Turquía para contrarrestar la influencia soviética. Vino el Plan Marshall, el bloqueo ruso a Berlín, y, unos años más tarde, la guerra de Corea. Entonces, incluso los políticos norteamericanos más desfavorables al régimen de Franco comenzaron a sentirse pragmáticos.

Por otra parte, la estrategia del dictador iba resultando eficaz. Franco, que tuvo siempre la ventaja de ser un flemático en un país de coléricos, poseía buen instinto político. Creía en su buena estrella y en la justicia de su causa. Sabía que el país estaba biológicamente exhausto para volver a emprender una guerra civil y, sin embargo, no bajó la guardia. El Ejército, la Guardia Civil y la Dirección General de Seguridad fueron reforzados. La propaganda se encargó de identificar el acoso al régimen con un acoso a España. (Bajo este sofisma se produjo la célebre manifestación numantina, mitad preparada, mitad espontánea, en la Plaza de Oriente de Madrid.) Franco sabía también que la intervención de las grandes potencias era la *única amenaza real* a su sistema; en consecuencia, se aplicó a quitar pretextos para una tal intervención, proclamando el Fuero de los Españoles y anunciando una Ley de Sucesión. El Fuero de los Españoles era un documento que no carecía de humor: «todo español podrá manifestar libremente sus ideas siempre que ellas no atenten a los principios fundamentales del Estado».

Junto a los toques institucionales, los políticos. La diplomacia. Hubo cambio de gobierno y el «católico» Martín Artajo (lo más parecido a un demócrata-cristiano dentro del Régimen) fue llamado a conducir los Asuntos Exteriores. Se jugó a fondo la carta de la Iglesia, y hay que decir que, por este lado, las cosas eran fáciles.

> «Los principales errores condenados por la Iglesia son trece: el materialismo, el darwinismo, el ateísmo, el panteísmo, el deísmo, el racionalismo, el protestantismo, el socialismo, el comunismo, el sindicalismo, el liberalismo, el modernismo y la francmasonería.» (Fragmento del *Nuevo Catecismo* del Padre Ripalda).

El P. Ripalda explicaba, más adelante, que era «nefasta» la libertad de prensa. Y a la pregunta: «¿Hay otras libertades nefastas?», respondía: «Sí, la libertad de enseñanza, la libertad de propaganda y la libertad de reunión».

Franco, digo, jugó la carta de la Iglesia y del anticomunismo de cara a los «anglosajones», como él los llamaba; pero, sobre todo, jugó la carta de dar tiempo al tiempo. Y el tiempo se le puso a favor. Y así fue como Franco aguantó. Todo lo cual sucedió como en un juego de prestidigitación, porque nosotros no nos enteramos de nada, y si ahora me he tomado la molestia de recordar algunos pocos elementales datos es porque, en buena parte, el desconocimiento sigue, y uno tiene que recordar cómo fue la cosa para mejor situar su propia y minúscula aventura.

A finales de 1946, mi diario recupera un cierto tono filosófico. «El dolor no es una función contínua; más bien es un parámetro. El dolor nunca es total; siempre cabe sufrir un poco más. También cabe una anestesia nominalista». (Supongo que lo de la anestesia nominalista era algo así como la terapia semántica de Alfred Korzybski). Las chicas de mi grupillo se iban «poniendo de largo», con sus correspondientes insolentes necias fiestecillas. Decidí que me examinaría, a la vez, de 1.º y 2.º curso de carrera, y así lo hice, y así adelanté un año.

Cayó en mis manos el *Goethe desde dentro,* de Ortega, y quedé muy impresionado. La idea de *vocación*, la idea de un «tener que ser» previo y más radical que el «deber ser», sintonizaba perfectamente con lo que yo llevaba dentro, un cierto instinto de mi propia irreductibilidad. La frase de Fichte, *werde der du bist* (llega a ser el que eres) siempre me pareció más afortunada que la famosa consigna griega del «conócete a ti mismo». Toda mi juventud vino presidida por esta idea de vocación, bien que en un marco cristiano. En cualquier caso, leer a Ortega era una fiesta. Aquellos maravillosos ensayos de *El espectador* (dejando a un lado lo equivocado de su título, pues la ciencia ha demostrado que el puro «espectador» no percibiría nada) que yo leía fragmentariamente —porque yo, en mi vida, sólo he leído fragmentariamente— significaron el descubrimiento de que la lengua castellana podía ser adulta y moderna además de hermosa y cacofónica.

Chon me había prestado *El idiota*, de Dostoievski, que no conseguí acabar. Me ensusiasmó, en cambio, *Crimen y castigo*, novela que sintonizaba con un reflejo de mi adolescencia: hacer el mal para poder, sencillamente, respirar. Hacer gratuitamente el mal para asomar la cabeza al exterior.

También recuerdo haber hojeado *Psicología de la edad juvenil*, de Eduardo Spranger (por recomendación de Rudy Grewe, hoy profesor de lógica matemática en Nueva York). «En ninguna edad de la vida tiene el hombre una necesidad tan fuerte de ser comprendido como en la adolescencia». Era la primera frase del libro. El problema, naturalmente, reside en cómo comprender lo que todavía no existe. Más que ser comprendido, el adolescente agradece que le tengan en cuenta, que le tomen por alguien *real*.

Otro ensayo que me viene a la memoria se llamaba (pero no estoy seguro) *Filosofía de la coquetería*, y era de Simmel. De él saqué un motivo que me interesó muchísimo: lo que un hombre le pide a una mujer es que sea a la vez diferenciada e indiferenciada. Como si dijéramos, masculina y femenina a la vez. (El recíprocamente viceversa no se me ocurrió hasta mucho más tarde, cuando atiné a desbloquear las dimensiones femeninas de mi personalidad). Otra idea de Simmel que también hice propia fue la de la infalible puntería del instinto en lo relacionado con la elección del *partner* amoroso.

En 1947 comencé a escribir una novela, que la llevaba bastante tiempo en gestación, y cuyo asunto principal era mi propio desajuste. El protagonista se llamaba Pablo y era una mezcla de místico y aventurero. Otro personaje se llamaba Esteban, y era una mezcla de Aliocha Karamazov y José Arana. Otro se llamaba Agustín, y era el villano, un tipo muy tirado pero lúcido. Había también una muchacha sexy que trabajaba en un cabaret, digamos en *La buena sombra,* el local mortecino que estaba junto a la Plaza del Teatro (Barcelona), y como contrapunto, la niña angelical. El protagonista dejaba su casa de la parte alta de la ciudad para irse a vivir a *La gruta*, especie de *mansarde* que yo imaginaba en una plaza del barrio gótico, con palmeras, arcos y faroles. Para ser precisos: la Plaza Real. Probablemente sentía la atracción del *barrio*, yo que siempre había vivido en un chalet aislado. (Escribo esto desde Barcelona, 1983, donde recientemente se han pavimentado muchas plazas y adivino un deseo municipal de rehabilitar la conciencia de barrio, recuperar el viejo juego de la *polis*, multiplicar las ocasiones de poder charlar, como Sócrates, con quien te encuentras. Eso está bien). Había en mi novela un rito de desclasamiento, un canto a la adolescencia, un elogio de la desadaptación, el rechazo de todo «compromiso». Lo que no había era sensorialidad en el lenguaje. Ni en las situaciones. Casi todo se me iba en diálogos filosóficos.

En aquel tiempo leía un libro de un tal Flakenstein, que se titulaba *Enfermedad y personalidad,* y del cual saqué la idea (jungiana) de que todo conflicto psíquico es un conflicto religioso. Mi protagonista estaba cargado de conflictos religiosos. Mi novela era esquemática y abstracta. Es decir, no era novela.

Mis amigos iban variando, aunque algunos permanecían. Con Felipe íbamos, en el mejor de los casos, a jugar al póker; con Le Monnier discutíamos de casuística moral; con Quadras cotejábamos problemas matemáticos; con Arana jugábamos al frontón. Con los compañeros de la Escuela de Ingenieros la relación era buena, ante todo por mi permanente disposición a la broma. Con Enrique Masó Vázquez nos metíamos en lugares insólitos simulando ser corresponsales del periódico *Los sitios* de Gerona. Después Masó se fue a hacer las Américas, se le acentuó la cara de gorila, ganó mucho dinero y llegó a ser alcalde de Barcelona.

Jimmy d'Aulignac se pasaba la vida mencionando a un amigo suyo, al que nadie había visto jamás, llamado Guillaume Martín, presumiblemente francés, y añadiendo invariablemente: «ya sabes, ese que se ha comprado un *Avión Voisin*». Era la marca de un potente automóvil, y la muletilla, cacofónica y rimada, pronunciada ostentosamente y con acento *pointu,* nos ponía a todos de muy buen humor. El invisible y fabuloso personaje, capaz de adquirir un *Avión Voisin,* acabó convertido en figura retórica, apoteosis de una cierta pijería. Al menor pretexto decíamos:

> «En esto opino como *Guillóm Martén,*
> ya sabes,
> ese que se ha comprado un *Avión Voasén*».

* * *

El 1 de octubre de 1947 conocí a la chica de los ojos verdes. Puestos a segmentar una existencia humana, operación siempre arriesgada por lo que tiene de convencional, aquel encuentro abría (sin yo saberlo) un período nuevo en la mía. Sucedió a la salida del cine Windsor y tras haber visto un film mediocre protagonizado por la insoportable June Allyson. Recuerdo que en el vestíbulo del citado cine, un amigo me estaba diciendo: «te voy a presentar a la mujer más guapa de Barcelona», y que yo le contesté: «no sé de qué me hablas, pero me interesa mucho más lo que estoy viendo».

Lo que estaba viendo, o mejor percibiendo, era un bellísimo rostro de mujer jovencísima, rostro como iluminado, galvanizante, prodigiosos ojos verdes que resistían descaradamente mi mirada. Era literalmente una *aparición*, un despilfarro de radiaciones intensísimas: energía, naturalidad, vivacidad, hondura, humor, ternura, transparencia. Todo en embrión, a flor de piel, a punto para el tacto, la presunta colisión.

La puntería del instinto, de que hablaba Simmel, en plena acción.

Nunca nadie me ha gustado tanto como aquella aparición del vestíbulo del Windsor. «Por fin he encontrado a la mujer con quien me voy a casar», reconstruí más tarde. Lo notable del caso era que yo tenía 20 años y ella 16, y que, en lo que a mí concierne, el *coup de foudre* fue instantáneo. Quiero decir que *allí estaba todo*, en un abismo de germinalidad; y que la primera impresión que te produce un ser humano —particularmente si es del sexo contrario— tiene una importancia inmensa. Lo que el juego pueda dar de sí *está ya allí*, en la inmaculada precisión de lo inicial. Lo que pueda haber entre una mujer y un hombre se descubre en el primer momento —a poco perceptivo que uno sea—. El bombardeo de mensajes «analógicos» no viene interceptado por ningún preconcepto. (Mensajes analógicos son lo que se contraponen a mensajes digitales en Teoría de la Comunicación, y que, según Bateson y Jackson, se relacionan con el hemisferio derecho del cerebro). En lo que a mí respecta, juraría que jamás me he equivocado.

Nota bene: he dicho lo que *pueda* haber, que no es forzosamente lo que después haya. También están los límites, la gracia y la desgracia de los límites, el fundamento de la interacción humana, el azar, la interferencia, el relativo descontrol de una estructura nueva, una estructura a dos. (Lo que pueda ocurrir entre dos personas ya no depende de ninguna de ellas en particular). Pero me reafirmo en la validez del postulado, al menos a efectos heurísticos y retroactivos. Si usted quiere saber lo que pueda o pudo haber dado de sí una relación humana, remítase al primer encuentro y al primer registro, a la configuración del primer margen de interacción.

¿Eran estrictamente verdes aquellos prodigiosos ojos? Sí en principio, no invariablemente; dependía —lo descubrí más tarde— del contexto: de la ropa, del color del cielo, del paisaje emocional; quizá, incluso, de la higrometría. Entonces el color podía cobrar tonos que iban del gris al violeta. Pero la mirada bellísima y cuasi táctil, mantenía sus constantes básicas: nostalgia, franqueza, energía, broma, insolente referencia a un paraíso inexistente; dialéctica de un animal contextual muy expresivo y transparente, con una exigencia última de perfección; latente germen de insatisfacción y rebeldía.

Aquella hierofanía iba acompañada de su hermana y de un muchacho muy alto y algo deshuesado, compañero mío de estudios y que, según supe más tarde, estaba enamoriscado de ella. Me precipité a saludarle y él procedió a presentarnos con entusiasmo muy prudente, y yo me uní a ellos, a dar un paseo por la Diagonal, a comentar la película que acabábamos de ver, a indagar un poco más en mi descubrimiento, a pulsar otras teclas del registro, porque yo era entonces un joven muy lanzado y muy eufórico, propenso a la broma y al desplante, con irreprochables entradas en escena.

Fue un encuentro aparentemente prematuro. Fue, quizá, un encuentro que no debiera haberse producido nunca. Caben todas las especulaciones. Pero fue, indiscutiblemente, un encuentro con cola, y ahora no voy a tener más remedio que ocuparme de esa cola, reflexionar sobre el proceso de una extraña relación, aunque dejando intacta buena parte del secreto del sumario, y no por temor al exhibicionismo sino por definición de secreto. Cuando todo queda explicado, todo se derrumba. Es una tesis casi contraria a la de Sigmund Freud. Felizmente hay siempre un último reducto inaccesible, un margen de locura descentrada, con independencia de los discursos con que tratamos de embaucarnos a nosotros mismos.

En las semanas que siguieron a nuestro primer encuentro, me vi a menudo con la chica de los ojos verdes y se produjo, como consecuencia de ello, una inflexión en mi espasmódico proceso. Tuvimos una memorable conversación en el Club de Tenis Turó, junto a una chimenea. Se confirmaban mis premoniciones iniciales. Aquella listísima mujer joven me entendía, me seguía, actualizaba una zona muy honda y muy virgen de mí mismo, muy inaugural.

Ahora pienso que lo que me distingue de aquel muchacho de 20 años es la cantidad de capas superpuestas, la espesura, el utillaje, la resaca. Y lo que me hace semejante a él es una paradójica recuperación de la inocencia. Ahora sé que sé que sé... Pero como quiera que la serie es infinita, me he convertido en un animal sin metalenguaje. (Cuando todo es metalenguaje, todo vuelve a ser lenguaje). En aquel tiempo había una contradicción entre mi visión teológica del mundo y mis pulsiones innatas; hoy he comenzado a dialectizar mis contradicciones. También en las contradicciones está el *tao*; también mis supuestos errores son míos, y yo soy de ellos. Es decir, uno no es el sujeto exclusivo de sus propios actos. Los actos se inscriben en sistemas, los sistemas en hipersistemas y así sucesivamente. Uno, a lo sumo, puede diseñar estrategias.

A lo que iba.

Entonces yo tenía una necesidad desmedida de *enamorarme*, de perderme en otro ser; hoy ya no. (¿Perderme, acaso, en el no-ser?). Entonces yo creía que mi pathos metafísico era una patente de corso: una mujer profunda tenía forzosamente que enamorarse de mí. A nivel teórico/platónico al menos. Hoy he relativizado el asunto, precisamente porque soy más experto. El ejercicio expresivo del amor tiene sus leyes autónomas, sus secreciones autónomas (incluidas las lágrimas), sus azares, su lenguaje analógico, su arsenal de metáforas. No todo el mundo lo juega igual. Sucede como en el tenis, y no hay que darle más alcance del que tiene.

Pero me produce cierto alborozo la rememoración de aquel muchacho inaugural, ingenuo y, sin embargo, tan despierto. He releído las primeras cartas que nos cruzamos la chica de los ojos verdes y yo, y se me antojan bastante plausibles, particularmente las mías. Fue un proceso cargado de equívocos, complejo y de primera mano, espasmódico, hermoso, juvenil, intransigente, nunca neutro, inscrito en una Weltanschauung cristiana y compartida. La gran ventaja, lo que me permite hablar del tema, es que aquella princesa de los ojos verdes ya no existe. Tampoco existe el muchacho espabilado y conflictivo que llevaba mi nombre y mi apellido. Son terceras personas, benditas terceras personas, de las que, para sorpresa mía, descubro que hay bastante que aprender.

No sé quién ha escrito que un hombre que muere a los treinta y cinco años es, en cada momento de su vida, un hombre que ha de morir a los treinta y cinco años. Dejando a un lado que esa visión *karmática* retrospectiva es discutible (un hombre que muere a los treinta y cinco años *también* es un hombre que *hubiera podido* no morir a los treinta y cinco años —salvo que la muerte la llevara inscrita en la dotación genética—), dejando a un lado eso, digo, el futuro, de algún modo, subyace en el presente. Particularmente cuando se trata de un futuro compartido, y por las razones que expliqué hace un momento: el *margen* que se configura desde el primer intercambio de mensajes. Pues bien; entre la chica de los ojos verdes y yo había seis hijos latentes en cualquier circunstancia compartida: paseando por la Diagonal o tomando una horchata. Era mucha gravidez. Era mucho mensaje ondulatorio para mis antenas hipersensibles.

Y para las suyas. Porque en cuestiones de sensibilidad y olfato aquella jovencísima mujer era imbatible. Claro está que presionaba, también, el otro aspecto de la cuestión. Aquella chica de los ojos verdes era, comenzaba a ser, un personaje *excesivo*; cargada de matices pero, al mismo tiempo, proclive al «todo o nada». Curioso antagonismo que podía conducirla a un cierto desbocamiento y a una cierta exasperada soledad. Era tanta su apetencia de verdad, su incomodidad con la transacción, que el mecanismo *proyectivo* hacía en ella presa fácil. «Yo sé que tengo razón, y basta», decía a veces. Era su modo de sacudirse las pulgas. Bien es cierto que su juventud y su vitalidad soldaban las fisuras. Pero quedaba latente un germen de incomunicación. Muchos años después escribí:

> «Lo que me deja atónito es el descubrimiento de que la chica de los ojos verdes nunca supo quién era yo; y que yo nunca supe quién era ella. Pues no hay que confundir la previsión del comportamiento ajeno (reflejos condicionados) con el conocimiento existencial del otro. Aquella chica lista y extravertida, preciosa y potencial, no se enteró. Aquel muchacho nervioso y afilado, tampoco se enteró. Una indiscutible *iluminación* sí se produjo, en las premoniciones del amor, en el amor mismo, pero eso no es exactamente conocimiento. No niego que el amor pueda adscribirse al ámbito epistemológico: lo dijeron Max Scheler, Pascal y San Agustín. (Y hasta mi amigo Rubert de Ventós.) Lo que tal vez hubiera que precisar es que todo conocimiento es, a la vez, desconocimiento; que toda iluminación es, a la vez, sombra, y que cuando el amor cambia de onda la realidad cambia de sintonía».

Como es natural, le he venido dando vueltas a esos temas a lo largo de los años. ¿Hasta qué punto nos conocemos y nos desconocemos los unos a los otros? ¿Cómo funciona la comunicación entre seres diferentes? Cada cual, claro es, va cargado con su marco de referencia. Pero, ¿no provoca la *diferencia* una curiosidad nueva y creadora? El 3 de enero de 1977 escribí un artículo bastante complicado. Extractos:

> «Entretejer las diferencias es asumir el pluralismo, y eso discurre por la acción paradójica, el humor, el amor. Sobre un subsuelo permanente de desapego.

Asumir el pluralismo es *abrirse realmente*. Abrirse realmente no es abrirse únicamente al mundo. Lo que llamamos mundo es ante todo algo que *llamamos* mundo. Lenguaje. ¿Y qué se puede hacer con el lenguaje cuando ya esa misma pregunta vuelve a ser lenguaje? Cavilo que la *apertura* no va por el camino de una previa clarificación ontológica del «mundo». (Este fue el camino de Heidegger). La apertura va más bien por el camino de una práctica significante que no se detiene. La superación del lenguaje pasa por un discurso indefinido que al final es un no-discurso.

La trascendencia, la comunicación, está en la complicidad musical del mundo. Dícese que hemos entrado en la Era de Leibniz, era de los sistemas sin referencias exteriores a sí mismos, era del objeto sin sujetos impertinentes que obstaculicen el libre y misterioso juego de lo simbólico. Ya no hay *cógito*. Yo no pienso: algo piensa a través mío. *Ça pense*. Pero en el forcejeo contra la alienación en el lenguaje, cabe aproximarse a lo concreto, aquí y ahora, ese sonido de mi máquina de escribir, ese texto que compongo y que debiera entenderse en función exclusiva de sí mismo: es decir, que debiera no entenderse. Y espero que no se entienda.

¿Entonces?

Entoces, lo que antaño llamábamos sujeto es el escondite de algún dios, y si anda por la vecindad algún dios, le ruego que tenga la bondad de desmentirme».

Un tanto complicado, ya digo, y no sé si venía muy a cuento. Puede que sí. Estaba contando que hace años que me muevo en espiral sobre esos temas. Conocimiento, comunicación, amor y, en el límite, mística. (Ojo, y de una vez por todas: cuando hablo de mística lo hago en un contexto que no tiene nada de irracional. Para mí, la mística es la culminación de la razón crítica. La mística se desvela tras el espasmo crítico de la limitación.) A menudo me había planteado: ¿qué es el amor? Y siempre encontré un océano de gradaciones y de equívocos amparados en un solo nombre. En un tiempo, amor significaba *ser reconocido*, o lo que es equivalente, expulsión de la soledad. Inesperadamente, el universo se puebla. Hay, al menos, dos personas: yo y otra. Automáticamente, morir deja de ser angustioso.

Theodor Reik estimaba que el amor viene precedido por

una fase de descontento del propio yo, la fisura entre el ego real y el ego ideal. El «otro» viene a compensar esta fisura. Lo cual resulta muy judeocristiano: el amor como catarsis de la miseria propia. Prefiero un enfoque que relacione el amor con lo diferente en tanto que diferente. (Sin necesidad de arrancar de ninguna miseria propia). Ciertamente no se puede querer a quien no se admire; no se puede querer a quien no posea algunas de las virtudes que uno no posee, a quien no sea *diferente*. Pero esto no exige autodespreciarse. Esto es, más bien, el preámbulo de un éxtasis alimentado de antagonismos.

Amor y conocimiento inciden en el misterio del *encuentro* o *colisión*. Sucede como en mecánica cuántica; al medir un fenómeno tomamos una decisión: o medimos el «momento» o medimos la «posición». Medir, amar, afectan a lo medido, a lo amado. (He aquí por qué tanta gente tiende a pensar que el amor es un puro invento, una ilusión subjetiva.) No conocemos al otro: sólo experimentamos nuestra *relación* con el otro. Y toda relación es un bucle cibernético. Es de ida y vuelta. Por esto no se percibe igual a una persona que nos desea que a una persona para la cual resultamos indiferentes. Procede ir más allá de Stendhal y de Ortega, y hasta de Denis de Rougemont. El amor, el amor compartido, no es sólo cristalización, ficción, proyección o mística encubierta: es una peculiarísima *interacción*, como cuando chocan dos partículas de masa parecida. El amor es colisión. Y el desamor es pasar de largo. Y lo que el amor/colisión consigue es hacer cambiar de estado a los *partners:* del estado sólido se pasa al estado fluido. En cierto modo *ionizado*. En este sentido, el amor literalmente *transforma* a los seres y crea en cada uno de ellos cualidades *nuevas*, hijas de la interacción; cualidades que se ejercitan en el misterio activo de la relación erótica.

Luego, cuando el amor se esfuma, los individuos recuperan su condición de cuerpos sólidos; cesa la interacción; nace el falso mito de la visión «objetiva».

No se trata, pues, de que el amor provoque una visión «ideal» de la persona amada; se trata de que el amor es un ejercicio participativo que genera una «realidad» nueva. Conviene no identificar el amor con la patología, ni la indiferencia con la normalidad. Tampoco es lo contrario. Se trata, meramente, de diferentes estados de excitación/interacción. Siguiendo con la metáfora de la física. Ha habido tres etapas en esa aventura: 1) la newtoniana del mundo cotidiano y aparentemente estable; 2) la de los átomos, núcleos, electrones y fotones: el universo microscópico que explica al macroscópico por medio de la mecánica cuántica; 3) las partículas efímeras (2.ª mitad del siglo XX) descubiertas a partir de experimentos con alta energía. Pues bien; el amor se me antoja hoy, en su aspecto pasional, como un experimento de alta energía, con resultados extáticos y efímeros, y, por otra parte, insertos en una no-dualidad que liga con la filosofía oriental. Es lo que en mecánica cuántica se llama *no-separabilidad* (desigualdades de Bell, etcétera). Las distintas partículas efímeras, aun cuando estén arbitrariamente apartadas las unas de las otras, son inseparables y tienen que ser consideradas como una unidad indivisible. (Tal vez ni siquiera «existan» esos constituyentes fundamentales de la materia, y todo sea una red conceptual hija del coito psico-físico.)

O sea que rectifico. Sí supe quién era la chica de los ojos verdes; sí supo ella quién era yo. Lo supe, lo supimos, al menos, mientras nos amábamos, mientras nos inventábamos. En el vislumbre y en la explosión de la risa. Pues ya digo que el amor provoca una visión real, y no ideal, del prójimo. Porque el amor es creativo/destructivo. El amor hace que se derrumbe la fachada *personal*, la máscara, el rol social, incluyendo el estereotipo del macho y de la hembra. El puro macho jamás podría comunicar con la pura hembra. Felizmente, todos somos, a la vez, machos y hembras, con lo cual es posible el *machihembrado* de la comunicación. Y con lo cual volvemos al origen no dual de toda comunicación real. El acoplamiento *yang-yin*

Pues lo que el amor desvela no es el ego sino el más allá del ego. Lo que el amor, cuando es real, verifica es la identidad del ser humano con el Tao, o con Brahman, la espontaneidad sagrada. (Consúltese Alan Watts, *Nature, man and woman.*) El fluir indivisible de las cosas. El problema comienza —y habré de ocuparme de ello, tal vez, más adelante— cuando hay que conciliar el más allá del ego con el ego, lo sagrado con lo profano, el amor con la convención, la pasión con el matrimonio, la mística con la cultura.

* * *

Yo era relativamente yo; ella era latentemente ella. El 1 de enero de 1948 le escribí una carta, la primera dentro de una serie intermitente y espasmódica. Era una carta que contenía fragmentos un tanto insólitos, si tenemos en cuenta que iba dirigida a una muchacha de 16 años. Extractos:

«Entonces, desde el bochorno de mi naturaleza caída, suelo pensar en las ventajas de tener novia. Sufro. Y mi escritura se tiñe. La falta de amigos geniales me conduce a dialogar frenéticamente conmigo mismo. Me enfrento con lo que hay. La vida es un fenómeno irreversible (que sigue siempre la dirección antes/después) para entender lo cual acuñamos algunos conceptos (tiempo, entropía, etc.), y eso es relativamente insuficiente, incómodo».

«Resulta notable: contigo suelo ser más sincero que con nadie, a pesar del poco tiempo que nos conocemos. Cierto que también contigo represento un papel (esta carta, en parte, viene a corroborarlo), pero se diría que menos. Claro que eso de representar un papel es inevitable. Verás (agárrate que viene un rollo). El yo es como una cebolla cuyas capas puedes ir retirando: al final no queda nada. Sólo una indefinida potencialidad para ser cualquier cosa. Ahora bien, al enfrentarse con el mundo social, el yo siente la urgencia de definirse, la necesidad de cristalizar so pena de quedar diluido. De ahí la infinidad de posturas humanas improvisadas. En una reunión, Fulano aparece como chistoso, Sutano como retraído, Zutano como hosco, y no porque, respectivamente, sean así, sino porque, generalmente han sentido la urgencia de *ser algo* y entonces se han *agarrado* al estado psíquico que en aquel momento les atravesaba. Han hecho lo que han *podido*, no lo que han querido. (¿Me sigues?) Relacionarse con la gente significa hacer intercambios psíquicos, y una cosa es tanto más intercambiable cuanto más definida sea. De ahí la tendencia a exagerar las propias convicciones, mostrarse rotundo, etc. Lo cual protege; facilita el juego social».

Así se explicaba el joven autodidacta de 20 años, estudiante extraviado en una Escuela de Ingenieros. Luego, la carta se cambiaba en clave de humor. Fue muy importante el humor en mi relación con N., y con las mujeres en general. Mi propio intelectualismo me condujo pronto a la convicción de que el «hablando se entiende la gente» *sólo* es válido cuando previamente se está de acuerdo en algún nivel metalingüístico. De ahí mi intuitivo aprecio por la liturgia de la risa, su poder de ruptura (salto de niveles lógicos), su germen metacomunicacional. La risa es una manera de descargarse del fardo de la autoimagen, incluso de la identidad. *Je est un autre*, decía Rimbaud. Yo he tenido fama de frívolo.

La chica de los ojos verdes (a quien en lo sucesivo llamaré Nuria) contestó inmediatamente a mi mensaje, con una prosa todavía balbuciente pero rápida, tratando de superar el comprensible complejo de tener únicamente 16 años. A mí me gustó, sobre todo, el hecho de que contestara, su falta de escrúpulo y mojigatería. Mi instinto, supongo, realizó una lectura en profundidad de sus palabras: escritas con una caligrafía enérgica aunque incipiente, sobre un papel de color crema y con una crucecita al comienzo de página; mi instinto, digo, debió percibir mensajes recónditos, el futuro pluscuamperfecto, la gravidez latente, un galimatías de códigos, represiones, des-represiones, malosentendidos, buenosentendidos, ilusión, decepción, amor, desamor, complicidad, pasión, sexo. Sin llevar nada de eso a la conciencia, pero *sabiéndolo* de antemano.

Era una característica de mi universo mágico y de mi hipersensibilidad: yo *sabía* lo que me llevaba entre manos. Lo sigo sabiendo. Porque no es posible vivir completamente fuera de la magia, fuera de la compenetración simpática de todo con todo. Hace falta una mínima *seguridad* para estar en el mundo; no puedes estar pendiente de si el corazón dejará de latir o el riñón dejará de filtrar. Hace falta una comunión inmanente con la naturaleza, una prolongación de la simbiosis con la madre. Ya digo que incluso hoy, desde la incertidumbre, la complejidad y la ambivalencia, tiendo a estar seguro, tiendo a *saber*. Un cierto mecanismo cibernético compensa mis cerrazones y orienta mis estrategias. Añoro la vieja infalibilidad. Cada vez que me examinaba de una asignatura yo *sabía* previamente el resultado del examen. A poco de salir con Nuria, yo *sabía* que nos íbamos a casar. (Lo cual hubiera sido cierto incluso si no nos hubiéramos casado.) Cuando iba a ganar mi primer dinero, yo *sabía* que iba a ganarlo. Cuando tuve el gran vértigo suicidiario yo *sabía* que iba a encontrar un amarre. Cuando les compré a mis hermanos las acciones del negocio familiar, yo *sabía* que compraba mal. (Sólo que la alternativa era peor: la alternativa era que nos fuéramos todos a la mierda.)

Probablemente, yo *sabía* incluso que algún día dejaría de saber; que la vida habría de pillarme por sorpresa. Yo sabía que hay un saber premonitorio y un saber mágico, y que conviene deslindarlos, aunque casi siempre vengan mezclados. La magia —por definición— es invulnerable. La magia es aquel sistema alucinatorio que recibe forzosa verificación empírica. (Visto del otro lado, también la ciencia es mágica, pues, como ha mostrado Kuhn —y ha glosado Jesús Mosterín— toda «teoría» es empíricamente irrefutable. A lo sumo, descubrimos «modelos» que no encajan.) Yo sabía que algún día habría de salirme de la magia, al menos de la magia reduccionista, para penetrar en el universo de la complejidad y de la incertidumbre, en el ámbito indeterminado de las situaciones no previsibles. Una magia más sofisticada. Entonces habría que asociar el objeto a su entorno, el fenómeno observado al sujeto observador. Las nuevas nociones clave serían: estrategia, probabilidad, sistema, participación, interferencia, azar, ruido, contradicción, paradoja, riesgo. No más simplificación ni infantilismo. Citando a Edgar Morin: «La simplification, c'est la barbarie de la pensée; la complexité, c'est la civilisation des idées». Pero cuánta dosis de simplificación para ponerse a hablar de complejidad; cuánta dosis de ingenuidad para proclamar que se ha salido de la ingenuidad. Lo que ocurre es que nada de esto nos escandaliza, porque ya todo es felizmente paradoja; ya nos nutrimos de nuestras contradicciones y le sacamos el jugo a los errores. Jugo teórico inclusive.

Sí, yo *sabía* que algún día no sabría. Y ahora sé que no sé. O séase que sigo *sabiendo*. Algo tensa las velas de mi nave. ¿Por qué, si no, me tomaría la molestia de escribir? La nueva magia consiste en forcejear con el azar, incorporar los *ruidos* en el proceso de fabricación de nuevos *patterns*. La nueva magia es esa fe inmanente que nos tiene todavía en pie. Lo había advertido el perspicaz Albert Camus: el único problema filosófico serio es el del suicidio.

Ya digo que también la ciencia es mágica. Las leyes de la gravitación de Newton no explican la gravitación: sólo dan una expresión matemática de sus efectos. ¿Quién sabe verdaderamente qué son el tiempo, el espacio, la materia, la fuerza, la energía? La ciencia maneja axiomas. Pero, ¿qué sentido tiene verter al lenguaje ordinario las fórmulas procedentes del lenguaje físicomatemático? Postulamos una cierta intercomunicación de todo con todo para explicar la universalidad de las leyes físicas. O séase, magia.

Cualquier lenguaje es siempre magia.

Nuria y yo nos tratamos asiduamente a finales del 47 y comienzos del 48. Íbamos a Parellada, a Sacha, al Polo, al Turó, a pasear por la Diagonal o por el Paseo de Gracia, a las Granjas Catalanas, al Palau de la Música, incluso (una vez) a merendar con su madre y con su hermana. Eran veladas extraordinarias. Nunca nadie me había escuchado con tanta atención ni con una mirada tan inédita y tan bella. Había topado nada menos que con la persona de mayor *poder comunicacional* que he conocido. Lo cual nos iba poniendo progresivamente nerviosos a los dos, y por razones diferentes. «Preferiría no haberte conocido», dijo ella un día. Viernes, 20 de febrero, caía una lluvia delgada. Estábamos en el Salón Rosa y en un momento en que no se me ocurría nada mejor que decir, solté: «Lo que ocurre es que me he enamorado de ti». No era lo que entonces se llamaba una «declaración» sino, más bien, una constatación improvisada, dicha sin demasiado énfasis. Era, según se mire, un tanteo. Ella reaccionó con ambigüedad. Simuló tener otro afecto, pero lo que yo capté era que no estaba en edad de tener novio, y que si yo tenía la compulsión neurótica de tener novia, el problema era mío.

Se había esfumado por completo Chon. Quedaba sublimado el sexo. Sólo Nuria ocupaba mi mente y mi añoranza. Yo le había hablado alguna vez de la doble exigencia antagónica que el hombre fuertemente diferenciado proyecta en su trato con la mujer (la tesis de Simmel), y que, en consecuencia, sólo ciertas mujeres *geniales* pueden colmar a un hombre. (Ya digo que el correspondiente viceversa no se me ocurrió plantearlo hasta más tarde.) Bien; Nuria, con su feminidad nada pasiva, su rapidez de reflejos, su desparpajo, su poder comunicacional, su espontaneidad y su belleza, era para mí, a pesar de su cortísima edad, un claro esbozo de mujer genial.

Y el tiempo se ocupó efectivamente de corroborarlo. Siempre tuvo Nuria más genio que talento, con todo y tener mucho talento; y un plus de emotividad y de carácter que la descompensaba. Lo cual no obstaculizó nuestra relación mientras estuvo viva, que fue durante muchos años. Lo cual, digo, se fue manifestando a lo largo de sus sucesivas metamorfosis, que no fueron pocas, al menos desde el punto de vista de su interacción conmigo. Princesa en el 48, novia en el 51, esposa en el 52, amante y compañera luego. Mi vida no es concebible sin Nuria. Yo no sería lo que soy sin Nuria. (Y, a mi juicio, viceversa.) Hubo equívoco, tormenta, ineptitud, confrontación, rivalidad; hubo, al principio de ser «novios», una mala acomodación entre sexualidad y cristianismo; hubo mi conflictivo neurovegetativo, el que me hacía animal poco propicio al matrimonio —lo cual yo no sabía—. Pero hubo también la otra cara de la moneda, el amor, la colisión. Algo *real*.

Nuria fue para mí un auténtico rito de iniciación: la

repetición no mimética de lo que se hizo en el origen de los tiempos, y a través de esa liturgia, el acceso a lo real, el descubrimiento de mi genuina virilidad, una nueva cota de confianza en mí mismo. Esa veta de realidad, esa mayor densidad existencial, se la debo a Nuria; del mismo modo que Kant le debía su empirismo a David Hume. Desde que se inició el juego vital con Nuria, las cosas se hicieron repentinamente menos abstractas. Nuria fue ante todo una mujer *real*. Contagiosamente real. Eminentemente catalana, oscilando entre el *seny* y la *rauxa* (expresiones de difícil traducción: digamos que entre la ponderación y el arrebato), telúrica, territorial, vinculada al elemento básico de la historia catalana, que —como decía Vicens Vives— no es el hombre sino la casa, la *llar*. Y con la adherencia a la casa hubieron de venir los hijos: seis. Y tras los hijos, el trasiego y la dialéctica, un latente matriarcado, las peripecias de una relación difícil: mi carácter oscilando entre la efusión y la distancia; el suyo entre la mansedumbre y el griterío. Y, a pesar de los pesares, la adherencia/amor. Lo que a mí pudiera faltarme, le sobraba a ella. Viceversa. Nos deseábamos. Configurábamos un intrincado *sistema a dos*.

Por si esto fuera poco, y en lo que a mí respecta, presionaban los pactos totémicos. Durante años mantuve mi fidelidad a los pactos totémicos; y todavía hoy me siento remota y supersticiosamente ligado con ellos. La rescisión ha sido lenta.

Fue una pasión que duró un cuarto de siglo. Tampoco está tan mal. Ella solía reprocharme que no me hubiese desprendido de la piel de adolescente. Ella interpretaba mi primer enamoramiento como una especie de *fijación*, vocablo evidentemente inadecuado —como tantos otros que se han filtrado del psicoanálisis— toda vez que una fijación es siempre una vinculación a alguna fase primitiva del desarrollo, y no era éste exactamente el caso. Con los años, su diagnóstico cobró otra forma: «Tú nunca me has querido *a mí*: sólo has querido a una imagen que tú mismo has fabricado». Delicada cuestión, a mi juicio simplificada. Precisamente yo la quería *a ella* porque ella me salvaba de mí.

Precisamente el sexo sólo se me moviliza con animales muy distintos de mí, muy poco inventados por mí. Pero bueno; cada cual tiene su terminología. Y su código genético. Cada cual hace lo que puede. Nosotros hicimos lo que pudimos hasta 1959; modulamos luego la convivencia hasta 1970; la distendimos hasta 1974. Con posterioridad a esa fecha, la documentación se hace difusa, la memoria se pone perpleja, o acaso desvalida: parece como si la chica de los ojos verdes se hubiese exiliado vengativamente. «Nunca quisiera ser vieja», me dijo una vez cuando todavía era princesa. Quizá se tratara de eso. La perdí de vista.

In memoria aeterna erit justus: ab auditióne mala non timébit.

También yo me esfumé, o me desperdigué, o me revolví. Me alcanzó la monotonía y el guirigay. Una mala decisión, unida a la incompetencia de mis asesores, me condujo, años más tarde, hacia terrenos movedizos, me hizo perder miserablemente un tiempo precioso. Me salí al fin de aquel tinglado, con heridas todavía por cicatrizar, hélas, y ahora aquí me encuentro, atareado con ese ensayo, *allegro ma non tropo*, pasando la maroma entre el busilis, ese punto en que reside la dificultad, y el filili, que es el primor o la delicadeza; lo cual ya fuera expuesto por don Ramón Gómez de la Serna, aunque en un contexto muy dispar.

* * *

Pero estamos en 1948, recién cumplidos mis 21 años. Yo seguía siendo muy cristiano, relativamente avisado de la extravagancia de serlo. Una de las tantas cartas que le envié a N., terminaba así:

> «Seguiré arrastrando mi ignorancia, mi insatisfacción, mi estrambótica creencia en Cristo, mi tan cacareada superioridad intelectual; me escabulliré quizás en mi escritura, gozando y sufriendo alternativamente, como está mandado, sin ton ni son, pim pom».

Discurso plagado de síntomas: «Arrastrar la ignorancia»,

«estrambótica creencia en Cristo», «escabullirse quizás en la escritura». Era la otra cara de la moneda: la indeterminación, la imprevisibilidad, el desorden; síntomas de la parte negada por el código oficial; síntomas que con el tiempo habrían de realizar su trabajo *negativo*, conducirme al paradigma de la complejidad y de lo aleatorio, superación de la teología, germen crítico que me permitiría evolucionar —no demasiado, pero algo.

(Porque se trataba, se trata, de *respirar*. Y no se puede respirar desde la pura obediencia. Tampoco desde la pura rebelión. Respirar es alternar, e interfecundar, la regla con la transgresión. Ya he hablado de la pobreza de un sistema que nos obligaba a inventar el Mal como recurso «romántico» para la respiración artificial. Teníamos la espontaneidad encarcelada, la experiencia secuestrada. Cabían pocas sorpresas.)

El 11 de junio de 1948 le escribí a N. otra carta, la exposición de lo que yo llamaba *mi punto de vista*, 10 folios a doble espacio, casi un artículo para una revista de filosofía. «El acontecimiento vida es tan inauditamente único que resulta inconcebible la actitud pasiva de la mayoría de nuestros semejantes». A ella le interesó tanto mi punto de vista que decidió dejar de verme. «Me influyes demasiado —vino a decir—; deja que madure por mi cuenta». Comprendí su reacción pero quedé decepcionado.

Aquel verano viajé bastante por España. En Santander (Universidad Menéndez Pelayo) conocí a una chica mexicana bastante resabida, mayor que yo, que luego vino a verme a Barcelona, y con la cual consumí alguna botella de champán. Cobré conciencia (por primera vez) de mi capacidad (y proclividad) para crear atmósferas eróticas superficiales.

Datos para la pequeña historia, según apuntes de mi agenda de cobros y pagos, obsequio de la Banca Jover. En 1948 una entrada de cine valía 9 pesetas; un paquete de tabaco rubio 13; una sesión con el entrenador de tenis, 10; un billete de metro o de tranvía, 1 peseta; un trayecto de taxi, 6; un paquete de *Ideales*, 5; limpiabotas, 2; unas alpargatas, 15; cortar el pelo 12; un enorme ramo de flores, 35; un martini seco, 7,50; un litro de gasolina, 6; un bocadillo y un coñac, 5; avión Madrid-Barcelona, 370.

Habían salido las primeras monedas con la inscripción «Franco, Caudillo de España por la Gracia de Dios».

En aquella Barcelona todavía amable y provincial, circulaban ya tan pocos organillos, que le costó muy poco al Municipio acabar con ellos. Los últimos, me parece, se refugiaron hacia el final de la calle del Conde del Asalto, casi en la ladera de Montjuich. A mí me gustaban mucho los organillos.

Y así entré en 1949, relativamente distanciado de la chica de los ojos verdes, con siglos de retraso intelectual, distónico, insolente y enmarcado. La situación económica de España era muy mala. Hubo una gran sequía y el objetivo nacional seguía siendo la supervivencia. Aislado internacionalmente el Régimen, Madrid era un centro de corruptelas. El general Franco se mantenía firme, apoyado en el Ejército, la Iglesia y las clases acomodadas. Bajo la benévola indiferencia de los norteamericanos, sin necesidad de ideología alguna. El *wishful thinking* de los exiliados políticos se perdía en análisis carentes de realismo. Laín Entralgo había comenzado a cuestionar, desde el Régimen, la validez de los planteamientos oficiales. *España como problema* (1948) fue un libro breve, todavía tímido, que pretendía superar la antinomia tradicionalismo-progresismo. Rafael Calvo Serer le replicó al año siguiente: desde 1939, en España no hay problema (sólo «problemas»); la ortodoxia católica es la que vertebra al país; Donoso Cortés, Menéndez Pelayo y Ramiro de Maeztu aportan solución a todo.

Debates que no llegaban al gran público, ni siquiera a la clase social a la que yo pertenecía. Nosotros, en Barcelona, íbamos mucho a un bar llamado *Sacha*; jugábamos al ping-pong en los sótanos de las *Granjas Catalanas*; merendábamos en *Lezo*; tomábamos el aperitivo en *Bagatela*, a veces en *Parellada*; bailábamos en *Saratoga*; esquiábamos en La Molina: hotel *La Solana*, hotel *Solineu*; alquilábamos caballos en el Picadero Marcet; jugábamos al póker de dados en el *Bar Retiro*.

Las mencionadas clases acomodadas vivían de espaldas a la crisis; en cotrapartida, visitaban a los pobres de las Conferencias de San Vicente Paul, organizaban funciones benéficas. La temporada social fue relativamente intensa y yo me sumergí en ella, durante los primeros meses del 49, tal vez como desplante dirigido a la chica de los ojos verdes. De todos modos, siempre que la salud me lo ha permitido, he sido proclive a alternar la metafísica con la frivolidad.

Actué en el Teatro Barcelona, con mi amigo Felipe, en un show inspirado en un número del payaso Ramper, número llamado del *sonámbulo*, y con el cual hacíamos desternillar de risa a un público evidentemente propicio.

Veladas en el Liceo, champaña en los antepalcos, Windsor Club, salidas con Tina Capmany y Alicia de Moragas, teatro de aficionados, Fernando Cavestany y María Luisa Oliveda, partidas de bridge con Enrique Dachs, Juan Gomis y Luis Figueras-Dotti, excursiones con Luis Vericat, Miguel Milá y José Arana. Encorvada, aristocrática silueta de Jorge de Pallejá (Monsolís) metido en un automóvil Lancia, rodeado de perros y escopetas. Y me remito a lo apuntado más arriba: la relevancia de estos nombres está en que corresponden a otros tantos personajes reales, puntuales, emergentes, cada uno de los cuales ha seguido su proceso y su tanteo, perdidos al fin en la confusión del puzzle. Tienen razón los estructuralistas: el pasado ya no es aquel río unitario que corría hacia nosotros sino que está formado por una colección de arroyos y estanques que se extienden y se superponen, dispersamente, y en todas direcciones. Afrontar el pasado es encontrar un relativo caos de estratos heterogéneos, episodios abortados, hilos perdidos, crónicas sin cronista.

Alicia de Moragas ponía los cigarrillos en unas larguísimas sofisticadas boquillas, lo cual configuraba una cierta fugacísima *Gestalt*. Cualquier minucia podía dar mucho de sí: porque era supuestamente real, metida en el espacio-tiempo, y porque a continuación se convertía en *signo*, complicidad y simulacro. Modelo, moda.

Pero perdimos el hilo y, en lo que a mí concierne, casi todo se quedó en esbozo. Un despilfarro de instantáneas: tal ha sido la vida de uno, y la vida en general.

Lo que ocurre es que el lenguaje, las artimañas del lenguaje, la memoria y la supuesta percepción del mundo, le confieren un aspecto de unidad a las cosas. La palabra —dícese— es un signo que está en lugar de la cosa. Perfectamente. ¿Pero quién ha visto jamás una *cosa*? Quiero decir: ¿quién ha experimentado jamás alguna cosa pura? ¿No acontece que toda cosa trae su signo y su leyenda?, ¿que toda cosa viene siempre ya codificada? Merleau-Ponty pretendía que la percepción captura el sentido inmanente en las formas sensibles con anterioridad a todo juicio. Pero, después de Piaget, ¿quién puede tomar eso en serio?

Dejando a un lado el éxtasis, el cerebro reconstruye el mundo; las citadas artimañas del lenguaje consiguen que el caos fragmentario cobre apariencia de unidad, y así, cualquier trivialidad puede convertirse en gloriosa fábula. Un cacique glotón y deslenguado se troca en Agamenón el que de lejos manda. El mero hecho de hablar en pasado es ya generador de leyenda. In illo tempore, mientras el pasado fue presente, no nos apercibíamos de que estábamos sembrando una leyenda. Consumíamos helados en las terrazas y comenzaban ya a extinguirse las ballenas. Se pueden cantar baladas con los mil disparatados cabos sueltos.

Porque la leyenda es, ante todo, la sacralización de lo que *ya fue*. La historia de Aquiles o la de Tristán. O la de Leopoldo Bloom.

Así que con Franco éramos más jóvenes, y eso cuenta, incluso en el caso de que (algunos) fuéramos también más imbéciles; y aquí se rememora el caso con una cierta resignación. Aquella mezcla de jesuitismo, desinformación y ambiente pijo, daba como resultado una leyenda bastante mediocre.

Repentinamente, volví a salir con la chica de los ojos verdes. Fueron, como de costumbre, unos encuentros equí-

vocos y apasionados, todavía sin sexo, pero con mucho enfrentamiento. Que si te quiero, que si no te quiero. Me llamó por teléfono su madre:
—Has interpretado mal a Nuria.
Y me invitó a tomar el té. En aquel tiempo las madres intervenían en los asuntos de sus hijas. La madre de N. me veía con buenos ojos, tal vez porque yo era estudiante de Ingenieros Industriales, que entonces era la carrera de moda, la de más prestigio y porvenir. Pero me harté de aquel tira y afloja.

Iban a comenzar, para mí, *les années de pélérinage*.

Julio de 1949: escapo de Barcelona con ánimo recapitulador. Quería centrar mis emociones, esbozar una estrategia. Estuve en Ripoll, La Pobla, San Juan de las Abadesas, Olot, Figueras y, finalmente, Cadaqués. Solo y con mis libretas. Mi hermana Mercedes dijo que aquel fue mi Camino de Damasco. Alcancé efectivamente un peculiar sosiego, sobre todo en Cadaqués, durante unas semanas, bañándome desnudo, sin demasiado trato con los veraneantes. Cadaqués era entonces un paraje fantástico apenas poblado, casi el fin del mundo. Aparte los Rahola, los Pitxot, Pablo Sagnier y algunos pescadores sin recursos, poca gente. Me hospedaba en la Fonda Marina y había dificultades con el agua dulce. Yo era un hombre joven aparentemente a la ventura. Descubrimiento inesperado de la bellísima cala de Portlligat. Caminatas al atardecer, más allá del cementerio o por la riba. Las pizarras oscuras, los olivos grises, la sorprendente geología, la engañosa tranquilidad del agua, la aridez, lo que José Pla ha denominado «el sopor mineralógico de aquel litoral», todo contribuía a un peculiar distanciamiento lunático; facilitaba ciertas cavilaciones. Yo me había propuesto «dar sentido a cada momento presente». Polemizaba con Ortega y su «sentido deportivo del vivir». Quería actuar «congruentemente» y no «dispersadamente»; pero también exigía «ilimitarme» de algún modo. Descubrí un nido de avispas, con sus larvas blancas, y me pregunté por qué me daban tanta náusea.

Mi amigo Felipe había decidido entrar en la orden de los

carmelitas descalzos y yo le di una fastuosa cena de despedida. Lo cual, a primera vista, era algo impropio. Champaña para un inminente monje de clausura. Pero también tenía su lógica. Porque, bien mirado, todos los acontecimientos de la vida guardan una secreta coherencia con el proceso general donde se inscriben; quiero decir, con su correspondiente «línea de universo», o séase, la trayectoria que siguen en el espacio-tiempo. Lo que había comenzado con una cena de lujo habría de terminar como el rosario de la aurora. Durante años, mi amigo Felipe había sido mi cómplice, mi confidente, mi compinche, mi prolongación, mi agarradera, mi eficaz compañero de elípticas orgías, el único hombre con quien cualquier trasgresión hubiera resultado fácil. Mi amigo Felipe era alto, seco y espigado, con algo de arlequín o mago o monje tibetano, o incluso de bambú que oscila al viento de molinos quijotescos. Mi amigo Felipe estaba en las antípodas de mi intelectualismo. Nos comunicábamos por la vía del humor y del instinto escénico. La parasensibilidad, la piel. Mi amigo Felipe era un animal muy sensual, masculino/femenino, hipocondríaco, supersticioso, solapado, listo, vulnerable, reprimido, histriónico, retrógrado, infantil, genial. Hijo de familia aristocrática pero arruinada, las cosas le iban mal; ni sus negocios ni sus amores prosperaban. Una tarde, caminando por la ciudad de Tarragona, le cayó un crucifijo del cielo. O del tejado. Era la esperada señal y decidió hacerse cura. Entró en la orden carmelitana. Veinte años más tarde salió. Hoy es un aposentado padre de familia y, naturalmente, sigue esperando otra señal.

Conciertos de órgano en la iglesia de Pompeia, encuentros melancólicos con Nuria, sensación de acorralamiento. La mujer que yo seguía amando llevaba el pelo muy largo y mantenía su esquivez. A su juicio, era mejor no verse. Precisando:

—Estos dos años transcurridos desde que nos conocemos han sido dos años del diablo, y siento ganas de estrangularte.

Una de cal y otra de arena. Pero dejamos de vernos. Y yo

entré en uno de mis escasos períodos de soledad y de lectura.

De aquella época encuentro citas o referencias de los siguientes libros: *Un mundo feliz*, de Huxley; *La oración de todas las horas,* de Charles; *Psicopatología de la adolescencia,* de Marco Merenciano; *Vocación y ética,* de Marañón; *L'homme et se destinée,* de Lecomte de Nouy; *Introducción a la filosofía,* de Aloys Müller; *El cero y el infinito*, de Koestler; *Historia de la Filosofía*, de Marías; *Realidad del alma,* de Jung; *Ideas sobre la novela,* de Ortega; *Un hombre,* de Gironella.

Mi hermano Raimundo nos había suscrito a la revista *Arbor,* de donde recuerdo ensayos de Saumells, Pinillos, Laín Entralgo y Torrente Ballester.

* * *

Llegó el año de la guerra de Corea. Mandaban todavía Stalin, Truman y Adenauer. En Roma, el Papa Pío XII definía solemnemente el dogma de la Asunción de María en cuerpo y alma a los cielos. Occidente se embarcaba en la era del consumo de masas, de los plásticos y de los automóviles. Y de la sociología. Esa euforia de la «ciencia» que fundaran Marx, Durkheim y Weber duraría 25 años, tantos como el crecimiento económico. Éramos todos muy listos en aquellos tiempos, empresarios o intelectuales: creíamos estar controlando las variables de la trama. Después descubrimos que sólo se trataba de una buena racha. En 1973, los árabes subieron el precio del petróleo y el prestigio de las ciencias sociales se vino abajo.

1950 fue para mí un año de idealismo y de catarsis, vagamente iniciático, año de fidelidad a la princesa ausente. Ella no quería verme, pero yo estaba empeñado en darle un sentido a la separación. Yo era Parsifal a la conquista de algún Santo Grial. Hice un pacto secreto. Me ocuparía de ganar puntos delante de mí mismo. Lo demás vendría, como el reino de los cielos, por añadidura. «Mi matrimonio —escribí— será perfecto aunque tenga que ser el primer matrimonio perfecto de la historia».

En el mes de julio salí de viaje de prácticas con mis compañeros de la Escuela de Ingenieros: San Sebastián, Bilbao, Santander, Oviedo, La Coruña, Santiago, Vigo. Toda la industria del Norte. Altos hornos, material ferroviario, herramientas, productos químicos. Bastante risa y buen ambiente. Visitar fábricas es ejercicio que tiene un indiscutible interés pictórico/sensorial. En medio de una estimulante controlada suciedad, la pureza amarilla del hierro fundido, o el empecinamiento de una cadena de montaje, o la precisa intensidad de un olor químico. (Michelangelo Antonioni capturó perfectamente esa Gestalt en las secuencias iniciales de *Il deserto rosso*.)

Así, desde la distancia, la imagen más nítida que conservo de aquel viaje es la de un plano inclinado que iba a dar a la mar. Santander era la base del plano. Santander era el muelle, las piedras del paseo, la silueta inglesa de la Magdalena, la indefinible calidad del gris y del azul, ramalazos de la *belle époque*, un lugar para escribir una novela gótica. Con viento del sur. Santander era una chica llamada Piluca, sonriente y silvestre, que me acompañó a Santillana del Mar y me sirvió de contrapunto y test: mi capacidad para inventar atmósferas eróticas superficiales se mantenía. Sólo que mi pacto secreto —Dios/Nuria— era más fuerte.

Santillana del Mar, la decoración o el teatro. Conviene acabar con el mito de la universalidad de la belleza (Kant), o con el supuesto carácter extático de la experiencia estética (Berenson). Cuentan la semiótica y el teatro. Santillana es un lugar bellísimo o tedioso según se tenga el ánimo y la compañía, es decir, según sea el juego escénico y combinatorio. Volví a Santillana, treinta años más tarde, para realizar esa ecuación. De la mano de una inteligente amiga mía, recorrí el empedrado y me senté frente a la Colegiata; improvisé el ánimo; me prolongué en el espacio añejo. Sin previas exigencias de fruición. Nunca he sido particularmente bucólico. El asfalto y las sirenas de un coche de patrulla pueden ponerme en tan alta situación como un verde prado. La belleza es un juego escénico y una Gestalt.

Una proyección. Con la plástica urbana caben ya bastantes martingalas.

En Santiago visité a mi hermano Raimundo, que entonces estaba de director espiritual en la Residencia de La Estila. Extraña situación: un intelectual de primera fila que había cambiado la cátedra por el confesionario. Pero yo no me asombré.

Yo me ocupaba del negocio familiar (salario: 600 pesetas al mes), conjuntamente con mi hermana, bajo la supervisión distante de mi padre enfermo. Me portaba muy bien con mi padre enfermo: hasta le ayudaba a bañarse por las mañanas. Debo añadir, entre paréntesis, que siempre fui extraordinariamente cariñoso con mis padres, y que, superada mi primera adolescencia, jamás tuve un altercado con ellos.

En España seguíamos autárquicos. Se acababa de fundar la Seat. El bilbaíno Zarra, en los mundiales de Brasil, vengaba la derrota de *La Invencible* marcándole un gol a los ingleses. Vibraron los aparatos de radio con la voz enfebrecida de Matías Prats. En Cataluña, el *Cant de la senyera* y el *Virolai* eran considerados himnos subversivos. Fuera, Pío XII excomulgaba a los comunistas, y, en contrapartida, la URSS conseguía su primera bomba atómica. En los Estados Unidos, el senador McCarthy iniciaba su famosa cacería. En Asia, ya lo he dicho, había comenzado la guerra de Corea. Todo lo cual le venía muy bien al general Franco: el 4 de noviembre llegó la absolución de la ONU.

El 19 de julio de 1950 salí para París, en tren, a tratar de resolver amistosamente un pleito que teníamos con un francés. Asunto de royalties. Intervenía, por la parte contraria, el abogado Lamberto Franco, de quien acabé siendo buen amigo. París, hotel Mont Thabor, gerencia española, hotel de los catalanes en viaje de negocios, al lado de los Elíseos, cercano a los centros de placer, París, que yo apenas recordaba, me produjo fatiga. Lo recorrí de la mano de mi amigo Luis Vericat, que ya había terminado la carrera de ingeniero y estaba en el *Collège d'Espagne,* perfeccionando alguna cosa. Había también una mujer secreta en la vida de Vericat y, en consecuencia, declinamos la visita a los famosos cabarets de Pigalle.

De París a Londres. Yo tenía 23 años, la edad de los grandes matemáticos. Y de los grandes violinistas. A Londres vía *Golden Arrow,* el famoso tren de lujo y restaurante super, vía Canal de la Mancha, donde el viento se llevó mi sombrero. Travesía pésima y llegada a Inglaterra con el estómago vaciado a consecuencia del mareo más formidable que he tenido en mi vida. Inglaterra o la Civilización. Ya a partir de Dover, el contraste con los bullangueros países latinos me dejó muy impresionado. Aquel paisaje cuidadísimo, aquella parcela limpia y verde, suave y articulada, aquella parsimonia tan antigua, la distancia y las *manners* (que observaba ya en los mismos pasajeros), el convencionalismo permanente, aquello era harina de otro saco.

Convencionalismo, digo. Convencionalismo complejo, retórica de la vida cotidiana inscrita en un sistema cultural complejo y paradójico: se adivinaba la pasión debajo de las formas, una peculiar manera de ventilar la dialéctica entre puritanismo y sátira, las dos mitades del alma literaria inglesa. En suma: el teatro. En Inglaterra incluso los crímenes parecen formar parte de un *skript*. Cada cual se atiene, con un punto de ironía (y, según se mire, de desolación) a su papel, a la consigna para ser reconocido. Max Weber y Talcott Parsons han hablado del *actor* para designar al sujeto social; pero han sido los sociólogos de la vida cotidiana, herederos de Simmel y de G. H. Mead, como Kenneth Burke y Erving Goffman, quienes mejor han despejado la idea del comportamiento social equivalente al juego en escena; la idea de cómo la personalidad de cada cual es función de las interacciones entre los individuos. Lo cual se entiende particularmente bien en Inglaterra: la vida social como teatralización, con suficientes disfraces y guiones, *patterns* y rutinas. No es extraño que los ingleses sean tan excelentes actores, de cine o de teatro: se pasan ya la vida representando, en permanente juego. Su identidad está en la escena. Hay un budismo subterráneo en el *british way of life* (el convencimiento de que debajo del rol no hay nada), una instancia escéptica transformada en comedia permanente, una sabiduría muy antigua, una cierta locura controlada que garantiza la salud. Pero, ¿no es ésta la función del verdadero teatro? Para ser uno mismo, ¿no hay que realizar también el deseo de ser otro? Los ingleses están astutamente locos, inmersos en un ejercicio permanente de posesión y simulacro, una peculiar manera de revelar/controlar la parte escondida de la vida.

No alcancé a formularlo explícitamente, pero todo esto me produjo, de entrada, una sensación de desconcierto. Al cabo de los años, vi un filme extraordinario de Laurence Olivier, *The entertainer* creo que se llamaba, un actor representando a un actor, y la clave del enigma quedó al descubierto. Todo inglés es un actor que representa a un actor que a su vez etcétera. Hasta dudo que haya podido haber romanticismo en Inglaterra: más bien sería un juego. Lo cual, digo, me desconcertaba. Algo en mí sintoniza con el espíritu germánico (la herencia de mi madre) y no digamos con los pueblos latinos, con el Sur y con Oriente; pero los ingleses me parecían animales extraños, un punto anfibios. Por su parte, ellos miraban al resto del mundo con una mezcla de admiración y conmiseración, conscientes de la línea divisoria.

Mi primera impresión de Inglaterra fue la de un paisaje verdaderamente *colonizado*, el primero que veía en mi vida. Una mano invisible había puesto todo en orden, y desde hacía tiempo; un orden como casual, de aparente *nonchalance*. Londres me pareció una ciudad vieja y comedida, una ciudad de tempo lento, sedimentada a fuerza de años, ilógica como la vida, resistente, escasamente confortable, acogedora, cauta, triste, culinariamente nula (años más tarde descubrí que en Londres es posible comer muy bien, y que el barrio de Soho es un oasis); una ciudad híbrida y muy propia, sin árboles en las calles, aunque con más parques que ninguna otra capital del mundo; una ciudad hecha de barrios, acéfala y polifacética, con innumerables puntos de referencia, gatos superprotegidos, gorriones bien alimentados, autobuses de color cereza, músicos ambulantes, gente que habla sola: la otra cara del *mind your business*.

No voy a repetir lo que han escrito muchos; me remito a unas primeras impresiones. Aquella parsimonia tan glosada por André Maurois y Pierre Daninos, aquella manera diferente de acompasar las emociones, aquel código esencialmente consuetudinario, aquello, ya digo, me envolvió y, a la vez, me excluyó. En Inglaterra siempre serás un extranjero. Sorprende escuchar a un orador en un parque, defendiendo la homosexualidad o atacando ferozmente a la monarquía, bajo la sombra tranquila de un *policeman*. Es normal. Pero a lo mejor te expulsan de un *pub* por haber cometido una infracción minúscula. Nadie ha escrito las reglas del juego. Los ingleses son reacios a las confidencias, pero pueden ser súbitamente impúdicos. Repentinamente suspicaces. Tuve un amigo inglés que me adoraba; durante años hicimos negocios juntos. Un buen día nuestra relación se congeló. Nunca supe por qué.

Londres, digo, me pareció una ciudad vieja y parca. Inglaterra me pareció, me sigue pareciendo, un experimento de equilibrio, un resorte venerable, un aristocrático mantenimiento de las dualidades, las formas y las convenciones. En suma: el siglo XVIII. El antirromanticismo. La vida como juego estratégico. La civilización como hipocresía bien llevada. En el país de la *privacy* y de las *no personal remarks*, hay un desenfrenado chismorreo, el llamado *gossip*; pero cubriendo bien las apariencias, o sea, las reglas teatrales; en el fondo: la gramática. La patrona de la casa donde yo vivía estaba perfectamente al tanto de la vida y milagros de sus vecinos, aunque, naturalmente, fingía no saber nada. Cada cual a lo suyo. Ningún grito. Comedia y poso que a veces producían resultados muy tangibles: las deliciosas *squares* silenciosas, por ejemplo.

Fui a parar a un barrio discreto de los inacabables *suburbs*, a una de esas casitas semiseparadas, de dos plantas, con jardín trasero. Londres en verano, y particularmente en agosto, es una ciudad muy agradable. Suele llover a primera hora de la mañana y el día se inaugura espléndido, con los prados verdes y frescos. Si hubiera sido invierno hubiera comprendido la obsesión de los ingleses por Italia, y por el Mediterráneo en general. En Londres estaba mi hermano José María, y se trataba, entre otras cosas, de que yo le echase un ojo o una mano. Mi hermano José María había tenido una adolescencia tumultuaria, con choques muy frontales con mi padre. Fue visitado por expertos de diversa índole. Un amigo de la familia, Roberto Saumells, que luego ganaría la cátedra de Cosmología en la Universidad de Madrid, le había dedicado buena parte de su tiempo en un intento generoso de psicoanálisis heterodoxo, con resultados perfectamente nulos.

> Un tipo extraordinario, Roberto Saumells. Tenía la curiosidad apasionada de los recién llegados (o de los que llegan de lejos); era capaz de mirar el mundo con asombro intacto, y, en consecuencia, transmutaba cuestiones triviales en relámpagos geniales. Tocaba el violín y, para conciliar el sueño, *leía* alguna partitura de Bach.

Mi hermano llevaba ya algún tiempo en Inglaterra y mi misión era, digamos, terapéutica. De pasada perfeccionaría mi mal inglés. Lo cual hice durante un par de meses, hospedaje en casa del matrimonio Spice, sin hijos y con gatos, tres guineas a la semana, dormir, desayunar, cenar; clases en el Politécnico de Oxford Street; almuerzos en un restaurante chino que estaba, y sigue estando, junto a Piccadilly Circus, en un vértice del Soho. Míster Spice era un ciudadano medio, e incluso extraordinariamente medio, prototípico, jubilado, ex empleado del *Home Office:* no había salido nunca de Inglaterra. No ya de la Gran Bretaña, sino de Inglaterra. Una vez nos obsequió con una fiestecilla y se puso un chaqué y unas zapatillas. ¿Por qué no? Aquel hombre pacífico y sonriente consideraba que vivía en el ombligo del mundo y no sentía necesidad de asomarse al exterior; estaba en su castillo, se atenía a su código, y, dentro de su código, hacía lo que le daba la gana.

Yo cuidaba efectivamente de mi hermano. Era el precio de mi estancia en Londres. Mis padres, a mí, jamás me dieron nada de balde. Al menos desde 1945. Tampoco se lo echo en cara. Mi hermano era una fuente inagotable de enseñanzas, un *modelo* transparente de la condición humana. Enormemente útil. Mi hermano decía que estaba locamente enamorado de Jesucristo, pero que odiaba a los curas. También odiaba a los perros y al general Franco. Y echaba pestes de sus padres. Él había sido feliz hasta la guerra civil.

Yo escuchaba a mi hermano con muchísimo interés, desmontaba su sistema de racionalizaciones, me apasionaba con los recovecos de su psique. Mi estrategia consistía en darle cuerda para que él encontrase un mínimo de clima comunicacional. (Una estrategia, dicho sea de paso, que he seguido utilizando en mi trato con la gente.) Intuitivamente, comprendí que toda neurosis es un refugio, y que el concepto de enfermedad mental es relativo. Antipsiquiatría *avant la lettre*. Yo carecía de referencias teóricas, pero iba descubriendo, sin categorizarlo, los mecanismos del chivo expiatorio, la proyección, los desplazamientos de la líbido, las satisfacciones simbólicas del deseo, las fijaciones, la fragilidad del yo, la dependencia de la estructura familiar. Después de aquel verano en Londres hubiesen tenido que darme algún diploma.

Después de aquel verano en Londres, ya digo, he tenido tendencia a tratar a la gente desde una cierta instancia/distancia escéptica. Un poco a dar de banda. No creo en esa figura abstracta: «el hombre normal». La norma se disolvió junto al discurso totalitario. Lo que hay son multitud de estrategias provisionales, buscándose y repeliéndose, en el seno de la ambivalencia orden/desorden. Cada vez que alguien se pone dramático (y ocasiones no faltan) me digo a mí mismo: acabamos de topar con la regresión simplificadora, el mecanismo del chivo expiatorio, la proyección, el sistema neurótico de defensas. Ya puestos en ello, la salud se me antoja más relacionada con la creatividad y el humor que con la relajación y la homeostasis. La salud es el placer de explorar. Por otra parte, he ido completando mi primera postura, digamos a lo Karen Horney (la neurosis como un recurso protector frente a sentimientos de desamparo en un mundo hostil), con una postura más cercana a la Teoría de la Comunicación: la llamada Escuela de Palo Alto inspirada en los trabajos de Gregory Bateson y representada, ante todo, por Paul Watzlawick. Era, en el fondo, lo que ensayaba con mi hermano: entender *su lenguaje* y, a partir de ahí, ensanchar su espectro comunicacional.

Adelgacé unos pocos irreversibles kilos, aquel verano en Londres. Efectos de la humedad o de la austeridad o del ejercicio terapéutico. Cuando conseguía zafarme de la compañía familiar, salía con alguna condiscípula. Recuerdo a Paula, una muchacha noruega, «rubia como un vendaval» (*sic* en mi libreta), discreta, hermosa, enigmática a fuerza de convencional. Alguna vez comimos juntos. Fuimos a ver *Anny get your gun*, la comedieta musical que estaba de moda. Anoté:

> «Paula, lejana noruega, tu modo de fruncir el entrecejo es delicioso; pero, en inglés, un entrecejo es complicado. Y mi inglés es deficiente. Yo quería preguntarte qué hay en ti de único. Así hubiera procedido el protagonista de mi novela. Te expliqué que había otra mujer, en España; te dije que me gustabas, y fue preciso detenerse aquí. Soy como una mala yuxtaposición de presentes.»

Pero yo tenía una fotografía en la maleta, un pacto secreto con mi confidente, un hermano a quien cuidar; así que nada de nada.

Londres, verano de 1950. Me llega al cerebro la imagen de Arturo Rubinstein interpretando el concierto n.º 23 de Mozart, yo sentado en un rincón del Royal Exhibition Hall. ¿O fue en 1951? Masos de Pals, verano de 1981: el mismo concierto, vía casette, con Clara Haskil, recapitulando treinta años de aparente desbarajuste. Una cierta intranquilidad recorre mis nervios superiores. Estoy aquí para empaparme de los datos, abrirme a los inputs y vigilar los outputs. Rubinstein viajaba con su piano (o, al menos, vi cómo descargaban uno de un camión) y, durante el concierto, en los momentos en que no intervenía, seguía el ritmo moviendo enérgicamente la cabeza, con esa espléndida desinhibición teatral, histriónica, de los grandes intérpretes. (E incluso de los grandes deportistas: el tenista Jimmy Connors emite un aullido cuasi orgásmico cada vez que le da a la bola.) Yo estaba al acecho, al amparo de una nostalgia secreta, metáfora de un deseo todavía más secreto. Me mantuve fiel, lo que en la terminología de la época equivalía a mantenerme casto. Por las mañanas asistía a misa en una capilla polaca.

En lo más cálido de aquel verano, a los 42 años de edad, se suicidó Pavese.

Londres, verano de 1950, travesía del desierto. Los ojos se me llenaron de lágrimas al llegar a las últimas páginas de *El hombrecillo de los gansos*, novela de Jacobo Wassermann. Visitas al *British Museum*. Larguísimos trayectos en el *Underground*, de Clapham South a Oxford Circus, con cambio de línea en Charing Cross. Olor a mantequilla recalentada. Afable, displicente, gris *river* Thames. Té caliente en tenderetes callejeros.

Escrito en la *British Art Gallerie*, frente a un cuadro de Rembrandt:

«He poseído demasiado poco, he rozado sin penetrar. Ridícula mi gana de escribir una novela. Dios: no es que me estorbes, es que a veces tu proximidad se hace casera. Y a mí me gustaría suprimir los anestésicos».

En las salas intercomunicadas de los museos, la gente andaba como en cámara lenta. Era una extraña espontánea sincronía: el ralentizado flujo, la historia colgada en las paredes, los cuadros como ventanas, algún extemporáneo asiático guía en mano.

En Hyde Park, rincón de los oradores, descubrí ese pícaro y sabio recurso, la confianza en la palabra hablada, la vieja y eficaz comedia, el parlamentarismo.

(No creo que los ingleses se tomen muy en serio esa

broma de «el pueblo soberano»: su democracia es demasiado solvente, antigua y lúcida para comulgar con ruedas de molino. Pero entienden perfectamente que esa comedia todavía elitista, el parlamentarismo, es la menos mala de todas, la que —por el momento— permite unas mayores cuotas de participación.)

Londres, verano de 1950, verano melancólico y catártico, intenso. Yo tenía 23 años y había hecho una apuesta, como Pascal.

VII

Por si ustedes no lo hubieran advertido, éste es un libro de religión, de *mi* religión (que es tanto re-ligación como des-ligación), donde lo que más me importa es lo que ya no me importa a mí: el modo como la realidad se dice a sí misma (discurso provisional y a menudo chistoso) a través de cualquier minúscula parcela o peripecia. Éste es un libro sobre mi proceso re-ligatorio y des-ligatorio.

Acabo de explicarlo: toda mi vida he tendido a «trascender», o séase, a ir más allá de los símbolos, y en ese juego me he sentido poco acompañado. En un tiempo, sentí la compañía de tres personas concretas: mi hermano Raimundo, mi madre, Beatriz. Lo malo, en el caso de Raimundo, era el metasistema cristiano que daba cobijo a su instinto metafísico. En mi madre, la profundidad era la contrapartida de la angustia. Beatriz se refugiaba en un infantilismo de cariz budista, aunque también cristiano: se sentía *culpable*. Culpable de representar la farsa de *ser* —secundariamente, culpable de los males del universo.

No es éste un libro de memorias; es, más bien, un collage de instantáneas. Una rememoración que se produce desde mi actual sistema de curiosidades y pesquisas.

Digámoslo una vez más: no existe un espacio libre, o neutro, para la observación objetiva del pasado ni para la proyección del futuro. Cualquier ejercicio de conocimiento modifica la realidad. Lo enseña la mecánica cuántica: no hay nada que corresponda rigurosamente a la objetividad. Si escribiera este capítulo dentro de un par de meses, me saldría un discurso diferente. Yo mismo pertenezco a un proceso indisociable y, en cada momento, nuevo. La representación gráfica de mi vida no es una línea recta que va de pasado a futuro sino un bucle cibernético permanentemente reinventado.

Digo, pues, que éste no es un libro de memorias, sino, más bien, una memoria de inflexiones. Arranco de los apuntes de un viejo dietario, un archivo de cartas, y algunas huellas en las proteínas de mi tejido cerebral. Una cierta química facilita la recapitulación. Lo que llamamos memoria es un banco de datos, y los datos hay que reinventarlos permanentemente. El pasado está, como una masa amorfa, en todas las bibliotecas, filmotecas, hemerotecas, archivos, ordenadores, ruinas. Es un pasado que va *hinchando* al mundo: un mundo, como diría Baudrillard, que no acaba de reventar —o de parir—. Perdemos el 99 por ciento de la información que se produce, apenas nos alcanza una minúscula parcela del pasado amorfo, y, sin embargo, sólo con la ínfima parte recibida nos encontramos en estado de electrocución permanente.

Aquí, pues, lo que cuenta es el montaje, la reinvención impresionista de pasado/futuro, ese flujo indivisible y variable con un punto de tangencia y maniobra que llamamos *el presente*. El laboratorio del cerebro. El cerebro que construye matemáticamente el mundo en base a una interpretación de frecuencias procedentes de una realidad que trasciende el espacio-tiempo. El cerebro que acaso sea un holograma que interpreta un universo holográfico.

Ha escrito J. K. Galbraith en un texto autobiográfico: «No me he vuelto hacia el interior, la vida personal y familiar, quizá porque no tengo mucho de qué lamentarme.» Bien, yo sí tengo de qué lamentarme. Cada cual juega sus naipes. Por cierto que Galbraith tiene un truco: casi siempre procura llevar la contraria. Quiero decir que se las agencia, con gran beneficio para su autoestimación, para nadar a contracorriente. ¿Todo el mundo opina que los bombardeos fueron decisivos para la victoria de los aliados contra Alemania? Pues no. ¿Que la bomba atómica provocó la rendición de Japón? Pues tampoco. Galbraith es un *tough minded* con sentido del humor: una excelente combinación. Es capaz de autoconvencerse de lo que se le antoje.

Mi caso es diferente. No he sido embajador ni candidato a Premio Nobel. Me acorralaron a escribir y escribo, con técnica de pájaro carpintero, procurando no poner jamás un párrafo gratuito. Ya sé que uno de mis vicios es la yuxtaposición asociativa, el salto brusco, el período corto, la sintaxis telegráfica. Pero es por falta de paciencia, no por falta de fundamento. Aquella morosidad con que escribía Ortega, como si el lector dispusiera de un tiempo ilimitado para leerle, aquella lentitud didáctica, yo desde luego no la tengo. Yo soy un escritor, y un tipo humano, de cortocircuitos y nerviosidades. Por eso tomo barbitúricos, para calmarme, para lentificar mi tempo, para que no me duelan los huesos, para aguantar el disparate efímero de cada día.

* * *

Y ahora no tengo más remedio que seguir con el hilo de este cuento, desmenuzar cómo se pasa, si es que se pasa, de la hermosa naïveté de la primera juventud a la no menos hermosa degradación de la segunda madurez, historia de una transición en espiral. Siento curiosidad: ¿qué se hizo de aquel chico tan cristiano? Alguien ha dicho que a ciertos temas hay que entrarles de costado. Yo les entro segregando teoría, yuxtaponiendo secuencias, montaje *in my own way*.

(Felizmente, andan los géneros literarios dando tumbos, nerviosamente entremezclados.)

Rememoro aquel paisaje idealista y sublimado. Paisaje con música. Música que vehiculaba la pasión reprimida. Música que alimentaba el ansia de absoluto. Música con inmensa capacidad de soborno. (Quien no haya *trascendido* alguna vez a través de la música, no sabe de qué estoy hablando.) Música que escuchábamos desde nuestra multitud de almas, nuestra potencia de trasvase y fluidez, nuestra conciencia expectante, neblinosa, inmaculada. ¿Qué podía importar la realidad si había música? Y la música, al fin, tampoco se contraponía a la realidad. La realidad se dice de muchas maneras: lo advirtió Aristóteles el Grande. La realidad se dice, acaso, de *cualquier* manera. Y si el milagro de la música era real, ¿por qué no iban a serlo Dios, el tótem, la princesa? Uno queda, sí, como excedido repasando todas aquellas cartas, notas, pactos secretos, fidelidades, aparentes idealizaciones. Pero también aquello era real. Era real en su imprecisión mágica interiorizada. La princesa de los ojos verdes, que yo amé en 1950 sin verla, era real. Vaya si era real. Resulta casi mareante la cantidad de Dios que hay en mis cuadernos de la época; pero aquel Dios también era real, vaya si lo era, y se comportó como un Dios real, vaya si lo hizo.

Entendámonos.

Acotemos ese asunto tan extraño, procedamos como el *voyeur* que mira la foto pornográfica con lupa. Congelemos la imagen. Cobremos una cierta perspectiva. Lo que llamábamos Dios era el último de los ídolos. A ese respecto Oriente siempre ha sido más cauto que Occidente. Oriente ha llevado hasta su máxima radicalidad el axioma que dice que «toda determinación es negación» *(omnis determinatio negatio est)*: en el límite, la única afirmación compatible con la Realidad Incondicionada es el No-Ser. Apofatismo absoluto. Occidente ha sido más pícaramente ingenuo: ha fingido creer en la realidad de lo simbólico y ha conseguido, así, una buena herramienta. Occidente ha tendido siempre a la idolatría, o séase, a entremeter lo absoluto en sus peripecias finitas. Verbigracia, el extraño invento del amor-pasión.

Leamos (con las debidas reservas) a Denis de Rougemont.

Y digo con las debidas reservas porque Rougemont parece incapaz de rastrear el sentimiento amoroso fuera de la tradición inaugurada por los trovadores provenzales. Por ejemplo: ¿se puede despachar la enorme cuestión del erotismo chino en un par de páginas mal informadas? Pero, en general, Rougemont da en el clavo: el amor *cortés*, exaltación espiritual/carnal de las relaciones entre hombre y mujer, es una innovación decisiva, a la vez literaria y social, que se produce en el sur de Francia, ya entrada la Baja Edad Media, en el seno de una próspera aristocracia.

El amor cortés presenta una característica notable: se opone tanto al matrimonio como a la satisfacción del amor. El famoso episodio de la espada de Tristán, interpuesta entre los amantes, simboliza el carácter irreducible de la distancia, el simbolismo tántrico, la imposibilidad del amor absoluto precisamente para manifestar lo absoluto del amor. «L'histoire de la passion c'est le récit des tentatives de plus en plus désespérées que fait l'Eros pour remplacer une trascendance mystique par une intensité émue». La divinización del deseo se produce por un singular trastrueque y a través del obstáculo. Es una manifestación de las componentes persas y órficas latentes ya en el platonismo, y supone una recuperación de energías religiosas muy arcaicas. Ya digo que cabe rastrear elementos de tantrismo hindú en este camuflaje sexual que conduce a la beatitud erótica. La revolución psíquica del siglo XII supuso una vuelta al culto precristiano del principio femenino. La Iglesia trató de encauzar estas fuerzas con la devoción a la Virgen María.

Era el contexto de mi extraña fidelidad a la princesa ausente. Yo había mezclado los ingredientes del *filtro*, eros, religión y, en el límite, la noche. No hay que tomar a broma un amor que permite que un hombre de 23 años permanezca casto durante doce meses. Porque este fue, aproximadamente, el tiempo de la soledad. Mi amor a N. era, ante todo, mi amor al amor, y su lejanía era el «obstáculo». Mi apuesta relativamente insensata (ella nunca dijo que correspondiera a tal amor) se entremetía en mis tratos con la divinidad; todo cobraba una tonalidad sagrada. Mi teología podía ser ingenua, pero servía de trampolín para potenciar fuerzas hondas y secretas. Así que todo aquel jeroglífico, mi ciclo totémico, era real en el marco de un determinado paradigma.

Poder de los signos. Quizá el ejemplo más convincente del poder de los signos es el del hechicero citado por Lévi-

Strauss. Mediante el uso efectivo de ciertos signos, el hechicero puede incluso matar a un hombre sin tocarlo. Basta la coordinación eficaz de los signos con una fuerte creencia y una situación social. El sistema nervioso simpático de la víctima se altera, su presión sanguínea desciende, los capilares se hacen más permeables, la comida es vomitada, y todo ello, hasta llegar a la muerte, sin huella alguna de daño o lesión.

Poder de los signos. Mi Dios era real dentro de su correspondiente marco. Dije que éste es un libro de «religión», y estoy sugiriendo que mi evolución, en espiral, puede compararse al tránsito que va de la física de Newton a la física de Einstein, y, más todavía, al proceso crítico del saber humano. En cada situación y época, uno echa mano de las metáforas disponibles. Uno se adscribe a marcos «teóricos» invulnerables, «infalsables». La física de Newton funciona dentro de su ámbito macroscópico. Por consiguiente, mi Dios totémico, mi Dios platónico, mi Dios hecho de Orden y Perfección, se comportó como yo esperaba. La fe, por definición, viene siempre verificada por los «hechos».

El 13 de octubre de 1917, setenta mil portugueses presenciaron un sobrenatural suceso. ¿Alucinación colectiva? *Miracula non sunt multiplicanda*. Pero no porque haya una «realidad objetiva» de referencia, sino precisamente porque no la hay. Percibimos aquello que previamente se acomoda a nuestro paradigma. Venimos condicionados, desde la primera infancia, a *creer* en ciertas cosas y a no creer en ciertas otras. Tal es el objetivo de toda educación: percibir *lo que se debe* percibir. Percibir a la Virgen de Fátima o al gato de Schrödinger. La primera vez que una tribu africana vio cómo pasaban por la pantalla un filme, *no vio* nada. Lo corrobora Heinz von Foerster: el espíritu humano no percibe lo que está aquí sino lo que él *cree* que está aquí. El Principio de Incertidumbre de Heisenberg nos da la clave: no observamos el mundo físico sino que participamos en él. La «fe» viene ligada a un complicado y colectivo proceso de participación y de feedback. La fe se inscribe en un previo arreglo mental del mundo, de modo que nada puede descalabrarla. Lo cual es válido tanto para lo «milagroso» como para lo «normal». Nos autocegamos para lo que no encaja y así mantenemos el *continuum* creencia-experiencia-ideología-paradigma-mecanismos de defensa-etcétera.

Como peces sumergidos en el agua, no nos damos cuenta del agua que nos alberga. No nos damos cuenta de que estamos sumergidos en un sistema de creencias colectivas compartidas, y que ese sistema es el responsable de la llamada visión natural del mundo. Pero, como ya intuyó William James, la llamada conciencia ordinaria es una entre tantas conciencias posibles. Y no hay razón para privilegiar el modelo ordinario de percepción sobre cualquier otro modelo. Cualquier viraje en el condicionamiento eco-socio-bio-neurológico, hace cambiar la percepción del mundo.

En resumen; mi conciencia y mi fe se mantuvieron fieles al esquema previo, al sistema de referencia. Todo paradigma es un provisional esquema alucinatorio compartido por la comunidad de los adultos. A esa peculiar alucinación es a lo que, en cada momento, llamamos realidad. (Un conjunto de postulados/prejuicios, escogidos de tal modo que se mantenga la coherencia del sistema.) Mi ciclo totémico resultó eficaz en tanto que yo me mantenía dentro de la órbita, el universo newtoniano de un catolicismo pre-crítico. Los sacramentos tenían la eficacia de un placebo, el poder de la creencia y de la expectativa. Al final gané infaliblemente las bazas principales de mi apuesta: controlar mi conducta, tener éxito en los estudios, encontrar un gran amor. ¿Qué más podía pedirse?

Lo que ocurrió más adelante fue que la vida se encargó de deshacer la estrechez del marco de referencia. Los ruidos, los desórdenes y las «imperfecciones» me hicieron salir del sueño dogmático. Y no para renegar de lo anterior. Ya digo que tampoco Einstein destruyó a Newton: sólo mostró que la física de Newton era un caso particular de una física más amplia. El totemismo de mi primer catolicismo era un caso particular de una sabiduría más amplia. Y así indefinidamente.

De algún modo, pues, he mantenido un cierto *encantamiento* del mundo, una religiosidad polimórfica y libre de confesionalidad. Kolakowski ha hablado de «la religión del payaso». La mía ha sido, más bien, la de un saltimbanqui con instinto numinoso.

En el pasado, «yo» no era nada y «Dios» lo era todo. Mendigábamos piedad como animalillos aterrorizados. No digo que fuera un mal mito; sólo digo que hace falta (hoy) un mito más sofisticado. Un nuevo paradigma está emergiendo, y procede revisar nuestras metáforas. Cuando la mecánica cuántica enseña que cualquier observación aparentemente pasiva es ya una intromisión esencialmente activa (participativa), ¿cómo íbamos a seguir con la leyenda del espectador imparcial? *Algo* permanentemente *hacemos*. Algo permanentemente *se hace*.

Algo absoluto porque único y real.

La aventura única es la ininterrumpida serie de *decisiones* que van configurando lo real. Todo concepto es ya una decisión (trivial o innovadora, ésa es otra cuestión). Procede abandonar la idea newtoniana de que tenemos conceptos sobre un mundo independiente de estos conceptos. Hay quien estima que las implicaciones de la mecánica cuántica son casi psicodélicas: no sólo influimos sobre el mundo al observarlo sino que en cierto modo *lo creamos*.

Recientemente comencé a escribir un ensayo titulado *El retorno de lo infinito*. La cromodinámica hace intervenir un número infinito de variables. Los hipotéticos agujeros negros remiten a un número indefinido de universos paralelos. Etcétera. Si cada partícula es un cosmos y cada cosmos es una partícula, y así indefinidamente, resulta que no hay átomo inferior ni —probablemente— universo último. El tan conocido argumento de Aristóteles y Santo Tomás, el rechazo a proceder *ad infinitum* en la serie, se vuelve del revés. Precisamente porque no podemos detenernos nunca, hay *algo*.

Reaparece Spinoza, *Deus sive Natura*. También Leibniz. Teorema de Bell, Hipótesis de los Infinitos Mundos Divergentes: la realidad no puede ser de un modo determinado; ha de ser de todos los modos posibles.

Pero sabemos que todo esto sólo son metáforas, aproximaciones útiles a una cierta vivencia provisional: la realidad de las realidades es lo infinito, único capaz de desalojar la nada.

¿Infinito?, ¿Dios?, ¿Brahman? El nombre es lo de menos. No es prudente ligar la mística a una determinada imagen física del mundo, por mucho que aparentemente le convenga. Sólo que una cosa es la mística y otra la religión, una cosa es lo absoluto y otra el ritmo. Y lo que uno tantea es el ritmo —o séase, la «religión»— correspondiente a ese colosal enredo epistemológico, a ese balbuciente nuevo paradigma.

¿Qué se hizo de aquel chico tan cristiano? Pues ya ven; se salió de la cáscara. Pero mantuvo el convencimiento de que hay algo.

* * *

A mitad de septiembre comienza, aproximadamente, el año agrícola, y el año escolar; la vida reemprende su palpitación cíclica. Es el verdadero principio de año: vital, económica, social, culturalmente. (El 1 de enero, prácticamente, no significa nada.) El 21 de septiembre de 1950 regresé a Barcelona en compañía de mi hermano José María. Encontré un artículo de Eugenio D'Ors en *La Vanguardia*: divagaciones de un sonámbulo sobre la amistad, o cosa parecida. González Ruano ofrecía sus habituales chistes. El Padre Roquer glosaba la figura de la Virgen de la Merced. Lo tengo anotado el 24 de septiembre de 1950: «Esa gente —sobre todo Ruano— escribe bien, pero son todos unos sonámbulos y unos colaboracionistas». El sentido de la frase se aclaraba más abajo. «Es vergonzoso —le decía yo una vez a Nuria— que nadie diga las únicas cosas que merecen ser dichas». ¿Qué cosas? Supongo que las *radicales,* las relacionadas con la raíz o lo absoluto, el «acontecimiento único», o séase la vida, el existir. Yo llamaba colaboracionistas a los retóricos, a los que contribuían al mantenimiento de la inopia. Mi pathos metafísico me convertía en un animal bastante intransigente.

En el conjunto del Estado español, como era costumbre, no ocurría nada. El general Franco seguía formando gobiernos de «equilibrio y coalición», ligeramente escorado hacia «los católicos». En una Europa de políticos demócratas cristianos —Adenauer, De Gasperi, Schumann— lo conveniente era apoyarse en lo más homólogo que tuviéramos: Martín Artajo, el inminente Ruiz Giménez.

En Barcelona, los estudiantes de ingenieros, por primera vez desde que acabó la guerra, manifestaron una cierta inquietud. Hubo una huelga y me propusieron que formara parte de un comité negociador que iría a Madrid. Intervino un alto jerarca del SEU (¿Martínez de Laguardia?) y nos llegó un comentario del propio general Franco: a los comités se les recibe en la cárcel. Suspendido el viaje. No estaban los tiempos para bromas. Tampoco se trataba de que faltasen las llamadas «condiciones objetivas»; sencillamente, no había conciencia política. Ni conciencia social. Ni apenas conciencia corporativa.

Eran años de somnolencia. De estancamiento cultural. Bien es cierto que Alfonso Sastre había escrito una primera pieza y Blas de Otero un libro de versos *(Ángel fieramente humano)*, y Antonio Buero Vallejo había estrenado *Historia de una escalera*, y en *Ínsula* aparecían poemas de Gabriel Celaya y Salvador Espriu. Se volvía la mirada hacia el realismo y hacia España. En el extranjero, Américo Castro había publicado *España en su historia* (1948) con la tesis de que lo hispano comienza *después* de lo visigótico, como resultado de una triple confluencia —judíos, moros y cristianos—, en la que lo hebraico juega un papel decisivo. Sánchez Albornoz le replicó en 1956 *(España, un enigma histórico)*. ¿Pero a cuántos interesaba todo esto? La reconstrucción sociobiológica de una generación independiente estaba por hacer, y, mientras tanto, el populismo franquista tenía los vientos a favor. Los políticos exiliados, Indalecio Prieto y Rodolfo Llopis, arrojaron la toalla; las grandes potencias se desentendían del caso español.

A esas alturas de la historia, y por mucho que nos pese, no hay más remedio que admitirlo: el régimen de Franco tuvo mayor apoyo social de lo que desearon sus detractores. La sola represión, por importante que fuera, no explica la amplia desmovilización política de los años cuarenta y cincuenta. Sucedía, desde luego, que el cuerpo social estaba exhausto tras la contienda civil; pero, también, que se entroncaba con la tradición secular de un país ajeno a la marcha del mundo y con una estimación más bien negativa de la política. Esa inercia de los valores «tradicionales» había sido subestimada por los hombres de la República. Franco, por el contrario, supo capitalizarla. Ciertamente, la burguesía se burlaba de la retórica oficial grandilocuente, y nadie se tomó jamás en serio al «Movimiento» —comenzando por el propio Franco, que una vez le dijo a Antonio Garrigues que «el Movimiento sólo era la claque»—; pero al lado de la ironía y de los chistes, había un apoyo tácito.

No había, pues, en la época de que estoy hablando, juventud contestataria. Ruiz Giménez todavía no era ministro. Dionisio Ridruejo componía sonetos nulamente subversivos. La Universidad oficialmente era falangista, realmente no era nada. Los señoritos monárquicos llegaban tarde a clase y, además, eran muy pocos. Los comunistas habían abandonado la guerrilla (por consejo del propio Stalin). La famosa huelga de tranvías, en Barcelona, no se produjo hasta marzo del 51. Los estudiantes madrileños no decidieron convertirse en *jaraneros* y *alborotadores* hasta febrero del 56.

Sólo a partir de esta fecha, la distanciación entre juventud universitaria y Régimen se hizo irreversible. Tenía el franquismo una especial ceguera en relación a todo lo «intelectual». El tratamiento oficial a las reivindicaciones de los estudiantes no pudo ser más torpe. Pero hubo también una ceguera correspondiente en algunos estamentos del bando opuesto: no entender la despolitización de la masa, su afán prioritario por entrar en la sociedad de consumo.

En puridad, 1956 fue el resultado de la reconstitución biológica de un cuerpo social ya no traumatizado por la guerra civil; emergencia de una generación de relevo, una generación desdoblada (colaboracionistas *versus* rupturistas) que habría de jugar un papel muy importante en nuestra historia contemporánea. En primer lugar, los futuros (y mal llamados) tecnócratas, los héroes de la década del Desarrollo: fue en 1956 cuando el jurista López Rodó se propuso hacer evolucionar el sistema hacia un Estado de Derecho por la vía de la reforma administrativa. En segundo lugar, y algo más jóvenes, los que iniciaron la primera y eficaz oposición al Régimen, y no ya como prolongación de la guerra civil sino como manifestación de una nueva espontaneidad política.

El caso es que la mini huelga a la que me estaba refiriendo acabó en una transacción. Lo tengo anotado en mi cuaderno. También tengo anotado un esbozo fenomenológico del comportamiento de los individuos cuando están dentro de un grupo reivindicativo, la necesidad de «empobrecer» las ideas para que puedan ser compartidas por muchos. Y una referencia al comienzo de curso con una desafortunada charla preliminar del catedrático Fortuny.

Aquella vieja Escuela de Ingenieros de Barcelona, calle de Urgell desembocadura calle Córcega, era un tanto acalambrada y mortecina, mazacota; mucha piedra, mucho peso, a pesar de la pagoda/sombrero playero que rematabla el edificio. Aspecto general de fábrica, o incluso de correccional. Al cruzar la entrada principal tenías la sensación de atravesar el puente levadizo de un castillo; un castillo sombrío, falto de luz y de elasticidad, apagado, rígido, indigesto. Echabas de menos algún elemento botánico ajardinado, que le hubiera emparentado vagamente con los edificios de la Expo del 29. El panorama cambiaba, sin embargo, al entrar en el ala destinada a los ingenieros industriales. El espacio a donde daban las aulas era un amplísimo y bello patio interior, con columnas de color salmón, suelo de mármol y techo acristalado. Era como un salón de baile, ligeramente pomposo, presidido por los nombres de Ampère, Gutenberg, Edison, Arquímedes, Newton et alteri. O como una réplica inesperadamente coquetona del vestíbulo del Palau de la Música. Allí esperábamos cuando los exámenes orales, y abordábamos al que salía de la prueba con el reglamentario: «qué, qué, ¿cómo te ha ido?», o con el más interesado: «¿qué te ha preguntado?»

Yo iba poco a clase. Tenía mi trabajo en la fábrica y tenía mi desgana académica. Se me daba un ardite el método de Cross o los pormenores de una presa hidráulica. Para suerte mía, los exámenes eran fundamentalmente teóricos, y a mí la teoría siempre se me ha dado fácil. Pero cuánta desconexión y, a pesar del duro ingreso, cuánta falta de fundamento, cuánta falta de pedagogía matemática. Pongamos por caso: se nos enseñaba que para el estudio de la deformación de vigas podía ser útil representar la elástica por una serie trigonométrica; pero nadie nos aclaraba el último por qué. Carecíamos de conciencia matemática, el sentido de la matemática como lenguaje. No se fomentaba nuestra imaginación teórica.

Ignoro si las cosas, hoy, han mejorado.

Por otra parte, lo que a mí me importaba era lo de siempre, la cosa filosófica, la pregunta (sin respuesta) sobre la extravagancia de ser. Amén de otras cavilaciones adyacentes. Encuentro en mis libretas numerosos apuntes de tono fenomenológico/existencialista. Por ejemplo:

> «Uno es siempre responsable de su malhumor. A cada momento, y frente a cada situación, existe una respuesta óptima. El malhumor es el resultado de la falta de puntería.»

Planteamiento actual: el concepto de «respuesta óptima» remite a un esquematismo perfeccionista superado. Hay múltiples respuestas posibles frente a cada estímulo situacional, y no hay por qué privilegiar, de modo absoluto, ninguna de ellas. Cada respuesta o decisión, sea la que fuere, cambia la trayectoria del universo y, en consecuencia, exige acomodar nuevas estrategias. Lo que visto desde un marco de referencia es «desacierto», visto desde otro es fuente de creatividad. Así que el malhumor no es síntoma de «desacierto» (noción superada) sino de falta de agilidad para improvisar nuevas estrategias.

De modo que sentí una gran liberación el día que decidí que el concepto de acto desacertado era algo obsoleto, que no hay actos más o menos acertados que otros, sino diferentes iniciativas que generan diferentes líneas de universo.

Esto aparte, el malhumor es un fenómeno *comunicacional*, función de lo que los demás esperan de uno y de lo que uno espera de los demás. Por contra, el buen humor remite a la ya aludida agilidad interior, la euforia de ir pasando la maroma sobre el hilo mismo de los acontecimientos.

Caminar tranquilamente por la vida implica el arte de ir soslayando las trampas/códigos que continuamente nos tienden. Pretenden, los individuos y los grupos, que bailemos al son de sus interesadas flautas; pero es otro el ritmo que hay que seguir: un ritmo mucho más profundo, originario y propio.

> Lo cual resulta sumamente complicado, porque este ritmo originario y propio ha de ser también comunitario, y ocurre que el espacio comunitario no satisface ya ni las viejas ni las nuevas demandas. Durante miles de años, el hombre ha vivido sometido a ciclos cósmicos: día/noche, invierno/verano; también ciclos litúrgicos; fiestas. Eran la pauta de las sociedades agrícolas y artesanales. Hoy los ciclos se rompieron. Hemos generado un tiempo meramente mercantil, tiempo homogéneo y mensurable, vinculado a la venta del trabajo, tiempo cuantitativo y degradado, abstracto: *cronos* y ya no *kairós*. El resultado, como diría Henri Lefèbre, es una peculiar arritmia y un estallido de la vieja ciudad. La dicotomía entre el espacio público y el espacio privado es a la vez el síntoma y la causa de esa enfermedad social. La rock music y la droga parecen sucedáneos de esa nueva «experiencia religiosa», correspondiente a ese nuevo espacio «sagrado» al cual vengo aludiendo repetidamente.

* * *

El 27 de septiembre de 1950 me examiné de *Motores Térmicos*, asignatura que tenía pendiente a raíz de una gripe. Ya estaba en último curso de carrera. Inesperadamente, casualmente, me topé con Nuria por la calle. Cruzamos unas cuantas frases banales. Era un poco irreal, encontrar a la persona con la cual quería compartirlo todo, al cabo de casi un año de no verla, y limitarme a hablar de la lluvia, gesticular vagamente. Anoté en mi cuaderno:

> «¿Y si toda mi actitud careciera de fundamento?, ¿y si ella no viviera con la intensidad que yo esperaba?, ¿y si, entretenida domésticamente, no fuera digna de mi proyecto?»

Mi proyecto, naturalmente, era mi proyecto vital. A destacar la acostumbrada mezcla de candor, idealismo y petulancia. Ella mantenía sus señas de identidad, el aura de vitalidad casi tangible, la curva firme de los pechos, el cabello ya menos largo pero natural, un poco dorado, como dorada era la piel; la espalda grande y los hombros anchos, pero nada excesivos, más bien redondeados, suavizado todo por una fragilidad de animal de bosque, flor silvestre o como quiera decirse; brazos y piernas muy bien formados, cuello poderoso, cadera estrecha, cintura algo cuadrada, movimientos rápidos y seguros. (Esa seguridad, esa cosa de la tierra, a mí que soy tan piscis y tan ambiguo, me atraía enormemente.) Era un conjunto enérgico y armónico. Era un animal bellísimo y despierto, capaz de registrar todo tipo de vibraciones, incluyendo las olfativas. (¿Será verdad que los caracteres intuitivos son eminentemente olfativos?) Era como una preciosa fémina de Cachemira. Y no había cambiado la desconcertante complejidad de la mirada, los ojos francos, alegres y mendicantes; ni la extraversión de un aparato perceptivo inauditamente eficaz, veloz, síntoma de amor a la vida, al goce, al hedonismo, pero con capacidad tambien para la tristeza, la sublimación y la ternura.

Yo estaba muy desconcertado.

Con lo cual venimos al episodio central de esta época de mi vida, Tristán e Isolda pasados por la doctrina cristiana, l'amour passion, el *filtro* que ella al fin bebió, la complicidad providencialista, mi carta del 12 de octubre de 1950, el desbloqueo de los flujos electromagnéticos, la espada que separa a los amantes. Me da cierto reparo volver a la anécdota —¿a quién le importa?— pero tampoco puedo atajar mi propia curiosidad. ¿Qué diablos ocurrió? «Si vous croyez avoir compris, vous avez sûrement tort» (Lacan). Cierto. Pero aunque los secretos permanezcan secretos, caben los vuelos en espiral, una cierta hermenéutica absolutoria. Ya dije que a eso habíamos venido. A reinventar la fiesta. Escribo con inevitable y hasta deliberado desarreglo. Un ordenador electrónico debidamente alimentado puede proyectar un buen esquema. De un autor individual se espera que, como mínimo, establezca relaciones extemporáneas, transgresiones. Ahora tengo que ocuparme del remate de aquella hybris entre religión y sentimiento amoroso.

Pertenecemos, en el momento de redactar ese intercalado, a una cultura que parece estar de vuelta de la desublimación y la libertad de las costumbres; se produce un desplazamiento hacia actitudes más tradicionales, al menos en las sociedades que fueron pioneras en la revolución sexual. Esa revolución nació hacia la mitad de los años sesenta como resultado de la prosperidad, el exceso de demografía, la píldora. Hoy los medios de comunicación norteamericanos proclaman: «*Revolution is over*». Terminaron los tiempos en que todos éramos los amantes de todos sonando la música de Pink Floyd. Los jóvenes desean nuevamente relaciones a largo plazo. No es obligado ya que un chico y una chica se acuesten juntos la primera vez que salen. Germaine Greer, antigua radical del movimiento feminista, predica la abstinencia sexual, condena los anticonceptivos y reivindica la maternidad. Final de la mística del orgasmo de Masters y Johnson. Retorno a la monogamia selectiva. Sobriedad. Placer del celibato. Crisis económica. Neorromanticismo. Jean Baudrillard relaciona ese neorromanticismo con la nueva filosofía, la disidencia, los derechos del hombre, el retorno de lo sagrado, la condena del Estado, el individualismo. Yo diría que aparte de estar de vuelta, nos hemos sosegado, incorporadas ya algunas de las reivindicaciones de la época revolucionaria. Quebró el Estado Beneficencia y los tiempos se pusieron duros. La especialización del trabajo exige pronta disciplina. Además: la adicción a las drogas y las enfermedades venéreas hicieron sonar la alarma.

Pero en 1950 estábamos de ida, no de vuelta. El 1 de octubre, tercer aniversario de nuestro primer encuentro, le mandé a N. tres flores. Tenían que sacarme las amígdalas, y efectivamente me las sacaron, y sospecho que fue un error: desde entonces he sufrido faringitis crónica. A mi regreso de la clínica encontré una carta de N., un acuse de recibo a mis tres flores, una carta escrita para desilusionarme, aunque conservando una pequeña dosis de ambigüedad: «oh mon vieux, ¿cómo acabará todo esto?»

Anduve una semana cavilando. Yo no era un iluso, nunca lo he sido. Mi fidelidad a la princesa ausente, mi convencimiento de que una zona profunda de ella estaba simbióticamente ligada a mí, todo esto tenía fundamento: instintivo, anecdótico, ecosistemático. Instintivo: la atracción; anecdótico: de lo bien que nos habíamos entendido tantas veces; ecosistemático: el código cristiano/providencialista compartido. (Al fin y al cabo, el número de personas que tuviera nuestro caudal de buena fe era reducido.)

Entre mis apuntes cavilatorios llama la atención ese párrafo en el que me dirijo a ella:

> «Antes de explicarte eras más libre; luego de explicarte, tú misma te has creído tu explicación, te has inmovilizado, y ya no puedes pensar que una actitud puede ser explicada de cien mil maneras distintas».

Finalmente, le escribí una carta, una carta/recapitulación, una carta bastante decisiva, una carta de la cual doy noticia por su interés testimonial: la terminología de la época, un cierto existencialismo cristiano fecundado por la filosofía de Ortega (teoría de la vocación), apogeo del providencialismo, todo contribuye al bien de quienes buscan el reino de Dios, «lo demás viene por añadidura», amor y pedagogía (aunque sin rememorar a Unamuno, escritor que siempre me produjo fastidio, tanto por su estilo como por sus tabarras), pero amor «para toda la vida», amor que nace y se nutre de la *gracia,* etcétera.

Fragmentos y comentarios:

> «Recuerdo que cuando aquel chico alto nos presentó, sentí en seguida el impulso de entregarte algo íntimo: mencioné una película que me había impresionado».

Efectivamente. *Confidenciar* los libros o películas que a uno le han gustado es una manera sencilla de apear defensas e iniciar un ritual erótico intimista. Conocí a un tipo que decía que él sólo podía ser amigo de quienes hubieran leído y amado *Bajo el volcán* de Malcolm Lowry.

> «Algo ha ocurrido en Londres, este verano. Hoy tengo la impresión de que toda actuación que no contenga un núcleo de caridad es mero entretenimiento, cosa hueca, pretexto que la vida se inventa para *hacer algo*».

Cavilo que no hubiera sido muy difícil, en aquel tiempo, convertirme al socialismo. Bien es cierto que nunca he sido clerical, y el socialismo (a la española) tiene mucho de clerical. Más adelante relacionaría el tema de la caridad con la famosa frase de San Agustín, *amor meus pondus meum,* lo que yo llamaba ser un *hombre real,* la virtud ontológica que fundamenta cualquier otra virtud: amor, no como gravitación hacia lo amado sino como re-ligación, peso absoluto, vinculación con la raíz. Radicalidad. (Pueden encontrarse referencias a todo esto en fecha tan tardía como junio de 1967, cuando publiqué *Teoría del hombre secular.*)

> «Mi adolescencia ha concluido. Me siento libre, nuevo, ágil y en cierto modo invulnerable. He rezado y he sufrido ya por nuestro asunto. Ahora estoy en paz. Ahora, si en vez de seguir tú a mi lado para emprender juntos la verdadera labor constructiva —sin niñerías ni pérdidas de tiempo—, resulta que nuestros caminos son diferentes, sea. Sea como lo mejor que puede ocurrir».

Párrafo poco fino. En primer lugar, mi adolescencia no había concluido (mi adolescencia no habría de concluir jamás); en segundo lugar, ¿qué sería de la vida sin niñerías ni pérdidas de tiempo?

> «Una tenue melancolía me invade. Nuestra vieja partida de ajedrez termina. Como tú dices, esos tres años se han pasado volando. El Sol dará unas cuantas vueltas más, o las dará la Tierra, y también nosotros moriremos. El pensamiento de la muerte a veces me estremece. Entonces desearía tener a mi lado a la princesa de mi vida y, apretando su mano, alcanzar una sensación de inmortalidad.»

Es una característica de la gente joven hablar con nostalgia del pasado. La nostalgia es un sentimiento más propio de jóvenes que de ancianos. Son siempre los jóvenes quienes mayormente se refieren a «aquellos viejos tiempos del pasado». Tal vez sea una manera de autoconcederse consistencia, leyenda, experiencia, genealogía. Por otra parte, hay que disponer de un notable caudal de animación celular para poner en activo la melancolía y la memoria. A los viejos, el pasado les trae sin cuidado: lo que les concierne es el pan de cada día, las rutinas miserables del presente. Los jóvenes, en cambio, entremezclan el pasado y el futuro, en un permanente gesto ambiguo de diseño.

La carta proseguía con un párrafo dirigido nada menos que a Dios, y en donde pido fuerzas para poder realizar «aquello único que sólo yo puedo realizar: mi obra».

Impúdico, según se mire. O mírese como se mire. Una plegaria entremetida en una carta. Hoy exhibimos tranquilamente nuestros cuerpos desnudos en la arena, pero sentimos el tabú de lo realmente secreto: «de lo que no se puede hablar, mejor callar». Y sin embargo, qué más da. A esas cotas de la historia, todo está exhibido ya, entre otras razones porque no hay *nada* que exhibir. El pudor se autodisuelve. El animal humano, desde el punto de vista del lenguaje, es pura exterioridad: nada que alcance a ser expresado verbalmente puede ser exhibicionista. El hígado y los testículos, el alma y Dios, eso son, ante todo, morfemas, cargas semánticas, referencias.

Por otra parte, el recurso era atinado y eficaz, coherente con mi trayectoria. En el clímax del discurso, un llamamiento al Árbitro Supremo, al Otro Absoluto, garante de una pureza no menos absoluta. Ya lo decía Jacques Lacan: «On ne fait l'amour qu'en Dieu».

Finalmente, adviértase la elocuencia sin fisura: «mi obra». No ha habido tal obra: únicamente entremeses. Eso sí: una cierta tensión la he mantenido. Con altibajos. Ahora me agarro a ese montaje. Por las mañanas el intestino funciona normalmente, y, apretado por el té y los fármacos, el cerebro moviliza sus neuronas. El taller es mi cerebro. El material son los signos. El mundo se nos presenta, a cada momento, como una constelación de signos, y lo malo es que solemos darles la espalda. Somos unos analfabetos en relación a la semiótica de lo cotidiano. En mi proceso, he ido liberando a los signos de sus primitivos marcos mágicos. A partir de cierta fecha, la palabra Dios no aparece ni una sola vez en mis diarios. Qué respiro. ¿Y no ha sido ésta mi mejor fidelidad a aquella fe inicial del carbonero? —¿yo que no era carbonero?

Mi carta concluía del siguiente modo:

> «De entre todas las vidas posibles que yo puedo vivir hay una que es la *mía,* la óptima. Cada cual tiene la *exclusiva* de un tipo de santidad que es la suya, la intransferible».
>
> «El mundo está lleno de fracasados. Echa una ojeada en torno y advertirás una humanidad compuesta de personajes que no han llegado a ser aquello que tenían que ser. Y es ahí donde el cristiano juega con ventaja porque conoce la trampa del juego. Es por esto que no puedo escribirte una carta de lamentaciones».
>
> «Un futuro inmaculado, mío, tuyo, se levanta enfrente de los dos. Por instinto he creído siempre que la persona de mi vida habías de ser tú. Hoy no puedo decir mucho más. Veámonos las caras y...»

El efecto de la epístola fue fulminante. Nuria contestó inmediatamente. Aceptaba mi planteamiento y tácitamente se desdecía de lo que había escrito antes. Ahora también ella «comenzaba a ver claro en nuestra solución», y me pedía que siguiera rezando —especialmente por ella.

Por enésima vez: ¿por qué éramos tan cristianos?

Ya lo he dicho: ante todo, porque éramos *religiosos,* y el cristianismo era la única religión que teníamos a mano. El creyente religioso —decía Freud— al aceptar la neurosis colectiva llamada religión, se ahorra la tarea de formar una neurosis personal. Es un juicio que requiere mucha matización. Nosotros éramos religiosos porque éramos nostálgicos y utópicos, porque la religión era la única oferta de absoluto, y, también, claro está, por instinto de equilibrio. El desamparo del animal humano no es cosa de broma. Esa especie de monstruosidad biológica que somos, con nuestra conciencia refleja a cuestas, eso sólo se tiene en pie en condiciones muy especiales. Durante miles de años, la religión, el rito, el mito han neutralizado nuestras descompensaciones psíquicas, y acaso neurocerebrales. Lo de la religión como opio puede que tenga un sentido estrictamente literal. ¿Qué sabemos de nuestras necesidades de endorfina?, ¿qué sabemos del mito como autorregulador cerebral? ¿No es significativo que cuando las religiones institucionalizadas van de capa caída, renazcan las sectas, las tribus y las drogas?

Nosotros disponíamos del cristianismo. Era una religión. Era un recurso muy antiguo para mantener a raya la locura y la desesperanza. ¿Se puede vivir sin religión? Depende de lo que entendamos por religión. Se diría que la respuesta es negativa si entendemos por religión un cierto ritmo; y si entendemos por *homo religiosus* alguien capaz de un cierto sobresalto. En aquel tiempo vivíamos sumergidos en lo que Mircea Eliade ha denominado «espacio sagrado». Probablemente sea éste el único espacio en el que se puede respirar, o séase, metabolizar, o séase, dialectizar, ritualizar, musicalizar.

Lo que llamamos hombre secularizado es sólo la mala digestión de una provisional epistemología, la cual ha sido responsable de un gran malentendido: creer que con el advenimiento de la mentalidad científica ha quedado destruido el espacio sagrado. Lo cierto es, más bien, lo contrario. Ya he hablado repetidamente de esto.

Navegantes obstinados en un océano de incertidumbre, nos queda el recurso de *teatralizar,* sinónimo de sacralizar: ponerle algún ritmo a la aventura, musicalizar la paradoja. «Porque la vida del hombre está constantemente necesitada de ritmo», escribió Platón en el *Protágoras.* Eso es la «religión»: ritmo, danza, música, teatro. Lo que ocurre es que ese ritmo/rito/música/teatro tiene hoy poco que ver con el antiguo «orden». Igual que la música se emancipó del sistema tonal, la respiración sagrada se está volviendo libre, indagatoria, con margen para el azar y la indeterminación.

Dije que Occidente es sinónimo de teatro, o séase, simbolismo, «religión». Oriente (para entendernos) es mística, estado de entropía tan bajo que podría ahorrar toda mediación simbólica: mitos, ritos, teorías. Hoy procede conciliar Occidente y Oriente, religión y mística. (Lo advirtió Bergson que fue un ecologista *avant la lettre.*) Porque la vida real es mezcla de habla y de silencio. Mezcla que debe ritmarse. No hay vida social sin escenificación/dramatización/representación. Dígase lo mismo de la vida política. El juego podrá ser más o menos burdo, más o menos democrático, pero en política no se trata tanto de solucionar conflictos como de darles un cauce y un ritmo, una ritualización, y, de este modo, homologarse con la palpitación del cosmos. La misma ciencia, más que ir dando soluciones, lo que hace es ir ritualizando los problemas. (Es lo que llamamos teorías e hipótesis.)

En aquel tiempo teníamos una determinada religión y ninguna mística; un cierto mantenimiento (indispensable) de la infancia, y pare usted de contar. Nos las apañábamos con el cordón umbilical de una fe ingenua. Había suficiente misterio residual (anterior a Vaticano II), suficiente latín e incienso, suficiente totemismo para neutralizar la proverbial majadería de los curas. Sería estúpido, a esas alturas de la historia, subestimar el atractivo de aquella venerable Iglesia empecinada, madre rica y severa, tantas veces cínica, a cuestas con su parafernalia, cum Angelis et Archangelis, Thronis et Dominationibus, restos de una coreografía hipnotizante. ¿Podría alguien entender los filmes de Fellini sin la referencia católica?

Y por encima de todo, no tengo más remedio que volver a ello, la música.

Conviene recordar que, en sus orígenes, el cristianismo desconfió de la música, y que la Iglesia no admitió en sus templos más que la voz humana, y sólo como concesión. No obstante, allá por el siglo IV, se cantaban ya oficialmente himnos: himnos, al parecer, de origen oriental, con todo su correspondiente refinamiento modal. La Iglesia decidió controlar esa voluptuosidad cromática, y de ahí el afianzamiento del gregoriano. Pero comenzaba un camino irreversible. Afloraban corrientes muy remotas. Quien haya probado a entonar un simple *Kyrie* sabe que, para articular convenientemente la melodía, procede vaciar los pulmones más allá de lo normal; lo cual produce una euforia de tono budista. El caso es que la Iglesia incorporó la música, y que con la música se transmitió un mensaje arcaico, misterioso y transformante, reacio a la secularización del mundo.

Desde las prácticas salmódicas que arrancaban de las fórmulas melódicas judías hasta la *Sinfonía de los Salmos* de Stravinski, había dos mil años de presión musical cristiana. El órgano en los templos jugaba un papel importante; propiciaba una exaltación intimista, y, a la vez, un poco cósmica. El órgano era particularmente eficaz en las grandes catedrales. (Paul Claudel tuvo una iluminación, una noche de Navidad, en Notre-Dame de París, junto a una columna gótica, escuchando algún preludio. Así cualquiera.)

La matriz cristiana era suficientemente rica, amplia y porosa, a pesar de Galileo, a pesar de la Contrarreforma, y a pesar del paroxismo reaccionario del siglo XIX (condena del modernismo, infalibilidad pontificia, etc.). Porque también existían San Juan de la Cruz y la polifonía de Victoria. Y los Papas mecenas del Renacimiento. Y la inconmensurable *Pasión según San Mateo* de Juan Sebastián Bach que solíamos escuchar en Semana Santa. A veces pienso que lo más sublime que ha dado el cristianismo queda compendiado en el comienzo de violín del aria (para contralto) n.º 47 de la citada *Pasión*, aquella que dice: *Erbarme, dich, mein Gott*. Es la música que uno escogería para morir —puestos a morir con una cierta comedia, que es la manera occidental de morir.

(Puestos a rebajar la semiótica, mejor una raga hindú, y, ya en el límite, el silencio.)

Así que, dejando a un lado los lavados de cerebro, tampoco era tan extravagante que fuéramos cristianos. Lo más formidable de Occidente es cristiano. Sus máximos músicos, Victoria, Monteverdi, Beethoven, Mozart, Bach, son cristianos. Miguel Ángel, Dante, Cervantes, Dostoyewski, Newton y un interminable etcétera son cristianos. Estábamos en buena compañía.

Éramos cristianos igual que respirábamos oxígeno.

De modo que la pregunta pertinente sería, más bien, la contraria: ¿por qué dejamos de ser cristianos? Hubo un proceso. Influyó, particularmente, la pueril teología dogmática, el horroroso mito del infierno («multi sunt vocati, pauci electi»), el entremetimiento de una moral intransitable, el ridículo concepto de pecado, aquella pastoral tenebrosa e indigerible, el intolerable *sacrificium intellectus,* la falta de margen para el pluralismo heterodoxo, la oficialidad de un cristianismo no evangélico.

A mi juicio, la Iglesia, la teología, cometió el error de tantas instituciones humanas: ligar su suerte a la de una determinada visión del mundo, filosofía natural, concepto del hombre. Es el mismo error, dicho sea de paso, que cometería cierta sabiduría mística si quisiera aprovecharse hoy de las ventajas connaturales que le ofrece la física cuántica. Una cosa es la teoría científica, siempre provisional, y otra la mística.

Lo cual fue una lástima. Porque había en el cristianismo suficientes motivos de fiesta y de verdad. Prueba de ello es que, a nuestro modo, seguimos siendo cristianos. Aunque sea un axioma indemostrable, consideramos que es mejor ayudar a un prójimo que darle un puntapié. Llega un momento en que uno quiere despojarse de toda chulería, quedarse inerme o transparente: que lo que sea, sea. Uno quiere dedicar buena parte de los años que le quedan a propagar alguna buena vibración. Uno siente la urgencia de recapitular, aligerarse de peso, liberarse de la vergüenza, la culpa y la necesidad de aprobación (las tres grandes sanciones que según Riesman caracterizan, respectivamente, a las sociedades tradicionales, burguesas y consumistas). Uno alumbra una antorcha fosforescente: que algo quede.

Todo lo cual, más o menos, es cristiano. En todo caso, neolítico.

* * *

Por primera vez en muchos años, me sentía centrado, premonitoriamente feliz. Le escribí una carta a Juan Reventós. Resulta enigmático: cada vez que el cristianismo se me subía a la cabeza (o al corazón), le escribía una carta a Juan Reventós. El cual se preguntaba qué mosca me habría picado. ¿Cómo yo, que fuera tan rebelde e insolente, tan alegre y anticlerical, me había convertido repentinamente en un católico apostólico romano?

El caso es que yo quería *despertar* a la gente, y así consta explícitamente en mis apuntes. Por otra parte, tenía una manera de sortear el *sacrificium intellectus*, una manera de conciliar la fe con la libertad. Véase, por ejemplo:

19 de noviembre de 1950
   Conversación con mi madre. Dice ella que el cristianismo parece comportar una *cerrazón* demasiado cómoda, demasiado unilateral, demasiado parecida al fanatismo. «Yo estoy en la verdad y de ahí no salgo». Respuesta mía: el cristiano tiene que estar dispuesto, a cada momento, a dejar de ser cristiano, para renacer, nuevamente cristiano, por efecto de la gracia. Es lo que yo llamo *vivir abierto*.

Mitad atinado, mitad trucado. Lo atinado era apostar por la acción de la gracia instantánea desde un subsuelo de desapego y libertad: que la verdad, sea cual fuere, nos posea. Lo trucado era dar por descontado el resultado del ejercicio: amago de salto en el vacío pero dando por supuesto que se volvería a caer en el mismo suelo, simulacro de riesgo, intento de conciliar la honestidad ontológica con el referente absoluto.

Fue el leitmotiv de toda mi época cristiana: cómo ser a la vez libre y creyente, intelectualmente honesto y religiosamente fiel.

Iba a casarse la hermana de Nuria y me habían invitado a la boda. (La hermana de Nuria se llamaba, se llama, Margarita; era una mujer enérgica y risueña que matrimoniaba con un caballero andaluz, Juan de Linares. Me profesaba, y yo la correspondía, una especial simpatía.) El caso es que la situación se estaba despejando. Escribí:

> «Ahora que ella vuelve a mostrarse dócil, yo vuelvo a sentirme exigente.»

Temía que Nuria fuera insuficiente para mí, y no se me ocurría plantear la recíproca. Hélas. Mi cristianismo «verificado por los acontecimientos» me proporcionaba una peligrosa invulnerabilidad. Podía incluso adivinarse una tendencia: hacer trampas con el Tótem, sacarle ventajas y ahorrarse una ética. Ciertamente, siempre fui propenso a soslayar la ética para apoyarme exclusivamente en la metafísica. Por ejemplo, el 2 de noviembre de 1950 apunté:

> «Existe algo, luego todo va bien. Tal podría ser mi fórmula. Porque existir es perfección. Perfección supone armonía. Ergo, la creación no es una tomadura de pelo».

Enésima comprobación de que vivía sumergido en el paradigma mecánico del orden sin desorden, paradigma de Newton, Kepler y Adam Smith; que ni siquiera había atisbado el alcance del Segundo Principio de la Termodinámica, ya menos determinista y sosegado, ya contemporáneo de Darwin y de Marx. (En rigor, la ley de la entropía significó el final de una era, el final de la ideología cientifista del progreso, una importantísima ruptura paradigmática de la que nadie, en su día, se dio cuenta.) Y, con todo, la fórmula «existe algo, luego todo va bien» no era del todo desafortunada. El fallo residía en ligar la existencia con el bien, el bien con la perfección, la perfección con la armonía.

Más atinado hubiera sido: «existe algo, luego existe algo». Tautología dedicada a la memoria de Ludwig Wittgenstein.

Finalmente sucedió lo que tenía que suceder. El día de la boda de su hermana, Nuria y yo nos vimos las caras y decidimos inmediatamente que nos amábamos.

Fuimos a un lugar llamado *Saratoga* donde daban un buen jazz. Era la misma *boite* donde, años antes, solíamos parar Felipe y yo, tan cargados de dispersión. De repente dije:

—Hasta ahora se han tratado mis ideas y las tuyas, mi sentido del humor y el tuyo, mis muecas y las tuyas. Ahora se van a tratar tú y yo.

Comenzaba un proceso complicado y denso. Equívoco. Éramos conscientes de que nos embarcábamos en una aventura nueva y compartida. Durante un tiempo, y para facilitar la bajada de defensas, nos comunicamos por escrito. Cada domingo yo le enviaba una salutación, a veces un poema en prosa. Por su parte, ella exhibió muy prontamente su realismo. Me escribía: «Tengo una duda: saber si quieres a cierta princesa tal como ella es o como tú quisieras que fuese». Me advertía de ser una «buena niña y dulce» pero que también tenía «su energía y opinión»; que ya había contraído cierto hábito de «estar siempre en guardia»; que era muy amoldable pero exigía que se respetase su personalidad. Mencionaba su «predilección por la sencillez, o si quieres, por la naturalidad». Le molestaba «ese protocolo, farsa o falsedad en que acostumbra a vivir la gente». Le molestaba, también, «tener que depender de alguien». Digamos que aquella joven de 19 años mostraba ya de entrada sus definitivos naipes, su dialéctica inaugural. Una dialéctica que no habría de abandonarla nunca. Ella era una joven muy rebelde y, a la vez, muy sumisa; muy desenfadada y, a la vez, muy cristiana; muy casera y terrestre (es decir, muy neolítica) y, a la vez, muy contestataria, muy ella misma. Esa dialéctica producía un cierto efecto de oscilación.

Digo que comenzaba un proceso equívoco. El primer malentendido fue el malentendido del sexo. Amor y sexo, en aquel tiempo, y en aquel código, ligaban mal. Retrospectivamente, la cosa es diáfana. Nos sorprendió la inmanente, autónoma, gozosa espontaneidad del instinto. Nos tomábamos de la mano e inmediatamente se movilizaban nuestras glándulas sexuales. Lo cual nos produjo un inocente grotesco desconcierto.

Es el caso más notable que ha habido en mi vida de mala interpretación de una señal. Lo que era un indicio excelente me traía desasosegado. Incluso estuve a punto de romper con ella por causa del malentendido. Claro está: hubiésemos tenido que hacer el amor ya, sin complejos de culpa; avanzar lenta pero ininterrumpidamente; tantear la capacidad expresiva de los cuerpos; indagar hacia una ternura nueva y sin disociaciones; comprobar que el cuerpo, como el inconsciente, no termina nunca. Pero se interpuso el código y la inexperiencia, y nos quedamos desconcertados. ¿Era «aquello» el amor? Habíamos rezado por un sentimiento angélico y puro, y emergían corrientes complejas y subterráneas. Entonces, el mismo cristianismo que nos había servido de alcahueta se volvió en contra de nosotros.

Iba tomando cuerpo una sorpresa muy ingenua. Uno había creído que la llegada del amor equivaldría a la entrada en el Paraíso. Textualmente:

3 de diciembre de 1950
La vida es más brutal que los esquemas. Había demasiada ingenuidad en mi planteamiento pre-noviazgo, en mi esperanza de un Paraíso al doblar la esquina, como si de pronto todos los problemas fueran a desaparecer.

Y, claro, la vida es forcejeo hasta morir.
Estoy fatigado. Ser yo es una monoperspectiva. Proyecto apetito de Dios contra material finito, y no me cabe.

Alusión al desfase entre la ilimitada capacidad de amar y la inevitable limitación de la persona amada. Y no resisto ahora la tentación de echar una glosa, una transposición con cargo a los tremendos galimatías del doctor Lacan.

«Apetito de Dios y no me cabe»: «Deseo del Otro y falta de ser». No sólo hay que buscar (en el síntoma) el significante inconsciente sino también la expresión del *deseo* que ese significante elucida. La duración del deseo inconsciente es inextinguible; pero el deseo está sometido a las figuras del significante. Material finito. El inconsciente no está en lo recóndito, sino ahí en la intemperie del lenguaje. «Et je me révèle dans le langage à travers l'Autre». El Otro. El lugar de Ya-Nadie. Inscrito en la demanda de amor: la *falta de ser*, cuyo lazo es el Otro. El deseo inconsciente, el deseo del Otro. ¿Quién habla? El Otro. *Wo es war soll Ich werden*, dijo Maestro Freud. Una frase célebre de difícil traducción. «El yo debe desalojar al Ello», propone Marie Bonaparte. «Yo debo advenir allí donde estaba el Ello», prefiere Lacan. Yo debo advenir allí donde estaba el Inconsciente. El origen. Se escabulle un sujeto al que nada puede satisfacer. Se vocifera que el Universo es un defecto en la pureza del no-ser. Metáfora: ser. Metonimia: falta.

Amén.

Planteado desde un contexto menos hermético. «Proyecto apetito de Dios contra material finito, y no me cabe»: síntoma de un desfase. Malestar que procedía de mi reprimida capacidad expresiva, la líbido coaccionada. Vieja tentativa romántica de identificar lo finito con lo infinito. «Olvidarse en el otro, poseerse en ese olvido», decía aproximadamente Hegel *(Lecciones de estética)* para concluir en el «carácter infinito del amor». Bien mirado, el corolario del concepto romántico del amor sería evitar el sexo, evitar la disminución del deseo. La espada que separa a Tristán e

Isolda. Curiosamente, Schopenhauer había corroborado las doctrinas de la Iglesia: *eros* de una parte, *ágape* de la otra. Una extraña paradójica esquizofrenia, el amor como fuerza única y total, pero disociado. Un tremendo legado. Incluso Jean Paul Sartre se refería al amor como proyecto de la fusión absoluta entre dos infinitos: romanticismo desilusionado, porque tal proyecto estaba destinado al descalabro, pero romanticismo al fin.

Romanticismo que nos poseía. Con influencias de Hollywood y de Santo Tomás de Aquino. Amén de alguna que otra intuición fugaz. Por ejemplo:

> «La realidad es el hecho ontológico de lo estrambótico, es decir, de lo no-simple, de lo múltiple, de las arbitrarias partes en el Todo, de las posibles diversas colocaciones, del posible desorden. Pero proyectamos conceptos puros y simples —verbigracia, un amor perfecto— que tienen que realizarse en medio de ese maremágnum de cosas múltiples. Este es el problema.
>
> La intuición del «amor perfecto» es la intuición de «un momento de amor perfecto». La instantaneidad es la eternidad. Por ahí va la solución al problema. El resto es estadística».

No se me escapaba, pues, la dialéctica entre el éxtasis y el tiempo. Y seguía forcejeando con mis propios condicionamientos.

> «Si creyésemos que somos los *primeros hombres* seríamos más libres. La historia es un estupefaciente. ¿Hay alguna manera de compatibilizar nuestro condicionamiento y nuestro ser únicos?»

Sonaba aquella reconciliadora musiquilla, «*C'est si bon...*» y, repentinamente, mis planteamientos se invertían.

> «Amo a Nuria con todo mi cuerpo, locamente. Es algo muy hondo que me llevaría a cantar canciones remotísimas, salidas de no se sabe dónde».

Repentinamente, sí, me ponía en la buena pista, un solo e indivisible amor, el Cantar de los Cantares, el deseo y lo absoluto. Reconciliados.

Sin embargo, yo oscilaba. Había sucedido que, de pronto, se me había aparecido Nuria en su precisa intensidad/limitación/precisión. Ella no era una intelectual, o al menos no tenía la inteligencia *filosófica,* y eso me dejó perplejo. Entonces, ¿en qué se basaba nuestra unión? Apogeo de la ingenuidad erótica. Nuria no tenía la clase de inteligencia que yo había esperado que tuviese. Nuria no era como yo. (Sólo una mujer, entre todas las que he conocido, ha tenido exactamente la clase de inteligencia que yo esperaba; el resultado fue —aunque tal vez por otras razones— una de las relaciones más intensas y más frustradas de mi vida.)

Apogeo de la ingenuidad erótica, digo. Se me escapaba la gracia específica del amor, la comunicación entre seres diferentes en tanto que diferentes, la victoria sobre la redundancia. Electricidades del mismo signo se repelen. La atracción tiene poco que ver con la semejanza. Cuando un electrón choca con un positrón, las cargas pueden anularse, y la energía de las masas toma la forma de pura radiación. Ya no hay egos separados.

Naturalmente, hace falta un mínimo código común, campo de interacción, complicidad lingüística y metalingüística. Por ejemplo, encontrarse en el humor. Pero encontrarse en tanto que seres diferentes. Mis nostalgias se articulaban sobre una idea fija: la comprensión intelectual perfecta. Había un desconocimiento de las diferencias caracterológicas, y también de las diferencias entre superego masculino y femenino. El propio Freud escribió que el superego femenino nunca sería, como el del hombre, independiente de sus orígenes afectivos. Y dicho sea de paso: la tesis de la *bisexualidad*, que Freud defendió, le servía de coartada contra las interpretaciones antifeministas del psicoanálisis, y digo coartada porque el discurso freudiano, como todo el mundo sabe, fue descaradamente falocéntrico. En mi caso, el falo era efectivamente el significante. Sólo que era un falo inactivo. Porque el gran vehículo de la comunicación psicocorporal lo teníamos —por el momento— bloqueado.

Porque los fragmentos mencionados de mi dietario fueron escritos mientras permanecíamos pasivamente castos, en el discreto limbo del despiste.

Tedioso antagonismo entre espíritu y sexo que venía alimentado por la Iglesia. Y que, al parecer, sigue alimentando. Represión de la sabiduría erótica. Desde los Padres del Desierto hasta Juan Pablo II, pasando por los puritanos anglosajones, la Iglesia, las iglesias, han estado siempre en contra del cuerpo. Al cuerpo hay que mortificarlo, con ayuno o con cilicio, porque el cuerpo es cosa ajena, el cuerpo es *enemigo*.

Curiosa, notable, colosal enajenación.

Yo *separado* de mi cuerpo.

Mi cuerpo *separado* del medio.

Yo/mi cuerpo/el medio *separados* del cosmos.

Imaginemos por un momento que la Iglesia hubiese sido amiga del sexo, que la Iglesia hubiese bendecido la espontaneidad del cuerpo, que la Iglesia se hubiese limitado a condenar el único pecado que existe, que es el pecado contra la solidaridad. Otro gallo nos cantara. Pero San Pablo había escrito: «Es bueno para un hombre no tocar a una mujer; ahora bien: si no pueden contenerse, que se casen». El matrimonio como cloaca. Y San Agustín, en *La Ciudad de Dios*, se lamentaba de la espontaneidad de los «actos vergonzosos»:

> «Antes del pecado (original), la lujuria aún no excitaba a los miembros sexuales sin el consentimiento de la voluntad... Estos miembros (sexuales) se moverían por el mandato de la voluntad, y el esposo podría entremeterse en los muslos de su mujer con la mente fría».

No se fiaba de la naturaleza el ardoroso obispo de Hipona. Y en ese clima nos habían educado. Nos habían educado a no estar del todo vivos. Hoy pensamos que mientras se está vivo se está vivo, y que conviene estar lo más vivo posible. En aquel tiempo pensábamos aparentemente lo mismo; sólo que entendíamos por estar vivo algo muy mediatizado y descarnado.

Hago pues responsable a la Iglesia Católica de mi tardío descubrimiento del sexo como fuente de conocimiento, e incluso de experiencia transpersonal. Hago responsable a la Iglesia Católica, y a sus adjuntos sistemas educativos, de esa represión de la raíz más expresiva de la personalidad, de ese escamoteamiento de una posible relación profundísima. Bien es cierto que, con el tiempo, me he tomado cierta revancha; pero lo que al principio pudo ser, apenas fue. Una vez escribí:

> Me pregunto si allá por el 51, durante la primera etapa de mi noviazgo con Nuria, estaba yo del todo vivo, y la respuesta es que la Iglesia Católica, con la cual me sentía en deuda, no me permitía estar del todo vivo. Ni se lo permitía a mi jovencísima compañera. Es una vieja y cautelosa consigna de las iglesias: prohibido estar del todo vivo. La fórmula que se empleó con nosotros era particularmente eficaz pues disponía de arquetipos muy arcaicos: el Padre (Dios) y la Madre (Iglesia). Por si eso no bastara, el Espíritu (Santo) correteaba libremente y recibía los derechos de autor de cualquier iniciativa buena. Nosotros, lo que se dice nosotros, sólo éramos pecado.

Y pecado equivalía a sexo. Y he aquí que, de pronto, redescubríamos el sexo en nuestra misma relación, antaño tan «pura», y nos quedábamos desconcertados. Aquel esquizo era como una bomba de relojería. Aquel infantilismo sexual fomentado por la Iglesia (la Iglesia distinguía entre *eros* y *ágape*) podía tener importantes y entontecedoras consecuencias. Si hemos de creer a Bataille, al oponerse al erotismo, el cristianismo se oponía incluso a la esencia de la religión. Más todavía: el cristianismmo desconocía la santidad de la transgresión.

Pero el cristianismo siempre desconfió de los circuitos místicos del psicocuerpo. Yo era un pseudo cátaro en el trance de tener novia y en un contexto hipócrita y banal. Esquizoide. Hubieron de discurrir años antes de descubrir que hay algo estrictamente trascendente en el coito, e incluso en la efusión final del coito; algo inauditamente delicado. La inmolación que constituye las cosas vivas. La mujer acogiendo incondicionalmente el falo del hombre, sin sombra de reserva mental. Ninguno posee al otro. Tanto *penetra* el hombre a la mujer como *absorbe* la mujer al hombre. Climatología andrógina que libera insospechadas energías, moviliza recursos ocultos, más allá de la literatura indispensable y alquilada —porque amarse es, de entrada, amarse literariamente y luego adviene la expresividad más honda, la que se produce en el cruce entre biología y cultura.

Pero yo no sabía una palabra de esto cuando tenía veinticuatro años. No sabía dejar hablar al cuerpo, dejar que enloqueciera la sintaxis primal.

Hoy pienso (ha quedado explicado más arriba) que el camino bueno es el camino tántrico, apertura a la experiencia, tempo lento, amor no disociado, permanentemente alerta, sin necesidad de espadas interpuestas, tenso y relajado, tendido y distentido, finito y transfinito, donde la posible satisfacción del deseo deja incólume al Deseo. Hoy estimo que el *maithuna* más que una técnica es un juego espontáneo que cada cual puede acomodar a su medida. Desaparece entonces el «problema», ya no hay inseguridad ontológica, es tan simple vivir como morir, queda abolido el tiempo, surge la *gnosis*, el *ananda*, el abandono, «la risa del universo» —que decía Dante—, incluso el pitorreo. (Amarse puede ser un ejercicio enormemente chistoso.) Y tampoco importa mucho si nada de eso se produce; tampoco hay que perseguir maniáticamente las experiencias cumbre, como si uno fuera un coleccionista de intensidades.

Hoy pienso, en suma, que el sexo puede ser una apertura intelectual, rito iniciático, preámbulo para una sabiduría transpersonal, aprendizaje para superar Edipos, y, al tiempo, regreso al origen. Un juego complejo y delicado. Ambivalente. Dije más arriba que nunca está del todo claro, en la relación hombre/mujer, si se hace el amor porque hay amor, o si hay amor porque se hace el amor. En puridad, la alternativa se disuelve. Lo malo es que los jóvenes, sobre todo los varones, no saben de la misa la mitad. Lo cual tampoco es culpa suya: biología y cultura conspiran para que el amor, en los primeros años de la vida, sea torpe. Y así van las cosas, y así están de frustradas las mujeres, incapacitadas para realizar su superior capacidad erótica.

Porque la cosa no puede estar más paradójica: siendo la mujer un animal mucho más sexual que el hombre, sucede que está inmersa en una cultura que, a menudo, la convierte en frígida. Ya se sabe que el capitalismo clásico, recogiendo la tradición puritana, ha dado a la sexualidad un papel meramene fisiológico, centrado en las necesiades del varón. (Michel Foucault se ha opuesto a este clisé; pero no entremos en mayores complicaciones.) El objetivo es que, tras un buen coito y un buen sueño, el macho humano pueda ir tranquilamente a la oficina, a primera hora de la mañana. Las célebres encuestas del doctor Kinsey fueron, a ese respecto, devastadoras: «quizá en las tres cuartas partes de los varones, el orgasmo se alcanza dentro de los dos minutos que siguen a la iniciación de la relación sexual».

Dos minutos. El macho a dormir. La hembra a leer novelas.

No pretendo magnificar el puro sexo. Al contrario. Es hora de recuperar el gran valor de la castidad. Bien mirado, el buen uso del sexo y el buen uso de la castidad vienen a ser lo mismo. No hay buena castidad sin sexo latente, no hay buena sexualidad sin una mínima sublimación. Fue el gran descubrimiento de los cátaros y de los trovadores: aplazar la impaciencia sexual permitiendo el nacimiento de la pasión. Forma parte de la expresividad humana distender los márgenes del instinto. Pero no hace falta ninguna Iglesia que lo ordene. Cada amor tiene su ritmo, y lo malo es no saber acomodarse al mismo

> Especulé más arriba sobre el amor en base a la metáfora de las partículas que colisionan (mecánica cuántica). Presumo que se podrían dibujar innumerables diagramas de Feynman a propósito de las posibles interacciones amorosas, con sus correspondientes altibajos de energía. Existe

una permanente danza erótica en el cosmos. Ya digo que cada amor tiene su ritmo. (En cierto modo, su «ecuación de onda»: todas las posibilidades latentes en la interacción.)

Hay algo sorprendente y que me ha ido conduciendo progresivamente hacia el tantrismo: la felicidad de una mujer después de alcanzado el orgasmo (supuesto que lo alcance), es muy superior a la del hombre; lo cual prueba que hay en la mujer una sexualidad difusa y no exclusivamente genital/clitoridial. Superar este desfase es una cuestión de mente y de contexto. Los hombres deberían desbloquear sus dimensiones femeninas y aproximarse al milagro de la bisexualidad. La ya citada interposesión sin sujetos dominantes. (Suscribo la vieja opinión de Germaine Greer: la personalidad sexual es fundamentalmente antiautoritaria.) Entrenarse en distender el hilo del deseo.

Así que una temprana, real y no disociada práctica de la sexualidad puede ser un excelente aprendizaje para la solidaridad y la vida plena. Lo que ocurre es que no veo cómo esa situación pueda producirse en el seno de una cultura que mantiene la prolongación de la adolescencia, la escolaridad cerrada y la virginidad social. Pues hay que entender que la expresividad sexual es una forma de la espontaneidad creadora, y la espontaneidad creadora arranca de un sistema educativo que fomente simultáneamente el autocontrol y la dispersión indagatoria. Por consiguiente, todo este tema remite a una filosofía general de la cultura.

Remite a una mutación de la sociedad burguesa. La represión del instinto propicia un juego simbólico especial, pero caben juegos muy diversos. El intríngulis está en la farsa del ego. La sociedad burguesa privilegia el ego y, en compensación, monta un teatro. Escenifica todas las relaciones humanas. Es un viejo y eficaz recurso: se establece, primero, una artificial separación (y eso es el ego) para proyectar luego un escenario de reconciliación. Al fin y al cabo, así ha procedido también la ciencia. Se inventa una supuesta atomización del mundo, hasta que un día Newton reúne en un solo modelo —teatro— los movimientos de los astros y la caída de las manzanas. (Descartes había proporcionado previamente el escenario al permitir una representación gráfica de las relaciones entre magnitudes heterogéneas.) En el caso del código cristiano/burgués, primero se prohíbe la sexualidad, es decir, se parte de la hipótesis gratuita de que somos entes separados, y después se monta un escenario/institución: el santo sacramento del matrimonio. Y lo que Dios ha unido no lo separe ya nadie.

Aparentemente, hoy, las cosas han cambiado. Pero tal vez no en lo esencial. Ayer teníamos noviazgos largos, teóricamente castos; hoy los jóvenes hacen pronto el amor. Son dos riesgos diferentes, pero no parece que el problema esté resuelto. No veo a los jóvenes de hogaño más felices que a los jóvenes de antaño. Porque los jóvenes todavía hacen el amor de matute, torpemente y en el marco de una sociedad que sigue fomentando la disociación.

Históricamente, la posibilidad de una experiencia libre y temprana del amor ha venido de la mano de las píldoras y de los dispositivos intrauterinos. Conocemos algunas de sus consecuencias sociales: nupcialidad tardía, disminución de la natalidad y, según dicen, incremento de las enfermedades venéreas. (Y de ahí, en parte, el actual movimiento pendular hacia la sublimación e, incluso, hacia la revalorización del amor platónico.) Como siempre, la disfunción procede de la disociación cultural y del abuso.

Los problemas sexuales, decía Alan Watts, no pueden resolverse en el nivel sexual: son el síntoma de una mala relación con la naturaleza entera, la característica de una era que ha privilegiado enfermizamente al ego.

* * *

N. y yo nos las apañamos como pudimos. Al fin y al cabo, la cuestión decisiva quedaba a salvo. La cuestión decisiva era el *encuentro real* entre dos seres, el descubrimiento mutuo, la apertura, la referencia mínimamente inédita, y, a pesar del código, el milagro de lo inicial. De modo que nos fuimos acomodando y llegamos a ser razonablemente felices. Después del primer tira y afloja, ya no hubo dudas. Estaba perfectamente claro que nos queríamos, que íbamos a casarnos, que existía Dios, que nuestra unión la bendecían desde «arriba» —*la haut*, como decía ella— y que todo era futuro.

Solíamos citarnos en el último banco de la iglesia de Pompeia; así, en caso que uno de los dos llegase tarde (generalmente yo), la espera se llenaba de contenido, y no importaba demasiado. Después íbamos a merendar a *Sacha*, que estaba en la Diagonal, o a *Sandor*, que estaba en la plaza de Calvo Sotelo (hoy Francesc Macià). Yo tenía una motocicleta *Montesa* (125 c.c. de cilindrada, recién comprada, 16.800 pesetas, regalo arrancado al padre por mis buenos oficios, materiales y espirituales, del pasado verano) y culebreaba por el asfalto con reflejos excelentes. Nuria se sentaba detrás mío, con las dos piernas a un mismo lado. Nos tanteábamos. Le explicaba la enorme importancia que le daba a nuestro encuentro. Ella precisaba: «para mí todavía es más importante que para ti».

Fue un período en el fondo no exprimido, y era una felicidad ante todo germinal, cargada de esperanza. Yo escribía: «la esperanza es constitutiva de la temporalidad». (Cualquier ocasión era buena para filosofar.) También íbamos al *Bar Astoria,* y a un lugar llamado *Rosaleda*, donde se podía merendar con música, *cerisier rouge et pommier blanc*; caminábamos cogidos del brazo, símbolo de que la relación era formal, conversábamos sobre mil temas, planeábamos nuestra futura vivienda —siempre con un piano de cola en la sala central—. Y sin embargo, tengo la sensación, a treinta años de distancia, de que uno y otro guardábamos, sin saberlo, alguna carta en alguna manga, una latente disconformidad con el código de la religión católica, probablemente. Este código, como he dicho, bloqueó nuestras relaciones y reprimió nuestro potencial de expresividad, que era infinitamente superior. Yo tenía que ganarme la vida (filosofía y piano eran poco más que fantasías); ella tenía que ser una buena esposa. Poca cosa más en el horizonte.

Ella no había ido a la Universidad. Había cursado cultura

general en un colegio de monjas, clases en francés. Le gustaba estudiar, pero también dibujar y, sobre todo, bailar. Su padre era ingeniero, su madre tenía fama de ser muy guapa: hija única y mimada de un abogado con un importante bufete, habituada al desahogo económico. A Nuria la criaron las tatas. La familia de su padre también había tenido mucho dinero —una fábrica de galletas en Cuba— aunque después de la guerra, como tantos rentistas, perdiera buena parte de su estatus. Su padre era —es todavía, en el momento de redactar ese intercalado— un hombre bajito y narigón, enormemente cuadriculado, vampirizado por los jesuitas, meticuloso, tranquilo, honrado, reprimido, sin ápice de vanidad. Iba a misa cada día «porque una sola cosa cuenta: la salvación del alma». Nuria hubiera deseado ser bailarina o estudiar una carrera universitaria; pero su padre fue tajante: «no quiero mujeres sabias en la familia». Y puesto que, al parecer, tampoco quería bailarinas, la mandaron a clase de dibujo con Sainz de la Maza, y a estudiar *retablo* en la Escuela Massana (por consejo de Javier Corberó *senior*: «no la llevéis a *Bellas Artes*, que allí hay mal ambiente»), clases de 7 a 9 de la noche, sábados incluidos. De modo que su primera apertura a un mundo intelectual menos cerrado le vino a través mío. En este contexto, su relación conmigo fue también una liberación respecto a su retrógrada familia.

Relación en la que se produjo un cambio, un punto de inflexión, allá por el verano del 51, en la preciosa finca que la familia de N. tenía en Arenys de Mar. Primer vislumbre de la trascendencia/inmanencia del sexo, de su inmenso poder de gozo e interacción. Fue cuando nuestros cuerpos jóvenes y cargados de deseo se comportaron con mayor desenfado y libertad. Quedó atrás, por fin, mi platonismo de partida. Se creaba un ligamen nuevo, una adherencia/amor/complicidad que comenzaba a ser —o a parecer— indestructible.

Ciertamente, aquel amor era ecológicamente muy consistente; quiero decir que iba generando una intensa sacramentalidad/sacralidad/territorialidad: la sociedad dentro del templo, el *oikos* inicial de la pareja. Algo muy asumido y a prueba de futuras secularizaciones.

¿A prueba también del matrimonio?

Ya digo que el tema es complicado y que cada amor tiene su ecuación de onda, un esquema de probabilidades que también es función del contexto social y cultural. Una cierta comedia civilizada parece indispensable para que un matrimonio dure. Atajar el amor para que el cariño crezca. Cabe pensar que con el concepto pasional del amor, el matrimonio está condenado al fracaso. Recuerdo ahora una conversación con Denis de Rougemont.

—Regardez autour de vous: le mariage occidental est un désastre. Et cet desastre vient de ce qu'on a voulu fonder le mariage sur le sentiment amoureux.

Ciertamente, el sentimiento amoroso es tan intenso como inestable, y fundar el matrimonio (para toda la vida) sobre un sentimiento (transitorio) no parece equilibrado. Pero ahí intervenía la sacramentalidad cristiana, tan ligada a un determinado modelo de sociedad y de civilización. En nombre de esta sacramentalidad, paradójicamente, la Iglesia prohibía la pasión. O no tan paradójicamente, puesto que la Iglesia, como toda institución, reprime la individualidad y sólo admite el diseño social. Y la pasión, lo mismo que la mística, es un circuito extrasocial.

En los meses que precedieron a nuestro matrimonio hubo que acercarse al confesionario con frecuencia. Lo cual era un perfecto contrasentido. Nos reprendía severamente el cura. Y aumentaba nuestra disconformidad latente.

Cuando trato de entender la trayectoria de mi vida, descubro que una de sus claves más relevantes es esa *disconformidad latente*, en los años de juventud, con casi todo. Disconformidad que no me condujo a la crítica, a pesar de mis forcejeos filosóficos. Ahora sé que no acepté completamente el matrimonio ni la moral burguesa. En aquel tiempo no lo supe. Y me sometí a medias. Y quedaron demasiadas cuentas por saldar.

Nosotros jugamos limpio frente a una cultura, por definición, tramposa. Supongo que nos coaccionó el hecho de pertenecer a la clase dominante. En las grandes ciudades antiguas, el proletariado urbano venía abocado al robo y al crimen por no poder interiorizar el código de la clase dominante. A nosotros se nos hacía difícil asumir el código monolítico del catolicismo oficial; pero carecíamos de ofertas alternativas. Y nos mantuvimos dentro del esquema convencional porque también tenía sus ventajas. Porque contribuía al mantenimiento del fuego sacro. Porque, a pesar de los pesares, era consistente. Y el desencanto estaba lejos. El desencanto (para ella) se produjo cuando descubrió que ya apenas quedaba tiempo, que Dios había muerto y que todo quisque iba a lo suyo. El desencanto (para mí) tal vez no se produjo nunca.

Lo he contado antes: me salí de la institución religiosa, pero mantengo una cierta energía numinosa. He pasado de la física de Newton a la física cuántica. La marcha de este desvergonzado universo también depende de mí. Y supongo que redacto este ejercicio, entre otras cien razones que se me escapan, con ánimo de enderezar ciertos entuertos.

VIII

Los años grises. En el entretanto habíamos entrado en los llamados años grises. La guerra fría abocaba a una marea conservadora en todo el mundo occidental: la inminente ascensión del general Eisenhower, la vuelta al poder de Winston Churchill. Pero los hilos subterráneos de la trama, e incluso los manifiestos, se entremezclaban de manera más rica y enmarañada de lo que pudiera desprenderse de la reseña oficial. Iba a surgir la *beat generation*, iba a renacer el *zen*, a interesar el espacio extraterrestre, a configurarse una estética expresionista. Miles Davis atinaría a conjuntar el quinteto más endiablado de la historia del jazz. En el momento de escribir estas líneas sigue vivo el revival/pastiche, circuito entre los «cincuenta» y los «ochenta». Estimo que se trata de un fenómeno complejo que hay que interpretar en clave retroprogresiva. Cada vez nos alimentaremos más de estas mezclas híbridas de presente y de pasado. Porque el pasado no puede agotarse únicamente en el preciso tiempo (escaso) que le tocó como presente. El pasado, como la carne de los cristianos, quiere resucitar. En medio de la anomia y la vagancia (la efímera cultura *punk*, pongamos por caso), el pasado es un suministrador de consistencia, y las nuevas tecnologías hacen posible los milagros de la *retroprogresión.* (¿Se me concederá, por cierto, el honor de haber acuñado este vocablo?) El pasado subsiste, estratificado. Compárese la imagen que se tenía, en los años treinta, de lo que iban a ser los años ochenta (un mundo uniformemente futurista) con la realidad actual: un mundo donde las huellas de la historia permanecen, los edificios antiguos se restauran, etcétera. La nostalgia puede verterse como líquido sinovial, o servir de contrapeso. Hubo, en los pre-felices cincuenta, una paradójica estandarización de la vida, un dinamismo emocional, un shock tecnológico, una Action Painting, un neo-existencialismo de jóvenes airados. Al mismo tiempo, la ciencia proseguía su discurso destructor de viejas certidumbres. Se construyeron los aceleradores nucleares. Lévi-Strauss, Lacan y Chomsky, arruinaban el mito del humanismo.

Así las cosas, uno habitaba en la península ibérica, y aquí, como es sabido, se filtraba poca substancia. El general Franco seguía gobernando como habría de hacerlo hasta su muerte: sin cambiar apenas el vocabulario, y a un ritmo tan lento que producía un efecto de hibernación. El Estado español se definía como «católico, social y representativo, erigido, de acuerdo con la tradición, en reino». El ministro Arburúa había cancelado las famosas cartillas de racionamiento, y, tal vez como corolario, una editorial del diario *Arriba* proclamó solemnemente la existencia de Dios.

Yo estaba en «mi último curso de carrera» y me proponía «reforzar mi voluntad a marchas forzadas». A mi edad Rafael Alberti era ya premio nacional de literatura, Dickens había publicado los papeles *Pickwick*, Gödel iba a revolucionar la lógica matemática, Chopin había compuesto sus fantásticos *Estudios*. Yo era sólo un burguesito mercantil poseído por un vago malestar.

Fallecieron Wittgenstein, André Gide, Pedro Salinas.

David Riesman: *La muchedumbre solitaria.* Talcott Parsons: *The Social System.* J. D. Salinger: *The Catcher in the Rye.*

Y no sólo de amor trataban mis libretas.

13 de enero de 1951
>   Dice Rai que si el hombre no hubiera caído, el sacrificio de Cristo hubiera acontecido igualmente, sólo que de manera incruenta.

¿Por qué está mi hermano tan seguro de sus construcciones culturales cristianas? Yo pienso que habría que distinguir el contenido y la vivencia de la fe. La vivencia, lo que hace posible creer (en lo que fuere), es ese elemento *a-histórico* tantas veces mencionado por mí. Es esa inmediatez, sin luz, con *algo*. Como si uno careciese, repentinamente, de pasado, de padres, de ambiente, de condicionamientos. En la obscuridad *a-cultural*, en la soledad radical, se palpa a ciegas. Y lo que se palpa es lo absoluto.

Sigue incólume en mí aquel núcleo adolescente que en momentos como ahora justificaría cualquier decisión socialmente disparatada.

Y yo me sigo reconociendo en aquel muchacho autodidacta, que filosofaba sin apenas información, que se sentía «atemporal y ahistórico». Algo de él permanece: la inmediatez no categorizable con *algo*. Y también: la libertad como anulación del *karma*, es decir, de la historia. Fue precisamente contra la fatalidad del *karma* que se rebelaron las Upanishad y Buda. (Y, en cierto modo, el propio Einstein, obsesionado por la imagen de un mundo intemporal.) Y era esto lo que yo balbuceaba dentro del marco rígido de mi escolástica.

11 de febrero de 1951
Recuerdo, de mi propia historia, unos cuantos puntos fijos de referencia; pero no recuerdo el «fluir» mismo del tiempo. Soy capaz de dibujar un esquema de causalidades, pero no la fluidez indivisible de mi vida.

No había leído a Bergson, ni a Proust, ni a Norbert Wiener. Ni apenas a San Agustín. Proust había dicho: «la historia es un diseño de momentos intemporales». Se puede enfocar de diferentes modos. Suelo referirme al ilocalizable átomo de tiempo, cuando el tiempo deja de ser tiempo. Hablé más arriba del esquema general de un bucle retroactivo. La paradoja es permanente: sólo puedo vivenciar (¿pero puedo?) el momento presente, que sin embargo se escabulle en la ficción gramatical del tiempo.

Todo filósofo, todo artista, todo escritor, todo hombre alerta se ha enfrentado con la pesadilla del tiempo y de la historia. «History is a nightmare from which I am trying to awaken», se lamentaba Stephen en el *Ulises*. La cuestión es: ¿podríamos resistir la corrosión de un tiempo sin presente? ¿No enloqueceríamos en el absurdo de la pura fugacidad? Proust ensayó la eliminación literaria del tiempo. Los científicos y los filósofos encuentran agarradera en abstracciones intemporales. Ahora bien; la liberación definitiva acontece con el descubrimiento de que el tiempo no existe, de que pasado y futuro son productos ilusorios procedentes de una demarcación simbólica y artificial que se superpone al eterno ahora.

> Ya dije más arriba que se cobra una inusitada energía cuando uno decide que no hay nada que lamentar del pasado, cuando uno descubre, y vivencia, que el pasado no existe y que, a cada momento, se reparten nuevamente los naipes. Esto sí que es andar ligero de equipaje.

Lo cual aclarado, hay una manera de neutralizar el deterioro de las células nerviosas, el flujo entrópico: es la entrada de informaciones *nuevas*. Porque uno tantea hacia ese equilibrio controlado que llamamos vida, en contraposición a ese equilibrio termodinámico que llamamos muerte. Y la teoría de la información proporciona el esquema adecuado: un distanciamiento del equilibrio termodinámico es equivalente a una información.

O sea que el comercio con informaciones nuevas (y subrayo el *nuevas*) nos mantiene jóvenes. (Evidentemente, los intelectuales envejecen mejor que los obreros.) Sorteando el bombardeo de inútiles redundancias, manteniendo la curiosidad indagatoria, espontáneamente, sin mucha premeditación, por el placer de estar vivos.

18 de febrero de 1951
Emplazado en su «acto» de cada presente, el yo es siempre un previo «partido tomado»; emplazado en su

«potencia», el yo está abierto a lo que fuere: es imparcial. Cuando Ortega escribe que previo a otra cosa somos un «sistema nato de desdenes y preferencias» resulta unilateral, delata a brocha gorda la inevitable parcialidad del ser «en acto»; desdeña contemplar la otra parte de la moneda: nuestro ser «en potencia» cualquier cosa, nuestra nihilista imparcialidad. Claro está que, una vez actualizados, el partido está tomado. Pero eso no es «innato»; eso procede de que no se puede estar en la pura potencia, de que existe la necesidad de «actualizarse», y la gente echa mano entonces de lo primero que caiga a mano.

Leit motiv del nihilismo ontológico del yo, con su correspondiente corolario: la comedia comunicacional de cualquier postura humana.

Ya dije antes que siempre he actuado como un *poseído*, y que por esto nunca he tratado de «conocerme a mí mismo»: desde muy pronto vi que en el fondo de «mí mismo» no había nada —nada, al menos, que se pudiera *decir*—. Mi *secreto* es terco, resistente. No formo parte, pues, de esa tipología que Richard Sennet ha descrito en *El declive del hombre público*. Sonará paradójico, pero precisamente porque mi secreto es recalcitrante, no acepto la disociación entre lo privado y lo público. Reconstruyo mi historia privada en la medida en que es un tema público. No soy un narcisista ingenuo. Me gustaría diseñar una nueva *polis* y, si tuviera más salud, trataría de ser, literalmente, un hombre más *público*.

Más público y más entremetido en los diseños del poder.

Porque todo para en lo mismo: la conciencia y la acción. Ya he dicho que en el intervalo cuántico se aloja una decisión primordial, la que arranca de la opción entre medir la posición o el *momento* de una partícula. Quiere decirse (vuelvo a insistir en ello) que el más elemental acto de conocimiento comporta una decisión, y que el ideal clásico de la objetividad científica ha quedado arruinado desde Heisenberg. En su último reducto, el científico, con sus prejuicios y su sistema de valores, incide en la marcha de los acontecimientos. La neutralidad no existe en parte alguna.

* * *

El 21 de marzo de 1951 comencé una tanda de Ejercicios Espirituales en la Residencia de Monterols (el oficiante era mi hermano Raimundo), y yo los enfoqué como preparación al matrimonio. Tomé abundantes notas: aquella mezcla de audacia, lugar común, libertad y fanatismo que caracterizaba a mi hermano, las piruetas de su *sacrificium intellectus*, la terminología del Opus («ideas putrefactas», «es una cuestión de hombría», de «auténtico señorío», etc.) luchando con una teología un poco más honda.

Se expresaba mi hermano con mucha energía y agresividad, con un inquietante tono profético. Aquello, evidentemente, le concernía. El suyo era un discurso secretamente vengativo. ¿No me dejan ser catedrático y ganar gloria humana? Pues van a ver cómo sacudo yo a esa pandilla de mediocres cristianos.

Los mediocres cristianos éramos medio centenar de personas, mayormente profesiones liberales, hombres de negocios, alta burguesía. Impresionados unos, refractarios otros, amedrentados los más.

Releyendo hoy los extractos de aquella tanda de ejercicios, me resulta fácil desmontar su trama ideológica, aplicar una hermenéutica desmitologizante, etcétera. En aquel tiempo no sabíamos una palabra de religiones comparadas. Ignorábamos que los evangelios fueron escritos por unos recopiladores tardíos que obedecían a la semiótica de su tiempo, tomando de prestado historias y leyendas muy conocidas en el ámbito helénico, e, incluso, en el más remoto de la India. De ahí, por ejemplo, las portentosas semejanzas que encontramos en las descripciones de las vidas de Cristo, Krishna o Buda. Los últimos «evangelios búdicos», tales como el *Lalita Vistara*, explican que Buda tuvo una concepción milagrosa, una estrella sobre su cuna, una profecía del viejo Asita (el Simeón budista), una tentación de *mara* (el demonio). El *Jataka 190* narra cómo un piadoso discípulo de Buda anduvo sobre las aguas y comenzó a hundirse cuando su fe decayó. El *Jataka 78* explica cómo Buda alimentó a quinientos hombres con una torta. También nos enteramos de que Buda pronunció un «sermón de la montaña», que tuvo doce discípulos y que uno de ellos (Ananda) fue el discípulo amado; que realizó milagros y que los desaprobó cada vez que se quiso utilizar a éstos como prueba de su calidad de Buda (parejamente a como, en el Evangelio de San Marcos, se dice que Cristo imponía silencio a los enfermos a quienes curaba).

Todas estas analogías se explican, sin recurrir al fraude, al considerar el lenguaje desde una visión estructural donde lo que domina es la «cadena significante». Ya digo que los redactores de los evangelios canónicos, y también de los apócrifos, echaron mano de lo que tenían a mano. El agua cambiada en vino figura en la mitología de Dionisio, y el episodio de la resurrección del hijo de la viuda lo encontramos, casi literalmente, en la resurrección operada por Apolonio de Tiana a las puertas de Roma. El caso es que el cristianismo tenía que competir con otras religiones de misterios donde las vírgenes parían dioses y los héroes subían al cielo. La exégesis del Nuevo Testamento confirma que los evangelios debieron ser la obra de unos «redactores» más que de unos autores, y que estos redactores tuvieron que echar mano del sistema de significantes religiosos de su medio, así como del rico material que otras tradiciones habían puesto a su disposición. Sus intenciones fueron más teológicas y kerigmáticas que históricas.

Todo lo cual, de habérnoslo explicado, nos hubiera ahorrado ciertos traumas posteriores, nos hubiera permitido mantener un cristianismo crítico y purificado. Pero no. Nada de hermenéuticas. Se nos suministraba pura mitología con pretensiones de literalidad. Enfatizando, eso sí, el *credo quia absurdum,* como recurso/chantaje para poder tragar.

Con todo, a mí personalmente, aquellos ejercicios me impresionaron. Escribí:

«Yo tenía las ideas positivas: vivir el presente, ser uno mismo, etc., pero me faltaba entender el alcance y el sentido del *negarse a uno mismo*. Yo quería vivir un cristianismo sin cruz».

Por otra parte, y vistas las cosas en retrospectiva, pienso que se mantenía en mí la disconformidad latente, un cierto confuso malestar. Había algo que no encajaba. De un lado, me dejaba sobornar por el grito enfebrecido de mi hermano: «el cristianismo es la fuerza más potente que existe en el mundo». Lo predicaba con una energía no fingida, aunque no por ello menos teatral, menos construida. Ya digo que él había apostado su vida a ese naipe y tenía que autojustificar su opción. Pero a partir de aquí comenzaba, para mí, el malestar: aquel falso asombro, pueril y demagógico, «todo un Dios hecho hombre», como si lo demás, el mundo, cualquier cosa, no fuera igualmente asombroso y extravagante; aquel sadomasoquismo maniqueo, «quien no está conmigo está en contra de mí»; aquella distinción, tan superficial, entre acciones interesadas y acciones desinteresadas, como si los actos humanos (cuando son *reales*) no fueran siempre, y por definición, a la vez egoístas y solidarios; aquella necesidad de enfatizar y exagerar, incluso de insultar: «hipócritas, cretinos» (insisto en que, obviamente, mi hermano trataba, ante todo, de convencerse a sí mismo); aquella inaudita petulancia del cristiano como centro del universo y justificación de la creación; todo aquello, digo, me producía malestar.

Había algo que olía a verdad en lo que decía Raimundo: la solidaridad evangélica, y algo que olía a desvarío: la teología cristocéntrica, el fanático exclusivismo heredero de una concepción imperial, e imperialista, del mundo y la cultura. *Extra Ecclesia non est salus.*

Mi hermano —como ya adelanté más arriba— era lo que entonces llamaban un cura avanzado, lo cual le había procurado cierta fama y cierto séquito, y no poca suspicacia entre la jerarquía. Suspicacia en el fondo injustificada, porque, dejando a un lado sus desplantes verbales, mi hermano era un teólogo eminentemente cristocéntrico. Lo escribió en uno de sus *Cometas*: «Toda mi vida he tenido no sólo una preocupación religiosa constante, sino un ideal humano, intelectual, único: conseguir una visión cristiana del mundo, alcanzar una síntesis cristocéntrica del universo».

Veinte años más tarde, ya dado de baja del Opus, y supuestamente de vuelta de muchas cosas, mi hermano trató de ampliar la perspectiva. Lo sorprendente es que seguía siendo rabiosamente cristocéntrico. En su libro *Misterio y Revelación* (1971) admitía que los cristianos no tienen ningún monopolio sobre la bondad, ni sobre la verdad, ni siquiera sobre la salvación. Entonces, ¿qué es un cristiano? Digamos que «un hombre que ha recibido como don gratuito la llamada personal de Cristo para llevar adelante con Él y en Él la tarea de redimir al mundo». ¿Redimir? ¿Qué sentido tiene esto cuando ya no hay monopolio religioso? Todo se aclara desde el supuesto de que Cristo no ha venido al mundo a fundar una religión sino a «llevar a su plenitud todas las religiones». Lo que hoy entendemos por cristianismo no es más que la religión hebreo-helénico-griego-latino-celta-gótica-moderna *convertida* a Cristo. Para el caso lo mismo pudiera haber servido el hinduismo, manteniendo todas las características del hinduismo, sólo que *convertido* a Cristo. Porque «Cristo es la plenitud de toda religión *a través de la conversión*». Más todavía, porque «todo ser en cuanto ser es una *cristofanía*». Porque en Él fueron creadas todas las cosas (*Col* 1, 16) y en Él todas subsisten (*Col* 1, 17). Redimir el mundo es *divinizarlo*. Ciertamente, el mundo estaba ya divinizado a raíz de la «encarnación», pero al ser cada cristiano *ipse Christus,* la dinámica redentora continúa.

(Miseria del discurso teológico, incapaz de reconocer que todo esto: Dios, el mundo, la eternidad, el tiempo, el ser, el devenir, son sólo metáforas; que sobre la realidad en sí misma no cabe decir absolutamente nada.)

(En el bien entendido que ese apofatismo radical no nos deja huérfanos; al contrario: nos abre, por la vía de la *negatividad*, a lo realmente real.)

Pero estamos en 1951, España. Un cura todavía es un

cura. Un cura tenía el poder de generar discursos peligrosos. Mi hermano denunciaba el fariseísmo y postulaba la plenitud interior de un cristianismo realmente vivido. Mi hermano era un chamán latentemente subversivo, fanáticamente cristocéntrico, desasosegado por un plus crítico. Asumiendo el esquema general del cristianismo —la petulancia de creer que el cosmos gira en torno del cristiano— vertía su agresividad hacia aspectos parciales del sistema. De este modo, mi hermano despertaba enormes filias, con sus correspondientes solapadas fobias, y era de los pocos miembros del Opus Dei que gozaban de auténtico prestigio intelectual. Tenía una audiencia cada vez más considerable.

Hoy las cosas han cambiado; hoy los curas ya resultan menos inquietantes. En primer lugar porque un cura ya no es exactamente un cura. Tras Vaticano II y el *aggiornamento*, los persuasivos disfraces se vinieron abajo. No más mitra faraónica ni sotana severa. Y, claro, sin mitra ni sotana, no más anatema fulminante. Los curas se convirtieron en meros funcionarios.

No se han recuperado todavía.

Todo cura está hoy desconcertado, descontextualizado. El tímido alzacuellos, en el mejor de los casos, le da un cierto aire de jubilado. Jubilado personal e histórico: adiós a la magia y al maná. Fin de aquella capacidad de suscitar veneración y odio. En Sudamérica, algunos se disfrazan de Che Guevara y se apuntan a la teología de la liberación. Es un recurso casi desesperado para no abdicar, para seguir en el rol profético. Pero es un juego demasiado obvio.

En fin, aquellos chamanes resultaron ser unos pobres hombres —ni más ni menos que el resto de la feligresía—. Les tenía en pie el poder, la hipnosis, la manía y el discurso arcaico. Ahora la farsa ha concluido, y, en el mejor de los casos, queda un nuevo corporativismo que alberga —a veces— a personas muy respetables.

* * *

Discurrieron los días, prosiguieron los tanteos, incluso

los forcejeos: la permanente tensión entre filosofía y teología. Si hemos de creer a N. yo hubiera tenido que ser pianista. No sé. El microbio especulativo presionaba.

4 de abril de 1951
Estoy abierto a todo. Estoy dispuesto incluso a dejar de creer en Dios para que la verdad, sea cual fuere, venga a mí sin resistencias.

Desprendimiento fabricado, ya hablé antes de ello, porque al final siempre volvía a encontrar a Dios. Era como una reducción fenomenológica con resultado previamente garantizado.

7 de octubre de 1951
Fiesta Mayor de Sarriá. Caras conocidas, mocitos y mocitas, repertorio habitual. Encuentro a X. idéntico a sí mismo, superponiendo sus imágenes pasadas, estático. Me produce cansancio. Esa incapacidad mía de contar anécdotas y de describir paisajes debe arrancar de ese tedio, la imagen repetida, o tal vez se trate de mi líbido intelectual que exige siempre tratamiento abstracto.

Era cierto. Yo, para percibir un paisaje, necesitaba, necesito, música. En la plaza de Sarriá, tardíamente, autorizaron las sardanas. Era como una plaza de pueblo, con la iglesia, el bar, la pastelería y la farmacia; el continuo trajín de las palomas; palomas pardas y grises, como los muros de las fachadas, como la piedra de la iglesia; iglesia fea y triste (campanario pasable), pocas bodas, muchos entierros. Tantos años cruzando aquella plaza, consultando el reloj del campanario, tomando un *frigo* en el bar, o un bocadillo de brioche y jamón en la pastelería (que era del poeta Foix, un hombre atildadísimo, meticuloso, siempre erguido, incluso estirado, con cara de roedor o muñeco de porcelana), asistiendo a la misa, comprando churros, y, sin embargo, qué poco viví el *espacio*. A lo largo de mi vida, concentrado en las personas y en las ideas, me resbalaron casi siempre los espacios. Tampoco recibí una educación visual. Por esto a veces, hoy, paseo en coche, sin rumbo fijo, con música de fondo: entonces consigo *ver* alguna cosa.

28 de noviembre de 1951
Tengo un ganglio infectado. Sigo en cama. Y en calma. Ladra un perro tal vez inexistente. Se filtra una luz morada irrepetible a través de la ventana del antiguo cuarto de la abuela. La casa está tibia y yo llevo vividos 24 años.
¿Es esto real?
El adolescente intransigente queda tan lejos. Todo es ahora profundo y sosegado. Sin relieve. Esas piezas firmes, que son las personas que me aman... Ese contorno y ese orden, todo cuanto me vincula y me proporciona raíz. Ahora se trata de hacer algo.

¿Hacer qué? Solía ir a misa por las mañanas, y luego a la fábrica. Comíamos a las 2,45 de la tarde. «Mamá deprimida, papá viejo». Vuelta a la fábrica, hasta las 7 de la tarde. Me encontraba con Nuria en algún bar. Dos o tres veces por semana me quedaba a cenar en su casa. Leía *Arbor*. Artículo de Álvaro d'Ors: toda historia universal es, en realidad, una historia de la Iglesia. Sin comentarios.
Atrapado pero no del todo inmóvil. La comunión matutina (me ahorraba el resto de la misa) quería ser el aspecto *experimental* de mi religiosidad. Nunca, ni siquiera en mis momentos más teológicos, me gustaron las «creencias», el asentimiento a dogmas por razones de fiducia. Más que una doctrina para creer yo buscaba una realidad para vivir, una apertura a *lo inmediato*. Años más tarde, el milagro del noyo: *salir*, el Tao de cada día, los pliegues del pantalón de franela de Aldous Huxley, el laberinto infinitamente complejo de cualquier minucia, la clara luz del vacío, *El libro de los muertos tibetano*, y el agua era una paloma, García Lorca en Nueva York, el otoño humilde como los leñadores, Neruda en alguna parte, *Istigkeit,* el Maestro Eckhart, Mozart, Ravi Shankar, Collin-Walcott-Don-Cherry-Nana-Vasconcelos.

Había terminado la carrera de ingeniero. Tenía novia, iba

a casarme, a tener hijos; iba a ser el gerente de una empresa, a formar parte de la clase dominante, a entrar en el Sistema por la puerta fácil. El Sistema era generoso: a cambio sólo exigía que no se le discutiera. «El capital, sin escrúpulos, sólo puede ejercerse tras una superestructura moral». Yo venía programado para mantener esa superestructura moral. Las reglas del juego. Una cierta weberiana racionalidad. A pesar de mis escarceos filosóficos, no discutía el contexto social. Con la excepción de mi madre, nadie en mi entorno discutía el contexto social. Sólo ella protestaba contra la injusticia y la desigualdad (aunque armándose un pequeño lío). Los demás en la higuera, y, para colmo, sin mala conciencia.

Volví a probar con la novela. Mezclaba todo, la crónica de mi insatisfacción y los diálogos de mis personajes. Nuria a veces leía mis apuntes. Un día, en Arenys, agosto de 1952, y a propósito de un párrafo que la hirió («no he de compartir mi gloria y mi cruz con nadie»), dijo:

—Te estás vertiendo/deshaciendo con exceso en estas libretas. Sería comprensible, y hasta aconsejable, en un adolescente. Pero, ¿es que todavía estás en tránsito? ¿Por qué te repites? Antes me maravillaba tu lenguaje de adolescente porque yo también lo era. Ahora soy mujer: ¿es que tú no has evolucionado como yo? Quiero ayudarte, cooperar, «compartir tu cruz y tu gloria».

Añadió que mi camino era la filosofía y no la novela, que lo importante era buscar el Reino de Dios y su justicia, etcétera. Dijo que veía claro lo que yo tenía que hacer; menos claro lo que ella tenía que hacer: «de momento, cooperar contigo». Para precisar luego: «de momento y tal vez siempre».

Se estaba así cumpliendo el año de la muerte del rey Jorge de Inglaterra. Ernesto Hemingway había publicado *El viejo y el mar,* Faruk perdió su trono, Eisenhower ganó las elecciones, Evita Perón murió leucémica, Ladislao Kubala se cubrió de gloria.

Nuria y yo nos casamos.

Nos casamos el 28 de octubre de 1952, catedral basílica,

novia vestida de blanco, marcha de Mendelssohn (nosotros habíamos escogido Haendel, pero no nos hicieron caso), banquete nupcial, primera noche en que el amor no era pecado. Salimos de viaje de novios, en tren. Primero París. Yo andaba un poco alelado, lo cual era una lástima: hubiera tenido que ralentizar la conciencia, contemplar a Nuria en el esplendor de sus interminables 21 años: su asombro, su risa, su deseo, su belleza, su latencia, su receptividad.

—Ha sido como una bofetada —dijo.

Se refería al viento, la grandiosidad, los puentes, el otoño, la geometría de una ciudad a prueba de mitificaciones. A mí me faltaban kilos, años, ojos, tono. Habíamos descendido en la estación de Austerlitz, y era efectivamente otoño.

Otoño, decía el agricológico José Pla, es un empeoramiento general progresivo, lo contrario —tal vez— de una convalecencia. Los franceses —continúa Pla— nunca protestan por el clima. No estoy tan seguro. Pero el clima era excepcionalmente seco aquel otoño, París 1952. Era un clima que facilitaba la respiración, y que confería una sorprendente perspectiva nítida al paisaje. Todavía los enamorados no se besaban en las esquinas, como sería el caso años más tarde, pero el escenario estaba a punto, visualmente indiscutible: ahí estaban, donde debían estar, los *quais*, los bulevares, las palomas, la flecha de la Sainte-Chapelle, la Concordia, los obeliscos, los cafés. Una ostentación de poso histórico, un despilfarro relativamente inútil, porque yo me enteraba a medias. Porque un paisaje real es la actualización, el matiz de alguna nostalgia, y, en aquel tiempo, mis nostalgias eran vagas, y mi cultura escasa.

Cumplimos el expediente. Teníamos amigos y visitamos lo que había que visitar, incluida la cava existencialista llamada *La Rose Rouge*. El hotel Lutetia era exacta y lujosamente acogedor.

No era un viaje memorable. Era un viaje prematuro, legítimo, institucional, financiado por mi padre (aunque le costó barato), en definitiva, servil.

Y de París a Bruselas (a casa del embajador de la India), Siegburg, Bovernier.

En Roma fuimos recibidos por el Papa de cara de aguilucho/mascarilla funeraria, el ascético y hierático Pío XII, que nos dijo:

—Y al regresar a vuestros hogares, decidles lo que habéis visto.

Una frase realmente enigmática.

Treinta días de viaje y retorno, con dolor de lumbago, a Barcelona. A reactualizar la cosmogonía. Una nueva etapa se abría con la inauguración de una vivienda nueva, piso con living soleado, muebles de nogal, luces con pantalla de pergamino, calle del Maestro Falla, cerca de la iglesia de los padres salesianos, Barcelona, Sarriá.

Había concluido mi primera juventud, mi época de *brahmacharya,* y me quedaba dentro un apetito indefinido, el germen —ya lo he dicho— de un futuro desabrido. Nada estaba cumplido todavía.

Y me da el pálpito de interrumpir aquí esa croniquilla: el supuesto protagonista encarrilado, aposentado, encandilado, entontecido. *Apprivoisé,* que diría el Pequeño Príncipe. La calma que precede a la borrasca. Cavilo, sin embargo, que hace falta algún *allegro ma non tropo*, o quizá *presto*, que los nudos biográficos son dispares, y que hay que darle una última vuelta a esa manivela.

Después del matrimonio (después de *mi* matrimonio) suceden unos años de minúscula dialéctica. Apenas hay *cambio*; apenas hay colisión entre mi *tempo* y el tiempo de la historia, tal vez porque con Franco no había historia; o porque mi vida, salvo momentos raros de insolencia y energía, ha sido la vida de un burgués enfermizo y acosado. Durante años, los mejores de mi vida, he sido un pobre híbrido ocupado en asuntos de intendencia. Apenas conseguí *soltarme*. Me atenazaron los circuitos comunicacionales, la sintaxis y la pragmática (dejando provisionalmente a un lado la semántica, que no sé muy bien qué es), los usos y costumbres, las parcelas y los buenos propósitos, los medios y los fines, la faringitis, la hipotensión y la conjura de los necios.

1953. Fallece Stalin, Dag Hammarskjold es elegido Secretario General de Naciones Unidas, el gobierno francés depone a Mohamed V de Marruecos, la CIA repone al sha de Persia, Isabel II es coronada reina de Inglaterra, Hillary y Tenzing alcanzan la cima del Everest. Ejecutan a los Rosenberg. Los Mau Mau luchan en Kenya. Estados Unidos firma un acuerdo de cooperación militar con España. Gil Robles regresa del exilio.

Roland Barthes: *Le degré zéro de l'écriture.*

Por las mañanas, a la hora del desayuno, *Paris Inter* trae los conciertos para piano de Mozart. En mayo, las golondrinas inician su visita a la ciudad. «Cuando ellas se marchen vendrá el niño», dice ella. Efectivamente. Y mi casa se convertirá en un nido: confortable, humillante, misterioso, antiguo. El niño que se anuncia va a ser el primogénito, del latín *primus* y *genitus*. Vacante la Jefatura del Estado, asumirá los poderes un Consejo de Regencia.

O quizá eso último fuera ya más tarde. Lo del «nido humillante» viene transcrito de un apunte de la época, y es un reflejo de mi descriptible entusiasmo por el hogar, algo que ella habría de reprocharme, y con razón, más de una vez. Yo le daba la espalda a aquella profunda y tibia realidad, la nueva familia en gestación, y me sumergía en mis cavilaciones metalingüísticas. Ya he dicho que no conseguí *soltarme*, o séase, conciliar el narcisismo y la desfachatez con las reglas de la convivencia, la existencia de los otros, pasar la cuerda floja, asomarme a la intemperie, investigar, abrirme a la experiencia.

Metidos entre tanta reja, la apertura a la experiencia venía amortiguada.

Inevitablemente, y con el matrimonio, se enmarañaron las nostalgias. Es difícil imaginar a Isolda convertida en señora de Tristán. De un lado, ella se iba convirtiendo en mi insubstituible y cada vez más querida hembrita; de otro lado, yo me iba distanciando psíquicamente. Yo estaba muy ocupado preparando no se sabe qué, muy metido en mi desazón crónica, las algias y las neuralgias. Ella daba cobijo a mis espermatozoides híbridos, y se dejaba fecundar, sin apenas yo enterarme, porque yo —en la vida— apenas me he enterado, o me he enterado insuficientemente: como si tuviera siempre una cuenta pendiente por saldar. Mi vieja pretensión de tocar lo absoluto con la mano: tal vez fuera esto. Mis cuadernos dejan siempre la impresión de que todo cuanto escribo es la metáfora de otra cosa. ¿Qué otra cosa? No lo sé ni lo sabré jamás. Ahora tecleo con un cierto *retour d'age*. Desde hace tiempo me voy sacudiendo las pulgas, no le debo ya nada a nadie, las cuentas parecen saldadas, y me siento en libertad para decir lo que me plazca, incluso para lamentarme.

La onda de mi disconformidad latente. Así que no carguemos las tintas ni las culpas. Al fin y al cabo, desde *Madame Bovary*, sabemos que el matrimonio burgués es un cercado, que la aventura discurre en otra parte, y que los sueños (en mi caso, la metafísica) compensan el aburrimiento cotidiano.

Ya he dicho que la apertura a la experiencia venía amortiguada. ¿Qué entiendo por apertura a la experiencia? Pues algo así como la libre circulación de los estímulos a través del sistema nervioso, sin las deformaciones procedentes de los mecanismos de defensa.

La apertura a la experiencia tolera la ambigüedad y no rechaza las informaciones contradictorias. Nosotros las rechazábamos o las censurábamos. Yo al menos. Demasiadas servidumbres interpuestas. La buena avenencia familiar duró bastantes años, pero el planteamiento inicial era defectuoso. Ya lo expliqué. Antes de casarnos nos reconcilió el sexo. Después de casados, nos distanció el sexo. Es decir, me distanció a mí. Ella era una mujer muy sana, muy despierta, muy sensual, muy sexual; pero yo estaba en mi período pre-tántrico, tenía mis manías, mis bajadas de tensión. Aborrecía los embarazos. Así que fuimos pasando la maroma, toda vez que seguimos en la religión católica, atrapados por un moralismo cojitranco, sin margen para una buena heterodoxia.

«O se es cristiano o no se es cristiano, y no hay término medio». Era la postura oficial.

La educación recibida dificultaba el ejercicio de la sexualidad real, que es la sexualidad hecha a la medida. No atiné a articular correctamente todas las piezas del puzzle. Me quedaba una reserva inempleada de deseo o subversión.

Se puede discutir si las reservas de deseo inempleado, más que subversivas son integradoras. Michel Foucault ha ilustrado la complicidad entre el Deseo y el Poder. A mi juicio, el fenómeno es ambivalente.

Todos mis amigos, al casarse, engordaban cinco kilos; yo me mantuve sospechosamente estable. Algo, dentro mío, se gestaba. En la servidumbre, la realidad se escapa. Y la realidad es testaruda, como decía el clásico; o séase, que tarde o pronto es vengativa. Bien es cierto que siempre se está en alguna servidumbre; pero hay grados, grados de lucidez y margen de maniobra. Nosotros íbamos pasando el placer de contrabando, la felicidad empaquetada. Hubo las piruetas del control de natalidad y otros azares. El matrimonio-para-toda-la-vida es una institución muy ambiciosa y estrambótica: requiere unos precisos reforzantes ideológicos. Tal vez hubiéramos podido durar indefinidamente en un marco de referencia más heterodoxo; o, por el contrario, manteniendo la anestesia, el sonambulismo de los primeros años.

Me lo preguntaba una vez Tania La Douce. ¿Qué sentías durante los primeros tiempos de tu matrimonio? Contesté: visto retrospectivamente, tengo la sensación de que me limitaba a jugar un rol.

Como si dijéramos: en los primeros tiempos de mi matrimonio yo no estaba presente; más bien estaba ausente. Nos habían dado luz verde para copular, esto era lo primordial en el esquema de la época, y copulábamos normalmente, tres o cuatro veces por semana. Al mes y medio de este ejercicio glandular, N. quedó embarazada. Me lo comunicó —que estaba embarazada— una radiante mañana de domingo que salimos a dar un paseo en moto. Yo tenía 25 años, ella 21. Me lo comunicó con un cierto alborozo contenido; tal vez ella adivinaba que mi entusiasmo iba a ser prudente. En efecto; mi entusiasmo iba a ser matizado. Yo no estaba prevenido. No estaba suficientemente seguro o concentrado. ¿Un hijo? Era hermoso. También era normal. Mis amigos casados comenzaban a tener hijos. Y a mí no me gustaba lo normal. La *hybris* entre rebelión y servidumbre me llevaba por los cerros de Úbeda, que eran los cerros de la adolescencia, la pospuesta aventura, el espacio imaginario de los dioses. Adivinaba el vientre hinchado de mi joven esposa y me entraba un peculiar desasosiego. Asumí *a medias* la noticia. Era, ha sido, sigue siendo, el leitmotiv de mi curriculum: *a medias*.

Ella, en cambio, lo asumió del todo. El deseo completaba sus designios. Al cabo de aquellos escarceos habría de venir algo real y muy concreto, una sorpresa de carácter absoluto, un niño.

Ella iba a ser la Madre Joven, o sea, una nueva matriz social. Ella iba a cobrar una sacralidad de la que ya nunca abdicaría. Ella iba a convertirse en la divinidad fértil de poder indiscutido. Ella iba a ser (aún sin yo enterarme demasiado) el referente supremo. Ella se apoderó de mi itinerante esperma sacrificial y produjo la alianza sagrada del conocimiento real, la *co-naissance*, la generación de sentido, el sentido generador, genes, génesis, generosidad. Nacerían los hijos, atónitos productos del deseo.

Pero, en el tiempo a que se refiere este relato, yo seguía parcialmente ausente, mal avenido con mi rol, añorando secretamente un mundo imaginario que en ninguna parte existe. No me agradaba trabajar en una empresa de productos químicos; no estaba a gusto con el cristianismo; no cristalizaba mi novela; no se acomodaba mi apetito de infinito con la exquisita finitud de mi esposa; no tenía un puesto en la Universidad; no había publicado nada; no era un gangster; no era un niño prodigio; no estaba donde estaba. Tal era el problema, el defasaje, el germen de un futuro desabrido. Ya lo dije, sí.

* * *

Lo cual se reflejaba en infinidad de páginas escritas, indiscutiblemente poco amenas, mayormente ensayos filosóficos, y que no voy a cometer la insensatez de transcribir aquí. Sólo diré que a pesar de mis deficiencias vegetativas (siempre me costó permanecer sentado y concentrado), mi escasa información y mi excesiva ideología, yo tenía cierto vigor intelectual, cierta capacidad de atisbo. 26 años de edad. La edad del apogeo de las células nerviosas. La edad de Einstein, Heisenberg y Gödel. Quiero decir: la edad que tenían estos caballeros cuando revolucionaron la cultura occidental.

Escribí el borrador de una «antropología integral», con un leitmotiv: la autorrealización, palabra que luego se pondría tan de moda. Reflexioné sobre la «dialéctica del yo itinerante», la doble perspectiva eternidad/tiempo, una fenomenología del perdón («perdonar no es olvidar: es aniquilar; es diluir un hecho en sus condicionantes hasta dejarlo en *nada*») —inesperado eco socrático: perdonar es comprender—, una fenomenología del malhumor (síntoma, como decía Ortega, de que se vive en contra de la propia vocación). Me inspiré en la *Introducción a la caracterología*, de Fritz Künkel, para contraponer la actitud egocéntrica a la actitud abierta. Distingo entre dos posibles «diferenciales» (en el sentido matemático de la palabra) en cada *acto* humano: diferencial de *fuga* y diferencial de *conquista*. Entiendo por fuga todo acto cerrado a la libertad, puro reflejo condicionado, evasión frente a algo que nos desagrada. Conquista es exactamente lo contrario: actitud inquisitiva y libre frente a lo real. Me entretengo en localizar en cualquier acto humano, por minúsculo que parezca, uno u otro de estos dos «diferenciales» opuestos. La integral de esos actos cotidianos define el estilo y el *ethos* de una vida. Si predominan los diferenciales de fuga se va reduciendo «el margen de libertad».

Sentado en un bar de la Plaza Calvo Sotelo, observaba a la gente y anotaba: «tengo la sensación de que todos los rostros están como *desenfocados*; casi nadie acierta a ser lo que es». Vocación y desenfoque. Existencialismo cristiano. «La elección consiste en elegirse a sí mismo». «Pero uno mismo es libertad». Aclarando, un poco más abajo, que la libertad es transpersonal, que no es el hombre quien tiene libertad sino la libertad quien tiene al hombre. Sin haberlos leído directamente, cruzaba a Sartre con Jacobo Boehme, a Schelling con Berdiaev. Y como telón de fondo, Heidegger.

Conversaciones filosóficas con Jaime Bofill, digo *Jaume* Bofill, que era ya catedrático de metafísica en la Universidad de Barcelona. Bofill glosaba apasionadamente las ideas gnoseológicas de Santo Tomás. Decía:

—La tesis (tomista) de que todo conocimiento es una *identidad* es una tesis muy audaz.

Bofill (hijo de Bofill i Mates, alias *Guerau de Liost*) era un tipo de una pieza con cara de mosca muerta, lo que se dice una bellísima persona. Tenía talento filosófico pero pasaba por el aro de la teología. Decía que el instrumento de la filosofía era el concepto análogo, el instrumento de la ciencia el concepto unívoco, y el instrumento de la poesía la metáfora, o séase, un cierto concepto equívoco. Se oponía al intelectualismo de Rousselot. Recomendaba *Le point de départ de la Métaphysique* del P. Maréchal, un libro —a su juicio— genial. Maréchal conciliaba a Kant con el tomismo. El meollo del asunto era que «l'etre intellectuel est une personne». Lo cual suplía las limitaciones de la razón crítica, el hecho de que el entendimiento sólo comprenda «las condiciones de la verdad».

Matices dentro de un paradigma general que ninguno de nosotros discutía; paradigma que descansaba sobre el realismo epistemológico de Santo Tomás de Aquino: la inteligencia captura el ser inteligible extramental. Con sus correspondientes corolarios: el principio de contradicción no es sólo una ley del entendimiento sino de lo real en sí. Y a partir de ahí, validez universal del principio de causalidad. «Un ente contingente sin causa no sólo es inconcebible sino que es absurdo». Con lo cual llegábamos al meollo de las pruebas de la existencia de Dios.

Frente a ese realismo tradicional, sólo había dos alternativas: o el «idealismo subjetivista» o el «empirismo nominalista». Alternativas que, de acuerdo con Régis Jolivet *(Las fuentes del idealismo)*, se reducían a lo mismo.

Así que todo arrancaba del ser y abocaba en El Ser. Estábamos en pleno Medioevo y nuestro *problema* era: «¿Cómo puede haber algo que no sea El Ser?»

Jaime Bofill, digo *Jaume* Bofill, comenzó a extinguirse un buen día, al cabo de los años, con cierta dulce mansedumbre, tras haber escrito unos pocos inteligentes e inútiles ensayos. En su lecho de muerte, Bofill sonreía plácidamente. «Se me va la memoria», explicaba. Daba la impresión de que ya todo le traía sin cuidado.

Yo leía poco y leía mal. Ya expliqué antes que toda mi vida he sido un mal lector, un lector espasmódico. Pero era consciente de mis lagunas. Un día, una tarde, me presenté en casa de los hermanos Gomis Sanahuja, hurgué en su biblioteca y me llevé de prestado tres novelas.

—Vaya cargamento que te llevas —comentó Lorenzo Gomis (que por entonces ya había publicado un libro de poesía, *El caballo*).

El cargamento era *La condición humana* de Malraux, *Contrapunto* de Huxley y *Retorno a Brideshead* de Waugh. Creo que han sido las tres últimas novelas que he leído de verdad.

Bueno, también he leído a J. D. Salinger.

Libros de espiritualidad para mantener despierta la ídem. Por ejemplo, *Dificultades en la oración mental*, de un tal Eugene Boylan, monje cisterciense. La idea general era que «Jesucristo tiene que *crecer* en nuestro interior».

> «Si alguien intenta el experimento de no rehusarle a Dios absolutamente nada por un período, por ejemplo, de seis meses, quedará asombrado de la transformación de su vida».

Los del Opus lo planteaban del siguiente modo: «¿Te cuesta creer en Dios? Trátale».

Misterio y prodigio de la fe, presencia mística de Cristo y, a través de la fe, optimismo cristiano, «punto menos que un dogma». Lo había escrito San Pablo y lo recordaba Boylan: «Para aquellos que aman a Dios, todas las cosas son para bien, y en ellas se incluyen hasta nuestros pecados». Dietrich von Hildebrand *(Nuestra transformación en Cristo)* era contundente: «el cristiano ha recibido el inmerecido presente de la verdad absoluta».

Sobre San Pablo había los libros de Joseph Holzner,

interesantes, pero que soslayaban lo esencial. Lo esencial era que San Pablo ingresó en el cristianismo como si hubiese entrado en una religión de Misterios, y que sólo así transmutó una secta judía en una religión universal de salvación.

De pronto, un descubrimiento fértil: el sentido y el alcance de la tesis tomista de la *distinción real* entre esencia y existir. La lección me la dio Etienne Gilson en su libro *El ser y la esencia*, que leí cuidadosamente y que me pareció, me sigue pareciendo, un excelente libro. Era una indagación metafísica a través de Parménides, Platón, Aristóteles, Averroes, Santo Tomás, Avicena, Duns Scott, Suárez, Wolff, Kant, Hegel, Kierkegaard. El gran historiador que era Gilson conseguía trascender sus condicionamientos ideológicos. La existencia (mejor dicho, el existir: verbo, no predicado) no es conceptualizable.

Saqué mis propios corolarios. La existencia es *lo dado*, algo previo al conocer. Acuñé una metáfora filosófica que habría de ir elaborando a lo largo de los años: el *margen*. La distinción entre el orden de la inteligibilidad y el orden del existir configura una tensión y un dinamismo, un margen no tautológico. Si la esencia *no es* su existir esta distinción (este no-ser) es real, hay un margen que fundamenta la noción de *lo distinto*. (Todo sería una única masa amorfa de ipseidad de no mediar la distinción entre el orden de la esencia y el orden del existir.) El tránsito de la *distinción* (entre esencia y existir) a *lo distinto* (irreductibilidad de cada ente) era el meollo de la filosofía cristiana de la finitud y el pluralismo, la esencia del legado occidental, la contrapartida de la mística oriental.

Si el *margen* no era esencia ni existir, sino precisamente su relación, el margen era la última indeterminación activa, o sea, «libertad». La irreductibilidad de cada ente era libertad. El fondo sin fondo de cada ente era libertad. Lo cual me permitía, de pasada, conciliar la teología con la filosofía, la vía descendente con la vía ascendente. Por ejemplo, y a propósito de la aporía teológica de la libertad humana, yo sostenía que «el plan de Dios respecto a los hombres es que sean éstos, en su misma libertad, quienes decidan lo que, desde siempre, ha decidido Dios». Lo cual era así porque la libertad es, *per se,* divina. La libertad es la genuina *analogia entis;* más todavía: es el hilo mismo de la participación, la superación de la antinomia finitud/infinitud, la consistencia última de la realidad autoconstituida.

La libertad explicaba *por sí misma* (pues la libertad no remite a nada) la doble y enigmática faz de lo real: lo plural y lo absoluto. El aspecto caprichoso de un mundo finito y su carácter necesario. Occidente y Oriente. Ya Jacobo Boehme, precursor de los románticos alemanes, había alcanzado confusamente una de las ideas rectoras del hinduismo: más allá del ser y del no ser está la libertad.

Pero ya digo que esa libertad, instrumento de conciliación entre filosofía y teología, me iría conduciendo también hacia una cierta secularización. La libertad como *relación* misma entre esencia y existir, o sea, el margen mismo donde lo real se autogenera.

Efectivamente, la tesis tomista de la distinción real entre esencia y existir era el meollo de la filosofía cristiana de la finitud, muy en la línea de la secularización y el pluralismo. No poder identificar jamás (dejando a un lado la hipótesis de «Dios») la esencia con el existir implicaba no poder absolutizar ninguna idea, relativizar (existencialmente) el concepto de verdad, sembrar el germen pluralista. Así que me fue de gran utilidad el haber cavilado a fondo sobre aquella tesis generalmente mal comprendida.

También me resultó instructivo un libro de Manuel García Morente, *Fundamentos de Filosofía*, sobre todo en la parte dedicada a Kant.

> La deducción trascendental —explicaba Morente— es la demostración de que las condiciones para que haya conocimiento son *a la vez* las condiciones de la objetividad. La función fundamental de los juicios es *poner* la realidad. Se trata, pues, de una función a la vez lógica y ontológica: punto de partida para deducir todas las verdades de toda realidad posible. Cuando el yo pregunta «qué son las cosas», este yo

preguntante no es ya el sujeto biológico, psicológico o natural: es sólo el sujeto cognoscente cuya realidad es indisociable del objeto conocido. Pero ni sujeto ni objeto son «en sí».

Fragmentariamente, leí a Bergson. La inteligencia incapaz de comprender la vida, la nada como pseudo-idea, la conservación del pasado en el presente («que no es otra cosa que la indivisibilidad del cambio»). Yo catalogaba el discurso bergsoniano como «panteísmo óntico». Si la nada es una pseudo-idea, la pregunta de por qué existe algo (en vez de nada) no debe ser siquiera planteada. Incluso la respuesta de Spinoza (el ser que es causa de sí mismo, único capaz de «vencer la inexistencia») resulta innecesaria. La contingencia del mundo queda superada. Todo es acto.

Lo cual, a mi juicio, era muy poco aristotélico, muy poco «cristiano».

Leer. Escribir. No publicar. Porque a mí me resultaba fácil improvisar sobre cualquier tema; pero me resultaba difícil organizar mis apuntes en un todo coherente. Un handicap, por cierto, que habría de durar muchos años.

Que sigue durando.

Por lo general, se me da mejor la voz que la escritura, la improvisación que el plan. Mis arranques —en general, en lo que fuere— pueden ser excelentes; luego decaigo. Me lo dijo, hace tiempo, Manuel Vázquez Montalbán:

—Al principio la gente se entusiasma contigo; al final les decepcionas.

—Falta de resuello, Manolito. Suprarrenales precavidas. Asco de matar al toro.

A veces he dado cursillos que, de haberlos recogido alguien, hubieran servido para otras tantas publicaciones. Quiero decir que buena parte de mis intuiciones se las llevó el viento. Doble handicap: no sólo no he tenido maestros sino que tampoco he tenido discípulos. En el 59, Bofill me nombró su ayudante y di clases de metafísica en la Universidad. Creo que eran unas clases pedagógicamente válidas. Pero me cansé. Años más tarde (y por empeño de Vicente

Villar Palasí) me nombraron profesor de Filosofía Oriental en la Autónoma de Barcelona. Tampoco aguanté mucho.

Bien es cierto que en aquel tiempo sufría el condicionamiento de mi doble vida. Lo mejor de mi energía se me iba en un trabajo en una fábrica de productos químicos.

Filosofía. Negocio. Familia. Malamente conciliados.

>«Dentro de poco mi mujer y mi hijo rondarán por la casa, todo será más concreto y más espeso, lo cual me produce ternura y tristeza. ¿Se sentirán indefensos? Quisiera dar sentido a lo que se avecina».

Y el hijo nació, el 23 de septiembre de 1953, a las 11,15 de la mañana, hora local, en la Clínica de San José Oriol, con fórceps, y le bautizamos dos días después, en la catedral basílica, poniéndole los nombres de Pablo, Manuel, Lino. Un niño más bien flaco que con el tiempo se convertiría en un hombre muy guapo. Tan guapo como vulnerable.

Y yo seguí en lo mío. Escasamente acomodado. Jaume Bofill me aconsejó que cursara la carrera de filosofía.

—Te conviene disciplinar tus intuiciones, estudiar lógica e historia, latín y griego.

Un amigo común, Juan Casals, remachó:

—Además, si no tienes el título académico no te tomarán en serio.

Me compré los dos tomos del Collin.

Visitaba con frecuencia a mi madre. Ella citaba a Pascal: «incomprensible que Dios exista e incomprensible que no exista». Y añadía: «sólo el que ama está en la verdad».

Lorenzo y Juan Gomis me brindaron la oportunidad de encargarme de una sección nueva en la revista *El Ciervo*. Colaboré en *El Ciervo*, pero no en la sección nueva. En aquel tiempo casi todos mis escritos se quedaban en borradores; me costaba darles forma definitiva. Lo acabo de contar. Por influencia de mi hermano, solía sacar fichas de los libros, generalmente a mano, las cuales metía en un fichero de cartón, ordenado por temas, y que luego no era capaz de consultar. No le iba a mi temperamento espasmódico el método de las fichas.

¿Cuál hubiera debido ser *mi* método?

Ese problema, el problema del método, me preocupó durante años. Un día, mediados los cincuenta, fui a ver a José Luis Aranguren con el exclusivo objeto de preguntarle cuál era su método. Aranguren estuvo muy cortés pero su respuesta fue parca. «Cada maestrillo tiene su librillo», dijo. Y tenía razón. Pero yo seguía con el problema sin resolver. Incluso cuando escribí mis libros de *Conversaciones* (años sesenta) mi mayor obsesión era saber cómo trabajan los escritores, cuáles eran sus trucos, sus manías y su higiene.

1954 fue malo. En enero, la salud de mi padre nos dio algún sobresalto. Iba a ser el último mes de su vida. Ya no podía salir de casa. Mi hermana Mercedes le representaba dignamente en las reuniones de la Asociación Internacional de Químicos de la Industria del Cuero. A mi padre seguía visitándole gente de su tierra, incluyendo algún que otro *maharajah*, que al final nos tocaba a nosotros llevarlos a cenar, ver flamenco, toda la monserga. En febrero, Eduardo Omedes nos presentó a su novia, una jovencísima muchacha pelirroja, recién salida de un internado, que se llamaba Rosa Regás. Parecía muy enamorada. En marzo, Nicolás O. Derisi dio una sonada conferencia sobre «Existencialismo y tomismo». En abril mandé un original a un concurso nacional de periodismo. El lema del concurso era «la oración y la familia». Recibí carta de Juan Aparicio comunicándome que me habían concedido el premio, 1.500 pesetas. El artículo premiado salió en todos los periódicos de España. Era la primera vez que me publicaban algo en la prensa, pero sentí una satisfacción muy matizada. No estaba muy seguro de lo que había escrito.

Falleció mi padre. Fue el 12 de febrero de 1954, a las 11,20 de la noche. Anoté lo siguiente:

«Papá ya se ha ido. Habíamos estado con Nuria en la boda de Antón Serra. Saliendo del Ritz fuimos al piso de la calle Córcega: toqué el piano con intensidad. Recogimos al niño y fuimos con Cisco, el chófer de papá, a recoger a la monja que le velaba por la noche. A las 9 llegamos a la torre. Di a papá mi acostumbrado beso en la frente. Se alegró de ver a su nieto, el más pequeño de la dinastía, y le besó las manitas. Al cabo de unos minutos nos marchamos, también con el acostumbrado «que pases buena noche, papá».

No fue mala ni buena la noche que pasó. Al cabo de un par de horas, hacia las 11,20, bruscamente, papá murió. Me llamó María Dolores por teléfono. Durante meses había temido yo ese sonido, el teléfono nocturno y de mal agüero. El presentimiento se cumplió finalmente. Llegué a la torre al mismo tiempo que Alfonso Balcells, el médico. Todo estaba ya perdido. Había sido una embolia cerebral, muerte instantánea. Mercedes también había llegado. María Teresa salió en busca de los tíos. A la 1 de la madrugada, el vicario de la Parroquia le dio la extremaunción. Dicen que hay tiempo hasta dos horas después de detenerse el pulso. Mamá no podía llorar. Joaquín estaba en Gerona: le telefoneé, y llegó a las 2 de la madrugada con mossèn Enric, su hermano.

Después, el ritual. Vestimos el cuerpo con un traje negro. Yo le puse la dentadura postiza, que se la había quitado al acostarse. Tenía las facciones muy hermosas, ninguna contracción; parecía mucho más joven. La boca, muy fina, casi sonreía. Domingo, día 14, lo embalsamamos. Llegó José María de Suiza. Llegó Rai de Roma. Hubo el entierro. Muchísima gente. Viernes, día 19, los funerales. Esta mañana Raimundo ha regresado a Roma; José María ha salido para Vic; mamá va a pasar unos días con Mercedes. La torre de la calle Pomaret ha quedado vacía. Papá se ha ido».

Nunca deseé la muerte de mi padre. Tampoco me vino mal que muriera. Yo era lúcido, y por ahí no iba a filtrarse culpabilidad alguna. Mi inconsciente, en ese terreno, estaba incólume. Entre mi padre y yo hubo una alegre complicidad, un indiscutible cariño: ambos éramos pícaros e inocentes. Él nunca fue la Ley. En mi casa, ya lo he contado, la Ley venía de la madre y de los hermanos mayores, de un tinglado judeocristiano que, para colmo, se presentaba como «cristianismo avanzado».

Bien es cierto que tampoco me he enfrentado a fondo con la muerte de mi padre. Lo escribí tiempo más tarde, en mi época de «segunda persona del singular»:

> A usted le gustaría viajar sin equipaje, arrojar los travellers checks al río, cederle la palabra a quien la tenga, quitarse del vino y de los neurolépticos, disolver los cabos sueltos. Los cabos sueltos particularmente le presionan. Desde que murió su padre, usted no tuvo ocasión de pensar en su padre muerto: su padre muerto sigue ahí, como un dossier, junto a otros dossiers que esperan turno:
> la torre, el monasterio, la neblina,
> la saña de la tarde,
> las algas, las galaxias, los mamíferos,
> el insolente azar que liga al ser y al coito.

Mi padre sabía que iba a morir. Se lo había escrito a mi hermano Raimundo con unas semanas de anticipación. «Me queda poco tiempo». Permanecía sereno y leía las escrituras sánscritas. Jamás se había tomado en serio el cristianismo: «toda esa doctrina vuestra es música celestial», decía. Pero era tolerante, respetuoso. Admitió que su hijo mayor se hiciera cura y no le desagradaba que su esposa fuera a misa diariamente. Al fin y al cabo era una esposa buena y abnegada.

Lamento no poder seguir hablando de mi padre muerto, de mi padre hindú. Me fallan la energía y la paciencia. Déficit de estamina y acumulación de achaques. Ya no andan las sinapsis tan despabiladas como antaño. Somos tan viejos como lo son los vasos sanguíneos de nuestro cerebro. Voy por la calle y veo rostros, y me asombro del escaso asombro que se alberga en esos rostros. Yo mantengo el viejo pasmo, pero me pueden los altibajos de mi riego sanguíneo. Reaparecerá mi padre, tal vez, más adelante, en un próximo ejercicio. Ahora sólo se me ocurre añadir que asistí a la muerte de mi padre un poco como un pelele, con sólo un hilillo de estupor y rebeldía. Alfonso Balcells, la noche de la muerte, dijo: «ahora tenéis que rezar el rosario». Sentí gana de contestar: «y ahora tú nos dejas en paz».

Y, sin embargo, no era un mal consejo. Yo mismo lo había anotado: el ritual. El ritual, en estos casos, es como una operación de tapado de agujeros. Que no se filtren ni la angustia ni el estupor ni el caos. Santa María, ora pro nobis.

Bien es cierto que Jesucristo había dicho: «dejad que los muertos entierren a los muertos». (O algo parecido.) Pero la Iglesia siempre hizo lo que le dio la gana. Que para algo era la Iglesia.

Hubiéramos tenido que quemar el cadáver, pero en aquel tiempo (en España) estaba prohibida la incineración. Así que lo embalsamamos. Probablemente la idea partió de mi hermana Mercedes que sentía una intrincada veneración por su padre —un sentimiento (como todos) fabricado; pero intenso—. Embalsamando al padre, el padre permanecía falsamente eterno: muñeco químico que amortiguaba el golpe de la desaparición.

Lamento (también) no poder aplicar (ahora) la teoría de sistemas a ese episodio tan remoto. (Y tan próximo.) Decía Don Jackson: toda familia es un sistema gobernado por reglas. *Family rules*. Cupiera añadir: las familias patológicas —y todas lo son— están llenas de artimañas interaccionantes, mecanismos homeostáticos de increíble sutileza.

De modo que por alguna razón homeostática llamamos al profesor Vázquez Sales (o Sales Vázquez, no recuerdo bien), para que procediera a embalsamar el cadáver de nuestro faraón. Repentinamente, mi madre se quedaba sin misión vital. Al cabo de ocho años de cuidar al enfermo, se abría para ella un período difícil. Reaparecieron sus angustias matutinas.

Conocí a Mario Trullenque, a Luis Cierco, a Clocky Quinn, nombres que no dicen nada a nadie, pero que ahí están, incrustados en mi frustrada biografía. Y digo frustrada porque yo no he descubierto la doble hélice del ácido desoxirribonucleico. Pero con Trullenque me introduje en el Ministerio de Comercio, con Cierco hice negocios de importación y con Quinn montamos en España la primera fabrica de adhesivos de neopreno. Y eso es lo que hay. O, mejor, lo que hubo.

Juraría que en Madrid (viajes en aquellos inquietantes DC-3) atrapé el germen de unas paperas que debieron influir en N., que volvía a estar embarazada, y que pudieron provocar la malformación genética de nuestro segundo hijo. Los brutales vericuetos del azar. Si es que hay azar, que tampoco está claro. (El Teorema de Bell parece sugerir que, a lo mejor, Einstein tenía razón, que Dios no juega a los dados.)

En París, el libro de moda se llamaba *Bonjour Tristesse,* novela primeriza de una joven de 18 años que firmaba con seudónimo.

Había hecho furor *Et Dieu crea la femme*, con la jovencísima B.B. Recuerdo las colas en Bruselas.

Raymond Cartier era el periodista mejor pagado del mundo. *Paris-Match* publicaba las impresionantes cartas que los soldados alemanes, cercados en Stalingrado, habían mandado a sus familias en la Navidad de 1942.

> «Kurt Hahanke tocó la *Apassionata* en un piano de cola en medio de una calle. Se acababa de dinamitar la casa, y alguien, por piedad, salvó el piano y lo dejó en la calle. Kurt tocó maravillosamente. El cañoneo proseguía por encima de nosotros, pero nadie se daba cuenta: escuchábamos a Beethoven en una calle de Stalingrado.»

Todo el romanticismo alemán, empecinadamente, en una escena.

Aparicio. Isidro Aparicio. Ferrater por parte de madre. Tenía pinta de belga, cara deshuesada, boca de payaso glotón, gratificante facilidad para la risa, ojos pícaros y conciliadores, incipiente calvicie, bigote cuántico, quiero decir, bigote oscilante, ondulatorio/corpuscular, cuasi inexistente. Cabeza sutil en cuerpo atlético. Aspecto general de diplomático europeo. Le conocí en el Real Club de Polo, como compañero de tenis, y comenzó a ejercer muy pronto una intensa influencia virtual, influencia de campo gravitatorio denso, influencia de cultura muy bien codificada correspondiente a una peculiarísima manera de entender —o no entender— la vida. Artificiosidad carente de afectación o mimetismo. Capacidad para el pasmo, enormemente sensible a las minucias. Clave de humor y, sobre todo, de entonación del humor. Civilizado y kafkiano, la norma se le desmadraba con un Martini seco, nunca más allá de ciertos límites. Proclive al discurso del absurdo, locuril y controlado, rápido de psique, perceptivo con el talento ajeno (cuando lo había), desadaptado por exceso de clase y sensibilidad (y porque era un animal secretamente aterrorizado), exigente con la vestimenta y el calzado, predestinado a ni triunfar ni fracasar, cada vez más personaje de sí mismo: milagroso, irrepetible, bloqueado, genial Isidro Aparicio, en medio de tanto páramo de mediocridad y petulancia.

Comenzó siendo un amigo y acabó siendo *el amigo*.

Los obreros de la fábrica pidieron cuatro pagas extras.

Me ofrecí como traductor de francés a una editorial, un poco para hacer dedos. Pagaban doce pesetas por holandesa. (Cuatro pesetas cada cien palabras.)

Conversaciones cosmológicas con Roberto Saumells. Decía Saumells:

—Conviene distinguir entre conocimientos por la vía de la forma y conocimientos por la vía del contenido. Filósofos y físicos hablan lenguajes heterogéneos, y es tarea de nuestro tiempo integrarlos.

Saumells me infundía mucho respeto, aunque nunca estuve seguro de si lo que decía era genial o banal. Tal vez fuera genial por la vía de la forma, banal por la vía del contenido. O al revés.

La madre de N. venía a veces a casa, a charlar y a tomar el té con su hija.

—Y, como te decía, le han tenido que dar inyecciones de calcio... En Madrid hay mucha faringitis, hasta lo trae el periódico... La Pili ya va al colegio, es una niña limpia, ya tiene el ojo bueno... Luis es muy trabajador.

Yo sentía el rumor de sus voces desde la habitación vecina, con distancia y con fatiga.

Publiqué (en *El Ciervo*) un artículo sobre Nehru, otro sobre Mendes-France, otro sobre los cartujos. Y un pequeño soliloquio titulado «Marta».

González Ruano había sacado sus Memorias. Anoté:

> «El histriónico y finísimo César emprende el inventario de sus fechorías. El pobrecillo pícaro cronista de bigote recortado remata su inútil coherencia monodimensional».

El 2 de noviembre de 1954, a las 3,23 de la madrugada (hora local), nació nuestro segundo hijo. (Peso: 3,350 kg; medida: 55 cm). El 4 de noviembre, a las 11 de la mañana, murió.

Era un niño cianótico, un niño azul, con una deformación congénita del corazón. Posiblemente, ya lo dije, su enfermedad fue el resultado indirecto de unas paperas mías; las cuales debieron haber contagiado a N. en el tercer mes de su embarazo.

Fue un niño que vivió 55 horas. Lo cual, comparado con la vida media de un mesón Pi, resulta un período muy considerable. Sólo que no llegó a enterarse de que estaba vivo. Se le bautizó de urgencia, con ánimo de evitarle el limbo.

«Que sea yo toda mi vida un hombre gris y desconocido, pero que mi hijo viva, y viva sano». Así rezaba yo en los momentos de la crisis.

Curioso, significativo, inútil rezo.

1955 comenzó con un invierno muy templado. Compramos un aparato de *microsurco* y un concierto de Beethoven. Lecturas reseñadas: *La Peste,* de Camus; *La porte étroite,* de Gide; *La filosofía actual,* de Bochenski; *Absalón, Absalón,* de Faulkner.

Juan Gomis había escrito el guión de una película, una

variante a la española de *Ladrón de bicicletas*: tenía que dirigirla Desumbila, financiarla yo. Se suponía que, muerto mi padre, yo tenía dinero para financiar películas. Se suponía mal. Muerto mi padre, nada de nada. En primer lugar, porque mi padre carecía de capital; en segundo lugar porque lo poco que daba aquella condenada fábrica le pertenecía a mi madre, usufructuaria universal; en tercer lugar porque había que contar con mi hermana, y con el marido de mi hermana, que era un tipo tenaz y vigilante, convencional, franquista y sigiloso, poco amigo de aventuras.

No hubo película.

Algunas (pocas) veces, frecuentaba ambientes catalanistas. Tuve un breve altercado público con Jordi Pujol, por razones digamos teológicas. Jordi Pujol era entonces un hombre muy colérico, impaciente, rápido de mente, temible como polemista, inteligente. O sea, lo que sigue siendo hoy, pero sin la atemperación que dan los años y los golpes. Se le insinuaba ya una cierta cara de *ninot*, aunque sin los tics faciales que ahora tiene, y que son el resultado de la citada/forzada atemperación, el desfase entre su velocidad mental y los ritmos normales de la convivencia, el síntoma de un proceso de autocontención dificultoso. Solía acompañar al financiero Millet Maristany, el hombre fuerte del Banco Popular. Años después, como es notorio, a Pujol le encarcelaron, y mi madre removió cielo y tierra para conseguir su libertad. En el momento de escribir estas líneas, Pujol es Presidente de la *Generalitat* de Cataluña. O sea que tampoco le ha ido mal.

Mi tensión sanguínea era baja. Mi madre estaba triste. Mi hermano Raimundo vivía ya en la India. Enrique Aristoy, presbítero, me instaba a que fichara por el Opus. Miguel Siguán había caído gravemente enfermo. Se casó mi amigo José Arana con la hija de Alberto Puig Palau. Alberto estaba en el apogeo de su gloria y su soberbia. La boda fue sonada, en *El Castell*, preciosa casa italianizante, un poco más arriba de La Fosca. El *Ballantine* con hielo y soda, la improvisada actuación de Pastora Imperio: todo fue memorable.

José María Valverde había ganado la cátedra de estética y alquiló un piso cerca del nuestro. A José María Valverde y a Pilita Geffael los habíamos visitado en Roma, 1952, cuando nuestro viaje de novios. Yo tenía depositadas ciertas esperanzas en Valverde, una posible amistad intelectual. Venían alguna vez por casa, a comer o a cenar; nosotros a la suya. Me hablaba él de *Residencia en la tierra* que había copiado a mano (yo había conseguido clandestinamente el libro) y de Faulkner: «es el mejor» (el mejor de los americanos, supongo), y de Proust: «me he pasado un año leyendo a Proust y nada más que a Proust», y de Luis Rosales: «es mi maestro».

Se autojustificaba por haber ganado la cátedra.

Leptosomático y secundario, aire tímido y huido, tez oscura, Valverde era un tipo muy apasionado. Se parecía ya muchísimo a ese Valverde actual, incluso en su peculiar topografía corpórea, especie de pájaro (sedentario) que se tuerce o que se cae. Que se cae hacia un lado. Porque Valverde era, es, un hombre que se cae hacia un lado. Nariz incluida. O, mejor dicho, que se va cayendo conforme va caminando, arrastrando la tendenciosa torcedura, con cara de máscara de carnaval veneciano. Valverde tenía incipientes bolsitas bajo los ojos húmedos, y hablaba despaciosamente, pronunciado los fonemas como si vinieran de un largo recorrido, a través de un tubo estrecho y tapizado que remataba un orificio boca de piñón, con las *úes* y las *oes* como vocales dominantes. Valverde tenía las manos delgadas y huesudas, manos de coleccionista o traductor, de tipo que va con pinzas, con temor a la mancha o el contagio.

No conseguí sintonizar con Valverde. No conseguí acomodarme a aquella su bondad/causticidad/melancolía/timidez/obstinación/anacronismo/tempo lento/mala leche. O lo que fuere.

De otra parte, mis inclinaciones (dejando aparte la metafísica) iban más por la psicología que por la estética, y muy concretamente por la caracterología. También me interesaba mucho la psiquiatría. Estudié el test de Roscharch. Leí a

Kretschmer, a Le Senne, a Jung, a Adler, a Künkel, a Zunini, a Baruk, a Le Moal, a Freud, a Bühler, a Dalbiez, a Caruso. Me apasioné con el libro de Le Gall, *Caracterología de la infancia y de la adolescencia,* y estuve en tratos con el doctor Sarró, con el jesuita Ercilla, con mossèn Roquer, y con el catedrático Font y Puig, con ánimo de fundar un Instituto Español de Caracterología. Le propuse al P. Ercilla colaborar en el Paidométrico de los jesuitas. Mi argumento se apoyaba en el mismísimo Aristóteles, a quien yo citaba en francés: «Il n'y a pire injustice que traiter de manière égale des choses inégales», y ponía como ejemplo que una mentira proveniente de un «nervioso» tenía mucha menos malicia que una proveniente de un «flemático». Todo alumno tiene derecho a conocer los naipes que le han servido. El psicocuerpo. Al jesuita Ercilla todo aquello le resbalaba.

A *mossèn* Roquer tampoco le interesaba la caracterología. Soltó un discurso sobre los escollos que tenía que superar el pensamiento católico de la época. Tres escollos: el narcisismo del movimiento personalista; el abstractismo de un esencialismo exagerado; el libertinaje del existencialismo.

Elogió al jesuita Przywara, un hombre «con la mente llena de categorías modernas, y que ha dialogado con San Agustín, Santo Tomás, Kierkegaard, y, a través de éste, con los protestantes Bruner y Barth». También consideraba favorablemente a Schmaus, Stolz, Guardini, Pieper, Wust. Le agradaba el talante existencial de Blondel. En cambio, hacía responsable a Maritain de haber sembrado cierta confusión. De un lado, Maritain hablaba de la primacía de lo espiritual; de otro lado, seguía siendo tributario de su primera formación en el modernismo.

Mossèn Roquer era un ortodoxo a machamartillo, pero tenía la ventaja de ser muy inteligente y de haber estudiado de verdad filosofía. Mossèn Roquer venía de visitar a Heidegger: había ido a preguntarle qué entendía él por «trascendental». En aquel tiempo, y en España, Heidegger era un mito. Mossèn Roquer, a escala local, también era un mito. Me dijo:

—Estudia filosofía y no te vayas por las ramas. Aprende

alemán y griego. Los únicos que saben filosofía son los clásicos: Platón, Aristóteles, Kant...

* * *

Tenía que ganarme el pan y apechugar con mis achaques. Me daban inyecciones de Redoxón. (¿Qué habría sido de mi vida sin el Redoxón?) Iba y venía de Madrid. Compraba caucho sintético en Bélgica. Mi vida con N. discurría sosegada, oscilatoriamente mansa. Con una vaga amenaza latente. Escribía:

«Desearía querer a N. de otro modo. Mi capacidad de ternura se va difuminando, y no sé si es culpa de la institución, de mí o del pecado original. No tengo amigos. No tengo amantes. No tengo confidentes. Trasiego mi pudor y me mantengo irónico y templado. Es la fachada.»

Para luego oscilar hacia una ternura muy real y muy profunda. Porque, de pronto, éramos felices. Nuria se veía a sí misma mucho más como compañera de un *Herr Professor* que como esposa de un burgués metido en negocios. Alcanzamos, sí, cotas muy importantes de complicidad y comunicación. No lo he olvidado, entre otras razones, porque dispongo de un dossier nutridísimo de cartas de amor. Cartas que nos íbamos cruzando cada vez que yo salía de viaje, que en aquel entonces era a menudo, documentos de una naturalidad inmensa. Algunas (las mejores) escritas en catalán.

Ella, una vez, al cabo de los años, comentó:

—En aquel tiempo (después de casados) te levantabas tarde, solías estar de malhumor y nunca conseguí que fueras a pasear conmigo y con los niños.

Una imagen parcial. Hubo otras cosas. Menudencias más reconfortantes, incluyendo la religión, el opio compartido. Reservas de inocencia. Nos gustaba el *If* de Kipling (qué le vamos a hacer), que leíamos en su versión francesa. Comentábamos el libro de Gilbert Cesbron, *Los santos van al infierno*, primera noticia de que había curas-obreros.

Ciertamente, nuestra vida social era limitada: compañeros de carrera, familia, amistades del nuevo barrio. (Bernardo Torre Saura, esteticista, decadente, anglosajón y un poco huido, aparecía y desaparecía como las aves de paso.) Mientras vivió mi padre, los domingos por la tarde jugábamos con él al bridge. Felizmente, y como ya he contado, surgió en el horizonte el milagroso Isidro Aparicio. Y hubieron los veranos en la preciosa finca de Arenys de Mar, la sal, la risa.

También las ya mentadas muertes.

Algo extraño se debió fraguar en el interior de N. a raíz de la muerte de nuestro segundo hijo. Primera toma de conciencia de la disconformidad latente, primera grieta en la paz artificial del universo. Universo donde los recién nacidos, a veces, mueren. Puede que algún día —debió barruntar— ese castillo se derrumbe. Eran ya patentes mis asimetrías, mi propia disconformidad latente. No estaba muy segura (ella) de que regresara (yo) la primera vez que crucé el Atlántico, y tampoco lo estaba la primera vez que crucé el Índico.

—Volviste porque eres un hombre fatigado y enfermizo, no por ganas de volver.

A sus ojos, yo comenzaba a ser un tipo exótico/neurótico, con aspecto de indio de Oxford, escasamente previsible. Porque yo tenía la madurez mal cristalizada, la vocación mal dirigida, el parasimpático traidor.

Sí, ya digo: algo, en ella, se estaba gestando. Un empuje crítico que, con el tiempo, la conduciría a un esquema feminista/culturalista. Ella había sido educada para la inmolación, programada para la familia, y de ahí el handicap de ser mujer, etcétera. Una denuncia justa. Aunque, en algunos aspectos, forzada. Por ejemplo: yo siempre la empujé a que se realizara fuera del contexto familiar/convencional, a que escribiera o dibujara, y eso encajaba mal con el esquema. Yo no era el marido burgués que quiere a la mujer en casa y con la pierna quebrada. Yo era, más bien, un marido desconcertante y algo ausente. Así que no servía como coartada.

Dejando a un lado las justas reivindicaciones socioeconómicas, la idea de construir una sociedad basada en valores no agresivos ni machistas, eso no es patrimonio exclusivo del movimiento feminista. Eso lo queremos muchas personas, al margen de cual sea nuestro sexo. Hay mujeres machistas y hombres feministas. La sociedad, como el ser humano, es bisexual, y la búsqueda de una nueva solidaridad ecológica no es patrimonio de ningún sexo. Lo que todos los/las feministas del mundo defendemos es la recuperación de los valores y las actitudes *yin* en una cultura mecanicista que ha privilegiado enfermizamente las dimensiones *yang*.

Naturalmente, el germen de los conflictos de N. estaba en ella misma. (Y en una compleja dependencia en relación a mí.) Con el tiempo, la gran fuerza de su carácter la acorralaría casi en un doble vínculo: necesidad de independencia y necesidad de afecto. Necesidad de ser ella misma y necesidad de ser amada. Dos exigencias de escabrosa dialéctica. Su misma independencia era ya una dependencia. Y cuanto más dependía, tanto más se rebelaba. Lo cual la llevaría a forzar las tintas de sus racionalizaciones, a los mecanismos proyectivos, al esquema del chivo expiatorio. Fue una de sus tensiones más características: demasiado lúcida para creer en esquemas, demasiado fuerte (de carácter) para prescindir de ellos. (Si ganaba la lucidez, se ponía depresiva; si ganaba el carácter se ponía *proyectiva*: trasladaba al exterior de sí misma sus contradicciones.)

Porque ocurre con algunas personas fuertes de carácter, que tienden a la oscilación ciclotímica y que necesitan, como mínimo, dos moradas. Dos referencias teóricas. Una para los genes, otra para la cultura. Una para la sumisión, otra para la rebelión. Cabe pensar que si N. se hizo feminista fue para acogerse a un discurso que dialectizara lo que ella visceralmente sentía. Porque allí donde estuviere N. habrá siempre un hogar, una calor, una antorcha neolítica, un egoísmo genético, un apareamiento, un matriarcado, un territorio, un orden, un poder, una intransigencia, una familia, una alegría, una paz, un alboroto. Y dada la imposibilidad de que el modelo puro se realice, surge el modelo antitético para poder respirar, el modelo que facilita el mecanismo proyectivo, el modelo que permite entonar: igual se aman a los hijos adoptados que a los hijos de la sangre, derecho al aborto, «yo también soy una adúltera», todo es cultural, nada es genético, etcétera.

Claro está: éramos, como todas las parejas, incompatibles a largo plazo. Tengo anotado, por aquella época:

> «De vez en cuando N. deja de ser esa persona alegre, expansiva, cariñosa, y, en su lugar, aparece una mujer malhumorada, con falsa actitud de mártir, como si fuese acreedora de todo su prójimo, y el prójimo no le saldara las cuentas».

Y si ella hubiese llevado un dietario hubiese anotado (tal vez) que yo todo lo remitía a mis propios paradigmas, sin ponerme, de verdad, en la piel del prójimo. O sea: en la piel de ella. (Aunque dejando en el aire la fascinante cuestión filosófica de qué podemos entender por «ponerse, de verdad, en la piel del prójimo».) (A lo cual Max Scheler dio una respuesta: la simpatía como condición de la comprensión. En otras terminologías: el amor. O también: el egoísmo/altruismo de los genes.)

Superconocida dialéctica de ese invento malo como la democracia, o sea, cuya única bondad consiste en que sus alternativas suelen ser todavía peores: me refiero a la institución de la familia.

Exceso de cercanía, ventilación escasa. Esa falta de margen para el juego, la escenificación, la máscara y el flirt, esa falta de oxígeno y de espacio que conduce a los miembros de una familia a una permanente situación de roce. Recogiendo la metáfora de la mecánica cuántica: a una interacción fuerte. Toda familia genera reglas tácitas fortísimas, códigos exclusivos y excluyentes, homeostasis contra natura. Lo cual va cristalizando con los años y lo cual conduce a una creciente esclerótica rigidez.

Sobre una institución que se pretende *natural* (Gemeinschaft y no Gesellschaft) se van superponiendo miles de artificios. Siempre me ha sorprendido el supuesto «derecho» que los miembros de una familia creen tener los unos sobre los otros. Y suscribo, en buena parte, el diagnóstico de David Cooper, cuando dice que la familia es el lugar donde se producen la mayoría de los asesinatos simbólicos (cuando no literales), fuente de represión de toda manifestación espontánea de la sexualidad y del afecto, y que cada uno de nosotros, más que de padre y de madre, necesita de atención paternal y maternal.

(Prueba de ello es el caso de tantos chicos y chicas que van a mendigar atenciones «familiares» fuera de la familia.)

La exogamia centrífuga que lleva a un hombre o a una mujer a buscar pareja en otra tribu, queda de pronto fijada, detenida, reprimida en su dinamismo indagatorio. En los matrimonios, desaparece el margen para la sorpresa. De ahí que sean tan enormemente valoradas las «sorpresas», los regalos, los detalles.

Es el reino de los reflejos condicionados. He dicho que Max Scheler entendía la simpatía como condición de toda sociabilidad. Pues bien; una cierta simpatía se seca con la institución.

Naturalmente, está la otra cara de la moneda: el vínculo, la seguridad, el contrato. Hoy, en Occidente, suele practicarse la «monogamia sucesiva» en base a la institución del divorcio, la cual institución refuerza a la familia. O sea que el vínculo no parece amenazado. El establecimiento del vínculo es algo muy enraizado en la psique humana. Hasta los homosexuales tienden a vincularse. Los vínculos son difíciles de romper. Las pautas de conducta que vienen de la noche de los tiempos son resistentes.

Nosotros, durante años, fuimos trampeando. La falta de información y la necesidad de amparo retrasaron la crisis. Copulábamos bajo la bendición de la Santa Madre Iglesia. Aunque, ya puestos en ello, siempre, o casi siempre, se copula bajo techo.

En Nochebuena íbamos a aquel lugar de la calle Monterols y cantábamos villancicos, asistíamos a la misa del gallo, engullíamos la hostia, escuchábamos el sermón del cura, y, luego, en el resopón, bebíamos champaña, charlábamos con nuestros compañeros de asamblea, gentes de la burguesía local, unos más ajustados, otros menos, a sus roles de matrimonios-cristianos-con-santa-alegría. No se podía negar la buena intención. Sólo que una sutil y subterránea corriente de tristeza, de mentira verdadera, de asilo de enajenados, se colaba en el ambiente.

Visto desde la retrospectiva, aquello no era nada que pudiera compararse con el baile de los negros en el *Village*, ni con el sitar indio en Tiruchirapalli, ni con el whisky en las terrazas de *Dalt Vila*; aquello era otra cosa: testimonio de vejez (mala vejez) histórica, desafortunada hybris entre cristianismo y burguesía-España-de-Franco. Una pobre pantomima. Y una lástima: porque dos mil años de mártires y cismas, dogmas, brujas, santos y demonios, merecían un remate más airoso.

Después íbamos a dormir al piso de la calle de Maestro Falla, en camas individuales y con una cierta disociación interior en caso de que practicáramos el coito. El sexo y la Navidad combinaban malamente. El dormitorio daba al norte. Era un dormitorio frío, con un armario de madera clara, impregnado de falsa mansedumbre.

* * *

El 12 de enero de 1956, a las 13,20 (hora local) nació, en una clínica de Barcelona, nuestro tercer hijo, que fue hija. Un parto nada fácil.

Fragmento de dietario:

> «Habíamos salido de casa a las 7,30 de la mañana, y luego tocó sufrir. Cinco horas de espera, mezcla de pasividad y rebeldía. Inhalación del *trilene* (tricloroetileno) para amortiguar los dolores. Un espasmo de origen psíquico impedía el normal alumbramiento de la criatura. Puesto que el anterior hijo murió a los dos días de haber nacido, N. bloqueaba la salida del nuevo. Ésta es, al menos, mi hipótesis. La pandilla se componía de un médico, cinco enfermeras y un marido. Un marido humillado y con cara de lelo, y que no fumó un solo cigarrillo.

Una comadrona que decía: «Apriete, apriete, apriete como si fuera a hacer caca». La operación más importante de un ser humano, salir, se retrasaba. Se retrasaba a pesar de las inyecciones, las presiones de las manos y los deseos combinados de cuantos eran capaces de desear. De repente, propuse interiormente un «pacto» porque «ya no podía más». Eran cinco horas de espera y de demora, no había fumado un solo cigarrillo y me sentía acorralado. Un pacto, una promesa a un año vista. Y cuando iban ya a aplicar la anestesia total para utilizar los fórceps, el relajamiento de la madre provocó la expulsión del hijo. Que era hija.

Me encontré del otro lado de las abstracciones. Allí estaba la realidad sanguinolenta que brotaba de las aguas viscosas. Una enfermera pizpireta cruzó el pasillo con la joroba de su egolatría. Era la violencia plural del mundo: las madres paren, las enfermeras pizpiretas corretean. Pensé: no haya piedad para los frívolos ni para los vanidosos.

Como atontada, la madre ha ido recuperando la conciencia. Ha querido vomitar. Luego ha dormido con ayuda de un supositorio. Dicen que en los países comunistas se practica el parto sin dolor. Allá cada comunidad con sus recursos. Ahora me siento muy fatigado, vencido por los ininterrumpidos partos del vivir cotidiano, los sufrimientos acumulados de tanta anónima mañana. Cuando tenga una oportunidad le echaré un vistazo a mi fatiga. Me ha nacido una hija y sigo triste. Quizá me sentiría alegre si los hijos los mandaran a domicilio envueltos en papel de seda. Pero he entrado en comunión con todo el sufrimiento de la tierra, que es como un fluido sucio, indivisible y eficaz. Nada que ver con lo restante. Lo restante es juego. El sufrimiento, en cambio, es una constatación extravagante de que hay *algo*. Algo absolutamente resistente.

Me humilla ser padre, tener familia, hacerme *común*, acumular respetabilidad. Es como si me alejara. No sé de qué o de quién, pero es como si me alejara. Digerir la paternidad con jugos burgueses no es lo mío. ¿Qué es lo mío? No lo sé; pero la paternidad me parece indigerible. Puedo aceptarla, como a la postre lo voy aceptando todo; pero no la digiero. Mi identidad y mi papel no se ponen de acuerdo. Lo cual tampoco me desazona.

Digo que me distancio. ¿De qué me distancio? ¿De mi adolescencia?, ¿del paraíso original? Se comienza no siendo nada y se termina siendo todo esto que se es, tan concreto y honorable. O deshonorable. Es un proceso brutal, tan brutal que parece dudoso. Dudoso que la creatura no pueda absorber su propia creaturabilidad. (Ese tema que me ronda desde hace tantos años.) Llevo dos horas separado de mi mujer y de mi hija. De mi mujer no voy a hablar. El suyo es ahora un universo elemental, profundo y bondadoso que me provoca compasión. Compasión, amor y esperanza, mezcladas en una misma melodía. No sé. El hijo que nació el pasado año murió. Mi padre también murió. Están ambos enterrados juntos en aquel desagradable cementerio. Yo, a pesar de esa repentina tristeza, acepto vivir. Sin reservas. No voy a escapar, asustado, al primer bar de la esquina. No digiero la paternidad pero me he comprometido a ser lo que tengo que ser. Dios nos ayude».

Presenciar un parto es cosa seria, incluso desconcertante. Es un acontecimiento tan turbio y tan sucinto, tan mezclado de ternura y violencia, tan fuera del contexto estético normal. Dado el talante antiecológico de nuestra cultura, no soy yo muy entusiasta de que los padres asistan al parto de los hijos. Aunque tampoco me atrevería a dar una regla general. En algunas tribus primitivas, la madre se las arregla completamente sola, a socaire de toda intromisión, salvaguardada la intimidad, amortiguada la humillación del trámite. Nuria solía decir: «el próximo hijo lo tendré sola en el monte». Pero siempre, al fin, acabábamos en la clínica. Un amigo mío opinaba que quien no ha visto un parto no sabe lo que es la vida, no está al tanto de esa mescolanza de agua, sangre, angustia y esperanza, con el triunfo final y efímero del recién nacido ya condenado a muerte.

Condenado a muerte: lo cual traía muy desasosegados a todos los existencialistas de la época. Hoy, la tragedia y la desesperación se diluyeron. Tragedia y desesperación son el subproducto de confundir la realidad con la temporalidad.

Yo vivía, sí, en un permanente asombro; pero asombro en las alturas, sentimiento de la extravagancia de las cosas en tanto que cosas, en su último nivel metafísico. Nuria se asombraba, más cálidamente, de los detalles, de que el niño recién nacido tuviera todo lo que tenía que tener, cinco deditos en cada mano, sus respectivas uñas, orejas, piernas, pies. Particularmente en aquel caso, y después de lo del niño azul, su mirada interrogativa era muy dulce.

De lo escrito podría desprenderse que yo estaba poco preparado para ser padre. ¿Lo está alguien? Mis comentarios se me antojan a la vez distanciados y comprometidos. Lo pasé muy mal. Quería que el hijo/hija naciera sano y salvo, que la madre dejara de sufrir, que terminara pronto aquella humillación. Me importaban más los hijos y la madre que yo mismo: en esto —creo— no hubo reservas mezquinas; quiero decir, que mi reacción era normal. Pero luego venía *lo otro*, ese distanciamiento que no me ha abandonado nunca, ese desplazar las emociones hasta algún inaccesible nivel, esa adolescencia nunca superada, esa disconformidad con el rol social de padre, esa secreta nostalgia de no se sabe qué. Y levantaba acta de ello precisamente en un momento de suprema concreción, cuando acababa de nacerme una hija —una hija, dicho sea de paso, por la que, durante años, sentí una predilección muy especial.

* * *

Iban languideciendo mis libretas manuscritas. El dietario, las reflexiones, los apuntes, ya todo venía escrito a máquina. Viajé al Rosellón francés, con ánimo recapitulador, preámbulo para una nueva fase de mi vida: «saber lo que quiero, vivir como quiero». Germinaba una nueva libertad, una insolencia más fresca. Comenzaba a barruntar que me habían secuestrado la experiencia, y que era hora de iniciar un movimiento crítico.

Un día (aunque eso fue algo más tarde) descubrí una conjunción de circunstancias —lo explicaré cuando le llegue su turno, que no será en este libro— y comencé a ganar dinero. Aquello fue divertido, euforizante. Fue como acercarse a las trincheras de mi historia. Simultáneamente, me matriculé en filosofía, en la Universidad de Barcelona. Estudié latín y griego, geografía e historia, literatura, los llamados *cursos comunes*, y lo aprobé todo de una tacada, por libre. Despaché el resto de la carrera, también por libre, en un par de años. Le había hecho caso a Bofill. Era ya licenciado en filosofía, además de ingeniero industrial. Sólo faltaba el doctorado y la cátedra. Me doctoré, pero en ingeniería. Lo cual me sirvió para ser nombrado profesor, pero de filosofía. En cuanto a la cátedra, se fue demorando.

* * *

Último año de mi sumisión. Me hubiera gustado pesar 70 kilos, alquilar una suite sobre la bahía de Cannes, perder definitivamente todo escrúpulo. Los 70 kilos nunca los llegué a pesar, la suite en Cannes la tuve años más tarde, los escrúpulos se hicieron alternantes.

> «Solo en un hotel, con leche y whisky, musiquilla de una radio portátil...»

Era el preámbulo de una fábula extramatrimonial.

> «Llevar el juego al campo propio, sintonizar con el tiempo de cada faena, ganar paciencia, canalizar esa necesidad de convertirme en *otro*...»

Era una reflexión concomitante.

> «Sonata número 28 de Beethoven, 10,15 de la noche, Barcelona a 6 grados bajo cero, y, abajo, en la calle, mi nuevo automóvil, cómodo, a punto para llevarnos al cine,

a Nuria y a mí. Hace años que murió mi padre, mi padre querido y pendiente; hace semanas que nació mi hija. Tecleo desde mi despacho/biblioteca, a la luz de una lámpara nueva, cálida la casa. Hemos puesto una manta mejicana en el sofá del living y se produce un cierto efecto de adherencia. Los objetos nunca son neutros. Resulta casi indecente esa estabilidad tan confortable. Pero tal es mi momento, a medio camino del vivir. Queda tiempo, no para demorar decisiones sino para cobrar conciencia del grato dramatismo de ese «quedar tiempo».

Adagio, ma non troppo, con affetto.

«Estos días húmedos y cargados de nubes bajas me aplastan y me ponen poroso, como si dijéramos a punto, con ganas de salir a la calle, a ver qué hay para vivir. Y hay lo de siempre, sólo que más hondo y más entristecido. Me gustaría entrar en estos bares de penumbra, donde la gente se destensa y toma whisky, o lo que fuere que tome, comentando lo que pasa, o lo que no pasa. Me gustaría atisbar una muchacha que se quitase los zapatos junto a un camino de carro. Me gustaría escribir como los iluminados, de un tirón, sin dudar en lo fundamental, con fidelidad al conflicto-base, jugando con el conflicto-base, permitiendo que el conflicto-base se encargase del discurso. ¿Cuál conflicto base? ¿Cuál discurso? El que sea, el que no se busca, el que se encuentra. Uno va tanteando hasta que surge el nervio —y si el nervio no surge, será que el nervio está demasiado a la vista».

Transcrito del cuaderno de bitácora, año último de mi sumisión —y de ese recuento—, 1956, cuando Frankie Lane estaba de moda y Louis Armstrong establecía, sin lugar a dudas, que hacen falta dos para bailar el tango.

IX

Ayer era hoy; hoy vuelve a ser hoy: neurovegetativo distónico, suficiente artrosis, una próstata dudosa. Hoy tengo más tiempo (computado) detrás que delante. Rondando el agujero negro, allí donde la luz queda atrapada por la gravedad. Con una razonable urgencia. Porque ocurre algo notable en relación al tiempo, en relación a la alucinación del tiempo. Les voy a contar lo que acaba de ocurrirme: hace apenas 24 horas era jueves, y ya vuelve a ser jueves. Como eso no se ralentice, aquí puede ocurrir una catástrofe, una discontinuidad, algún suceso irreversible, una muerte, un nacimiento, una grieta.

Inconveniencias de un aparato social y productivo que exige (todavía) calendarios y relojes. Decía Quevedo: «Ay, cómo te deslizas, edad mía». Dijera yo: «Ay, cómo te escabulles, instante mío». Aunque, pensándolo bien, no lo digo.

Yo tenía veinte años, allá por el 47 (puestos a seguir con los cómputos), y alguna vez me preguntaba: ¿qué será de mí en el año 80? La hipótesis era casi fantasmagórica, faltaban 33 años: todo tendría que estar ya casi consumado en el año 80, al cabo de tan inverosímil trecho. Bien; el trecho se recorrió, y lo mejor sigue sin hacerse.

Razón por la cual me preparo un taller o un mausoleo, un espacio organizado/desorganizado sin ámbitos demarcados ni etiquetas permanentes, donde una cama no sea únicamente una cama, ni una silla únicamente una silla, ni una mesa únicamente una mesa, esfumada la grosera distinción entre interior y exterior, con suficientes grados de libertad para la circulación y el vagabundeo, también para colgar las piezas y trofeos (la ridiculez de las piezas y trofeos), sin monopolio de parientes, amistades o familia: uno tiene ya muchas familias, muchos padres, muchas madres, muchas vísceras dispersas.

Se puede estar bien en un taller, discretamente solo, la cápsula, con *France Musique*, humedad no excesiva, suficiente sol. Pues todo está cumplido ya, como decía Cristo, y sólo falta respirar.

Reinventar la fiesta.

Afinar los instrumentos, no decir gran cosa a nadie, sacarle jugo al desaliento. La pereza. La memoria. La lírica de la pereza. La música de la memoria. La premonición de un próximo ejercicio.

Yo tenía pocos años, recién cumplidos, y ocupaba un apartamento del Paseo de Gracia; escuchaba blues y tomaba cualquier signo por pretexto; escribía mucho y escribía mal, con amaneramiento, forzándome a un papel que no era el mío. Del restaurante de la planta baja, me subían una carne casi cruda y un vinillo rojo; el bienestar y la nostalgia me iban llenando poco a poco el psicocuerpo. Desgraciadamente yo fumaba y todo se iba en humo. Eran tiempos de declamación y de tanteo. No había conseguido ese punto de identificación con el propio desorden a partir del cual es posible componer un orden propio. No se me había trastocado el mundo; me limitaba a ser un adolescente de treinta años. Luego fue subiendo la vida, aumentando el fragor de la contienda, el convencimiento de que hay algo.

La rememoración es instantánea con Coltrane, con Davis, con el *Funny Valentine*, e incluso con los más inolvidablemente azucarados, Coleman Hawkins y sus *feuilles mortes*.

Eso por no hablar de *La mer*, de Charles Trenet, primera referencia a aquella antediluviana chica de los ojos verdes, la que mejor dio cobijo a mi esperma itinerante, me parece que ya lo he contado, la mujer de fulgurante transparencia, enérgica tensión entre sumisión y reto, animal terrestre, puede que también lo haya contado, con destellos dorados, a veces rojizos, incluso de color caoba.

Jimmy Heath, Oscar Peterson, Bill Evans, Milt Jackson, Wes Montgomery, Thelonious Monk, Dizzy Gilespie.

El Modern Jazz Quartet.

Al final de los años cincuenta, mi vida había cobrado un cierto resuello gracias al Modern Jazz Quartet. Recuerdo la minuta que le mandé a una princesita mentecata, sonando aquella pieza maestra que se llamaba *Django*. Eran tiempos declamatorios, sí. Estábamos todos en período de rodaje.

Con Miles las vivencias cobraron inflexiones nuevas; compuse un texto que quedó archivado, *Little Girl Blue*. Estaba dedicado a Beatriz. Aquello fue mucho más real y mucho más preciso, y mucho más precioso, tal vez prematuramente real y prematuramente preciso/precioso —hélas—. Aquello no pertenece ya a este libro, aunque cabe que merezca la pena (algún día) de rememorarse, o más bien reinventarse, o quizá desempolvarse. De igual manera a como Mulligan y Baker han vuelto a las andadas, y si no de igual manera, al menos de manera (digamos) analógica.

Pues el tiempo, digo, la alucinación del tiempo, digo, se ha colado, y yo dispongo cada vez de menos (tiempo), y por esto me he propuesto retirarme hacia el desierto seco, a recogerme en lo poco que me queda, a retomar el hilo y atisbar archivos, Little Girl Blue et alteri, concentrarme en la minúscula parcela, optar (como aconsejaba Taniavishnu).

Pues aquello, el esplendor en la yerba, *cerisier rouge et pommier blanc*, el Modern Jazz Quartet, les feuilles mortes, la isla y los fantasmas, Nueva York, la discothèque del Village, la carretera de Kerala, el muelle de St. Trop, la playa de la rusa, el bienestar condicionado, la gana de escribir, y a ratos de coitear, la cena en la barbacoa de Jimmy West, el cordero asado a la manera australiana, el ponche de gin, las migas de pan con vino rosée, el aire transparente, aquello era la libertad menesterosa, mi pobre libertad menesterosa, el empuje abierto y descomprometido que me empujaba a vivir.

Felizmente, aquello acabó. Si las cosas no acabaran tampoco comenzaran. En cuyo caso, no habría nada. Nada, al menos, que se pudiera contar. Ni arte, ni ciencia, ni diversión. Aquello, por lo tanto, acabó. Acabaron las partículas que colisionaron con sus antipartículas en el extravagante caldo cuántico; acabaron los desacatos tumultuarios de los años intermedios, ni joven ni viejo, sino justo lo preciso para mantener la euforia, en el plateau de la biología, con Franco éramos más jóvenes, efectivamente, sí, y algún día habrá que saquear un almacén de significantes, alguna reserva de lenguaje transgresivo que nos reinvente a todos.

Entonces, en los intervalos fugacísimos, podrán surgir las palabras y los gestos, a veces infalibles, residuos holográficos de lo que nadie grabó, o grabó a medias.

Pero (tal vez ya lo dije), en este dietario/testamento (primer tomo) no cabe lo que no cabe. No cabe la aritmética o la topografía de los cuerpos entrelazados, inevitablemente huérfanos, o como quiera decirse. («Sexo de pestañas nocturnas», proponía el rapsoda.) No cabe el absoluto desapego del instante irrepetible. Uno escribe lo que escribe, en las cercanías de la arterioesclerosis, a falta de mejores pasatiempos.

Ahora me debato contra las molestias en la cuerda bucal, los deteriorados usos, mi perdida carrera de científico, y ya apenas me queda el recurso de divagar.

Ahora, si me dejara llevar, reinventaría a unas cuantas (pocas) mujeres; mujeres o más bien hierofanías, agazapadas diosas/madres camufladas, mis únicos interlocutores válidos, porque yo en la vida únicamente he comunicado con mujeres, porque únicamente con ellas la comedia se hizo trama, no fueron menester tantas defensas, dejé de amarme exclusivamente a mí mismo, quemé ese puente narcisista tendido sobre el calendario.

¿O no fue así?

No, tal vez no fue así. Quiero decir que estas frases no tienen demasiado sentido.

De otra parte, tampoco resulta muy satisfactoria esa demarcación, *animus versus ánima,* mujeres frente a hombres. La memoria me trae una vieja líbido perversa relacionada con un viejo olvidado compinche. La cosa arranca de las primeras correrías de la adolescencia, cuando un amigo era realmente un amigo, y cuando Franco prohibía que una amiga fuese realmente una amiga. Con mi amigo solíamos planear unas orgías formidables que nunca se llevaban a cabo. «Vamos a agarrar una descomunal cogorza». Era un decir.

También recuerdo a aquel inteligente joven tímido ambicioso *Capitano*, que tanta impresión me causó, y a los miembros ya diseminados de un antiguo *Club,* de cuando planeábamos un vago y refinado falansterio. La cosa se relaciona con el *Tagtraum* de un paraíso con mujeres y algunos, pocos, hombres de energía sutil y ambivalente. No me atraen los homosexuales definidos, pero sí los hombres y mujeres que concilian sus opuestas dimensiones. Detesto a las personas *formalmente* agresivas, quiere decirse exageradas, las que sólo se identifican con una imagen de sí mismas. Que tenga cada cual cuanta agresividad le quepa, pero que no se ponga torpemente sólido.

O sea que el margen es estrecho, la fiesta es fluctuante, y usted ha conseguido la nada despreciable edad de seguir vivo.

* * *

Estamos en invierno. Hace ya cincuenta años que escucho anuncios por la radio. Aquí no hay nadie salvo el universo entero, y algún ratoncillo de bosque. Me he levantado como de costumbre, roja la garganta, sangrantes las encías, dispuesto a rematar ese ejercicio, cualquier día en la mañana, mientras cae el agua del baño y el diminuto maniático tic se perpetúa: escribo. Me dejo llevar por mi espontáneo forcejeo, esa expresividad sin público, tenerse en pie sobre la cuerda floja, compulsión comunicativa, trashumante, vieja vulnerabilidad con fondo musical propicio, *et in Arcadia ego,* amor en vez de halago, desde la bruma creciente del presente, lentísimo y nervioso, yuxtapuesto, impuro, alrededor del éxtasis o *ek-stasis*, evasión de las rutinas ordinarias, retórica que al fin se desmorona en nada.

Porque ya es hora de que nada signifique nada y de este modo, al fin, se transparente algo.

Nieva en la ciudad. Por primera vez en muchos años, nieva en la ciudad. La geotermia trajo esa blancura violenta que hace que la luz aumente con el cielo cada vez más cubierto. Sube N. alborozada:

—¿Has visto qué hermosura?, ¿oyes cómo chillan los niños en los colegios?

Lo he visto, lo he oído. Y hasta me llega el sonar de los cláxones, algún embotellamiento. Abrirse a la experiencia, aconsejaba Rogers. Ser un hombre real, predicaba yo en los años fáciles, cuando Pedro Durán Farell pontificaba sobre la empresa pública y todos éramos tan listos.

¿Y ahora qué? Ahora la dignidad. Ahora la sabiduría. No más muecas ni defensas, Redoxón por si las moscas, echarles una mano a esos desprevenidos hijos/hijas que me rondan (tan perdidos o extraviados, o desposeídos de algo, el paraíso, la placenta), y lo que no cabe en un libro se mete en otro libro, o se deja en la trastienda, que tampoco pasa nada.

Salpicaduras terminales de una sincronía que es mi última morada.

Opina Pepe Soria que la crisis económica durará diez años, y que la gente se está habituando a la mera supervivencia.

Opino yo que estamos en las postrimerías de la historia, final de una epidemia, y que lo que se avecina es la transhistoria, final de los significantes absolutos, no más fronteras entre el ego, el cuerpo, el medio, el cosmos, expansión indefinida del presente, no más monopolio de ninguna lógica, no más vanidad, no más prisa: la fragmentariedad, el collage pícaro y sin tiempo, la perpetua exploración que dignifica al hombre.

Telefonea la hija del orfebre:

—Hagamos un contrato con cláusulas lentísimas.

La hija del orfebre, Sagitario de inmensas pestañas, María Magdalena/talla de Berruguete, es un punto cero ya imposible.

Y no me dieron el Premio Nacional de Ensayo, que se lo dieron a Fernando Savater, pero me reconforta Beatriz:

—Me ha gustado tanto tu libro, que deseaba que no acabase nunca.

Beatriz asumpta, incorruptible, entrecortada; Beatriz tan cómplice y tan sabia y tan inexistente; Beatriz, ay.

Miguel Boyer ha devaluado la peseta. Sánchez Dragó me lleva a la tele. Francisco Umbral me envía un libro extraordinario *(Diccionario cheli)*. «Literatura es el discurso imprevisible». Mi primo Ramón tiene cáncer. «No estoy asustado: me iré a la verdadera dimensión». Gabriel Celaya me regala sus penúltimos poemas. «La poesía permite sobrepasar las limitaciones del yo». «Eso, la conciencia cósmica, la pulsación cuántica, las ecuaciones de Bohr, la música de Bach, todo es lo mismo».

Claro que es lo mismo. (Alberto Einstein, enfermo, le escribía a Max Born, o a la mujer de Max Born: «Me siento tan solidario con todo lo que existe que el tema de mi existencia particular me deja indiferente».)

Es la hora de los últimos cuartetos, ya se dijo al comenzar este ejercicio, de las últimas noticias, que en seguida son penúltimas, de las fluctuaciones, a ver si la entropía se detiene, simulacros y pastiches, flashes, manchas, la navegación de cada día, México, Agustín, tierra baldía, Rajneesh, Pablo, Mónica, la isla, el mausoleo, la ciclofalina, las neuronas, los artículos que he de mandar a *La Vanguardia*, la gana de soltarme en el desierto, demolidos el lenguaje y la codicia, Ruiz Mateos (expropiado), Tennesee Williams (sobredosificado), Arthur Koestler (exit), su esposa Cynthia (columna de Rosa Montero), televisión por cable y por satélite (¿cuándo?), paro juvenil (consultar Guy Aznar), 56 dividido por 75 (tres cuartas partes de esperanza consumida), un país sin hábito de lectura (Jaime Salinas), nueve mil libros (aproximadamente los que tengo), Mercè Rodoreda (adéu-siau), premio Godó Lallana (gracias, Horacio).

Y dice el alcalde que me van a echar la casa al suelo, que

por ahí habrá de pasar un Segundo Cinturón de Ronda, diez mil coches a la hora.

Y digo yo que bueno, que paciencia, que tampoco importa tanto, que ya ni la ley de conservación del número bariónico se mantiene: así que mañana le tocará el turno a la energía, y pasado mañana, quién sabe.

Suena Jack Dejohnette.

Los signos que preceden a las cosas.

Porque no hay cosas.

Desaparecen Bergamín, Zubiri, Tarski, Aron.

Colisionan aviones en Barajas.

Joven paralítica reclama derecho a suicidio.

Adéu Joan Miró, adieu Michel Foucault, good bye Truman Capote. Paul Dirac, Indira Gandhi.

Hasta la vista todos.

Esa peripecia, la que no he acabado de contar, la mía (para entendernos), comenzó en la calle del Párroco Ubach, número 36, planta tercera, Barcelona, etcétera; prosiguió con las vacías cajas del tabaco de mi padre, el piano de mi madre, los cuentos de Juana Martínez, la abuelita, el cuarto de jugar. A continuación vinieron las fluctuaciones, el aprendizaje tardío y cauteloso: herramientas intelectuales suficientemente narcotizantes (de lo contrario la vida no podría soportarse), mínimamente realistas (de lo contrario, la alucinación rompería el equilibrio); el azar supuestamente fértil, los trabajos y los días.

Pequeña crónica de una insuficiente rebeldía.

Aproximación, todavía burda, a la propia voz.

And that's the way it is, como solía decir el famoso Walter Cronkite al dar por terminadas las noticias de las siete

Y otro día hablaré de lo que queda por contar, que es prácticamente todo.

Impreso en el mes de febrero de 1985
Talleres Gráficos DUPLEX, S. A.
Ciudad de la Asunción, 26
08030 Barcelona